京津冀
建设世界级城市群

安树伟 张晋晋 郁 鹏 等著

中国财经出版传媒集团
经济科学出版社
Economic Science Press

图书在版编目（CIP）数据

京津冀建设世界级城市群/安树伟等著. —北京：经济科学出版社，2020.10

ISBN 978-7-5218-1886-4

Ⅰ.①京… Ⅱ.①安… Ⅲ.①城市群-区域经济发展-研究-华北地区 Ⅳ.①F299.272

中国版本图书馆 CIP 数据核字（2020）第 176411 号

责任编辑：崔新艳　胡成洁
责任校对：隗立娜
责任印制：李　鹏　范　艳

京津冀建设世界级城市群

安树伟　张晋晋　郁　鹏　等著

经济科学出版社出版、发行　新华书店经销

社址：北京市海淀区阜成路甲 28 号　邮编：100142

经管编辑中心电话：010-88191335　发行部电话：010-88191522

网址：www.esp.com.cn

电子邮箱：espcxy@126.com

天猫网店：经济科学出版社旗舰店

网址：http://jjkxcbs.tmall.com

北京季蜂印刷有限公司印装

710×1000　16 开　17.75 印张　320000 字

2020 年 10 月第 1 版　2020 年 10 月第 1 次印刷

ISBN 978-7-5218-1886-4　定价：75.00 元

(图书出现印装问题，本社负责调换。电话：010-88191510)

(版权所有　侵权必究　打击盗版　举报热线：010-88191661

QQ：2242791300　营销中心电话：010-88191537

电子邮箱：dbts@esp.com.cn）

前 言

城市群是我国工业化的载体、市场化的平台和国际化的舞台，在我国区域经济中发挥着越来越重要的作用。京津冀总面积21.5万平方千米，2019年常住人口11307.4万人，地区生产总值84580.1亿元，三次产业结构为4.5∶28.7∶66.8、城镇化水平66.7%，是带动我国区域经济增长的重要增长极，也是继长江三角洲和珠江三角洲之外，我国参与全球化的主体区域，在新时代中国特色社会主义建设中具有无可替代的战略地位和十分突出的引领作用。《中华人民共和国国民经济和社会发展第十三个五年规划纲要》提出，"坚持优势互补、互利共赢、区域一体，调整优化经济结构和空间结构，探索人口经济密集地区优化开发新模式，建设以首都为核心的世界级城市群，辐射带动环渤海地区和北方腹地发展"。《京津冀协同发展规划纲要》和《北京城市总体规划（2016年—2035年）》均提出，建设以首都为核心的京津冀世界级城市群。

与世界公认的六大城市群相比，京津冀基本具备了建设世界级城市群的基础和条件，人口规模和地域面积均居六大城市群前列，航空港和港口的对外联系度较强。从世界级城市群发展的要求看，京津冀仍然存在一些不足：经济发展水平并不高，金融业发展水平还不够高，城市群核心城市北京的现代化水平还有差距，人口密度仍然很低，环境问题依然严重。产生这些问题的原因大致有如下方面。

一是京津冀的经济中心尚并不明确。世界公认的六大城市群核心城市无一例外的是重要的经济中心乃至全球的经济中心，而《北京城市总体规划（2016年—2035年）》明确了北京城市的战略定位是"全国政治中心、文化中心、国际交往中心、科技创新中心"，重点任务是"履行为中央党政军领导机关工作服务，为国家国际交往服务，为科技和教育发展服务，为改善人民群众生活服务的基本职责"，说明北京不再承担经济中心的职能。京津冀在建设世界级城市群过程中必须有经济中心，这个经济中心如何确定？是一个中心还是京津双城联动？或者是"一主两副"？京津冀如何形成强大的经济中心？

二是河北与北京、天津的发展差距依然较大。由于直辖市在集聚资源方面具有明显的优势，各类人才资源都集聚到北京、天津，使得北京、天津与河北的不对称发展状态一直持续，并且这种差距较大的局面短期内很难扭转。2005～2019年，京津冀人均地区生产总值标准差在不断扩大，说明区域绝对差距是不断增加的；泰尔指数随时间推移基本呈U型变化，其中，2005～2012年逐渐下降，说明区域相对差距不断缩小；2013～2019年逐渐上升，说明区域相对差距趋于扩大。京津冀区域总体差距约80%来自省际差距，而省内差距所占比重仅约20%。由此可见，京津冀区域差距过大的主要根源在于河北与北京、天津之间的发展差距过大。在京津冀协同发展过程中，提高河北的综合经济实力对于解决此问题十分关键。

三是京津冀市场分割仍然比较严重。京津冀省际存在的市场分割会进一步削弱核心城市的辐射带动作用，与长三角核心城市上海相比，北京的辐射带动能力偏弱。既要降低北京特别是城六区的人口密度，又要提高北京的辐射带动能力，二者之间如何实现有效统一？

四是京津冀城市群之间的基础设施和公共服务差距过大。如何打通河北与京津的要素流通渠道？彼此之间的利益协调问题如何解决？这些问题均是京津冀建设以首都为核心的世界级城市群需要面对的问题。

本书以科学推动京津冀协同发展为前提，着重从优化北京的辐射带动能力、畅通京津与河北要素流通渠道、提高河北有效承接能力的角度，提出了破解京津冀建设世界级城市群过程中重点难点问题的若干政策措施，为国家深入推进京津冀协同发展战略、建设以首都为核心的世界级城市群，制定相关政策提供理论依据和参考。

本书的研究目标、基本内容、结构框架是安树伟提出和最后确定的，各部分内容按照分工分别完成，最后由安树伟和张晋晋进行统一修改和定稿。本书各章分工如下：总报告，安树伟、张晋晋；第一章，李育德、李小颖；第二章，张长、李瑶、李瑞鹏；第三章，闫程莉、安树伟；第四章，马燕坤；第五章，安树伟、肖金成；第六章，庞晓庆；第七章，邬晓霞、时晨、高见；第八章，郁鹏；第九章，张晋晋、母爱英、吕媛、徐晶；第十章，吴康；第十一章，张长；第十二章，郁鹏、王宇光；第十三章，郁鹏。

本书由首都经济贸易大学城市经济与公共管理学院资助出版。在本书付梓之际，本书所有作者对为本书顺利完成和出版提供支持、帮助的单位及个人表示诚挚的感谢！感谢首都经济贸易大学城市经济与公共管理学院院长张国山教授和于云鹏老师的鼎力支持！感谢经济科学出版社编审崔新艳、胡成洁女士，是她们的关心、支持和耐心使得本书得以顺利出版，从而为我们广泛地与有关专家、同行、读者就京津冀建设世界级城市群进行交流提供了良好机会。本书所进行的研究仅仅是京津冀建设世界级城市群的初步研究，仍有许多问题有待深入探索，加之时间、水平有限，必有不少纰漏与不妥之处。作为一块引玉之砖，我们诚挚地期盼各位专家、学者、同行不吝赐教。

安树伟

2020年9月于北京丽园

目 录

总报告 ·· 1
 一、京津冀建设世界级城市群的基础与短板 ················· 1
 二、京津冀建设世界级城市群总体思路 ······················· 8
 三、优化提升北京的辐射带动能力 ····························· 12
 四、畅通北京、天津与河北的要素流通渠道 ················ 15
 五、提升河北的有效承接能力 ··································· 16
 六、打造四圈空间格局，实现功能互补 ······················ 20
 七、京津冀建设世界级城市群的对策 ························· 21

第一章 导论 ·· 25
 一、关于京津冀建设世界级城市群的条件与动机 ·········· 25
 二、关于京津冀建设世界级城市群的短板 ··················· 28
 三、关于京津冀建设世界级城市群的途径 ··················· 29
 四、关于京津冀建设世界级城市群的对策 ··················· 30
 五、结论 ·· 32
 本章参考文献 ··· 34

第二章 世界级城市群的基本特征与形成条件 ··················· 37
 一、世界级城市群的历史演化 ··································· 37
 二、世界级城市群的基本特征 ··································· 47
 三、世界级城市群的形成条件 ··································· 53
 本章参考文献 ··· 59

第三章 京津冀与世界级城市群的差距 ···························· 64
 一、人口与地域面积 ·· 64

二、经济发展水平 ·· 65
　　三、核心城市的城市化与现代化水平 ···················· 67
　　四、国际影响力 ·· 71
　　五、对外联系 ·· 72
　　六、生态环境 ·· 74
　　本章参考文献 ·· 75

第四章　京津冀建设世界级城市群的重点与难点 ········ 76
　　一、京津冀建设世界级城市群的基础与条件 ·········· 76
　　二、京津冀建设世界级城市群的重点问题 ············· 78
　　三、京津冀建设世界级城市群的难点问题 ············· 83
　　四、建设京津冀世界级城市群的重要意义 ············· 85
　　本章参考文献 ·· 88

第五章　京津冀建设世界级城市群的总体思路 ············ 89
　　一、提升功能，辐射带动 ······································ 89
　　二、消除壁垒，全面对接 ······································ 91
　　三、提升河北，缩小落差 ······································ 91
　　四、建设新区，积极承接 ······································ 92
　　五、"一核两翼"，优化布局 ·································· 94
　　本章参考文献 ·· 96

第六章　京津冀经济中心的选择与培育 ······················ 97
　　一、经济中心的理论基础与区域意义 ···················· 97
　　二、世界级城市群核心城市的特点 ························ 99
　　三、京津冀经济中心的选择 ·································· 104
　　四、京津冀"一主两副"经济中心选择的必要性 ····· 107
　　五、京津冀"一主两副"经济中心的培育 ················ 110
　　六、京津冀经济中心建设的对策建议 ···················· 113
　　本章参考文献 ·· 116

第七章　优化北京的辐射带动能力 ······························ 118
　　一、不同空间尺度下的北京功能 ··························· 118

二、北京辐射带动能力的现状与问题 …………………………… 119

三、优化提升北京辐射带动能力的重点任务 …………………… 128

四、优化提升北京辐射带动能力的配套政策 …………………… 141

本章参考文献 …………………………………………………… 144

第八章 畅通北京、天津与河北的要素流通渠道 ……………… 146

一、京津冀要素流动的交通基础 ………………………………… 146

二、北京、天津与河北要素流动的主要障碍 …………………… 148

三、以城际交通为重点，构筑京津冀城市群全网
互联型交通网络 ……………………………………………… 153

四、以消除制度瓶颈为重点，促进各种要素自由流动 ………… 162

本章参考文献 …………………………………………………… 165

第九章 提升河北的有效承接能力 ………………………………… 166

一、河北与京津区域落差巨大 …………………………………… 166

二、河北与北京、天津落差产生的原因 ………………………… 175

三、天津和河北的主要承接平台 ………………………………… 177

四、河北承接产业转移中存在的问题 …………………………… 186

五、提升河北有效承接能力的重点 ……………………………… 186

六、高标准建设雄安新区 ………………………………………… 190

七、提升河北承接能力的保障措施 ……………………………… 191

本章参考文献 …………………………………………………… 194

第十章 构筑以首都为核心的多圈层、多支点网络化城镇体系 …… 195

一、京津冀城镇体系规模结构不合理，城市功能分工有待增强 …… 195

二、构筑以首都为核心的四圈层、多支点网络化协作体系 …… 198

三、上下并举，推动形成四圈层、多支点的城镇网络化体系 …… 201

本章参考文献 …………………………………………………… 203

第十一章 京津冀的产业协作与布局 ……………………………… 204

一、产业协作的基础 ……………………………………………… 205

二、产业协作现状与特征 ………………………………………… 209

三、产业协作面临的主要问题 …………………………………… 215

四、产业协作的模式选择 …………………………………… 217
　　五、京津冀的产业布局 ……………………………………… 224
　　六、京津冀产业协作的对策 ………………………………… 227
　　本章参考文献 ………………………………………………… 230

第十二章　京津冀区域利益协调与互动合作机制 ………… 234
　　一、现实困境与理念转变 …………………………………… 234
　　二、区域利益主体及其行为分析 …………………………… 237
　　三、博弈与共赢 ……………………………………………… 247
　　四、结论与启示 ……………………………………………… 254
　　本章参考文献 ………………………………………………… 256

第十三章　京津冀建设世界级城市群的对策 ……………… 258
　　一、强化"四个中心",提升北京全球资源战略配置能力 …… 258
　　二、以生态补偿为中心,实现环境高质量发展 …………… 260
　　三、全方位支持河北雄安新区建设 ………………………… 261
　　四、破解有形障碍和无形障碍,畅通京津与河北的要素流通渠道 …… 262
　　五、打造京津冀区域创新共同体,构建京津冀新型
　　　　产业分工格局 …………………………………………… 264
　　六、以河北与京津交界地区为重点,促进北京及周边
　　　　地区融合发展 …………………………………………… 265
　　七、完善产业承接环境,提升河北对京津的有效承接能力 …… 266
　　八、未雨绸缪,及早应对北京非首都功能疏解对居民
　　　　生活的影响 ……………………………………………… 269
　　九、促进京津冀协同发展政策手段由行政手段向法律
　　　　手段和经济手段转变 …………………………………… 271
　　本章参考文献 ………………………………………………… 273

总 报 告

以城市群为空间载体的城镇化道路，已经成为我国参与全球经济竞争和推动国民经济发展的重要举措。作为我国东部优化开发区，京津冀城市群应顺应新一轮经济全球化和我国经济转型升级的需要，以国际化、市场化的高标准形成推动改革的新动力，打造中国区域协同发展和参与全球竞争的引领区。

一、京津冀建设世界级城市群的基础与短板

（一）京津冀建设世界级城市群的基础

作为引领我国经济社会快速发展的三大城市群之一，京津冀区域人口稠密、经济实力强、城市发展水平较高、交通基础设施完善、产业基础雄厚，已经具备建设世界级城市群的基础与条件。

1. 人口规模大，经济实力强

人口规模和经济体量是衡量世界级城市群的两个重要指标。京津冀城市群是我国经济社会最发达的三大城市群之一，人口规模和经济体量巨大，人口密度和地均产出都远远高于全国平均水平。2019年，京津冀城市群常住人口11307.40万人，占全国人口的8.08%；人口密度为523人/平方千米，是全国人口密度的3.59倍；地区生产总值为8.46万亿元，占国内生产总值的8.54%；地均产出为3915.74万元/平方千米，是全国平均水平的3.79倍；人均地区生产总值为74801元，是全国平均水平的1.06倍。

2. 城市发展水平较高

京津冀城市群城镇化水平较高，城市分布密集。2019年，京津冀城市群城镇化率达到66.71%，超过全国平均水平6.11个百分点；县级及以上城市共

有34个,城市分布密度为1.58个/万平方千米。从城市规模①等级结构来看,截至2018年底,京津冀城市群包括北京、天津2个超大城市,石家庄、邯郸、唐山、保定、秦皇岛和张家口6个Ⅱ型大城市,邢台、沧州、衡水、廊坊和承德5个中等城市,定州、任丘、迁安、涿州、滦州、武安、遵化、三河、辛集、黄骅10个Ⅰ型小城市,以及深州、霸州、河间、泊头、平泉、南宫、高碑店、晋州、安国、沙河、新乐11个Ⅱ型小城市(见表1)。

表1　　　　　2018年京津冀城市群城市规模等级分类

城市规模等级		数量	城市	常住人口(万人)
超大城市		2	北京、天津	3160.21
特大城市		—	—	—
大城市	Ⅰ型大城市	—	—	—
	Ⅱ型大城市	6	石家庄、邯郸、唐山、保定、秦皇岛、张家口	1106.96
中等城市		5	邢台、沧州、衡水、廊坊、承德	343.52
小城市	Ⅰ型小城市	10	定州、任丘、迁安、涿州、滦州、武安、遵化、三河、辛集、黄骅	280.90
	Ⅱ型小城市	11	深州、霸州、河间、泊头、平泉、南宫、高碑店、晋州、安国、沙河、新乐	162.10

资料来源:《中国城市建设统计年鉴(2018)》。

注:本书采用城区常住人口的近似计算方法:城区常住人口≈城区户籍人口+城区暂住人口。

3. 国家首都所在地

国外五大世界级城市群中有四个包括国家首都,其中,美国首都华盛顿位于美国太平洋沿岸城市群,日本首都东京位于日本太平洋沿岸城市群,英国首都伦敦位于英国伦敦城市群,法国首都巴黎和荷兰首都阿姆斯特丹均位于欧洲西北部城市群。作为京津冀城市群的核心城市,首都北京是我国中央政府及几

---

① 根据《国务院关于调整城市规模划分标准的通知》,以城区常住人口为统计口径,将城市划分为五类七档:城区常住人口20万以下的城市为Ⅱ型小城市,城区常住人口20万以上50万以下的城市为Ⅰ型小城市;城区常住人口50万以上100万以下的城市为中等城市;城区常住人口100万以上300万以下的城市为Ⅱ型大城市,300万以上500万以下的城市为Ⅰ型大城市;城区常住人口500万以上1000万以下的城市为特大城市;城区常住人口1000万以上的城市为超大城市。

乎所有的国家机关所在地，数量众多的国家级管理部门与机构组织、国有大企业总部、外国驻华使馆和国际组织集中于此。这些国家机关、企业、机构和组织都是京津冀城市群形成和扩大世界影响力的基础。

4. 交通基础设施完善

目前，京津冀城市群已经形成了以渤海湾西岸港口为龙头、以铁路为骨干、以公路为基础、航空运输相配合、管道输送相辅助的综合交通运输网络体系，其中京津城际、京沪高铁、京广高铁、京九铁路、京港澳高速、大广高速等纵贯南北。截至2018年底，京津冀三省（直辖市）铁路营业里程达到0.98万千米，基本形成了"十放射、一纵、五横"的铁路干线网格局；公路通车总里程达到23.18万千米，其中高速公路达到0.97万千米，基本构成了"九放射、四纵、八横、一滨海"的公路干道网格局；海港集中于天津、唐山、秦皇岛和沧州四个城市，其中，天津港是中国北方最大的综合性港口，拥有各类规模以上港口码头泊位总数167个，万吨级以上泊位达到120个；空港以北京首都机场和北京大兴国际机场为主，包括天津滨海机场、石家庄正定机场、秦皇岛北戴河机场、张家口机场、唐山三女河机场、承德普宁机场和邯郸机场。

5. 产业基础雄厚

京津冀是我国产业基础最为雄厚的地区之一。北京科技创新资源云集，是全国最大的科学技术研究基地，有中国科学院、中国工程院、中国社会科学院、北京大学、清华大学、中国人民大学等上百所科研院校和被称为中国硅谷的北京中关村国家自主创新示范区，每年获国家奖励的成果占全国的三分之一，同时也是国有大企业总部和跨国企业总部的集中地。随着京津冀协同发展的推进，天津拥有了自主创新区、改革开放先行区等，在发展智能科技、数字经济方面空间广阔。河北在医药、建材、食品加工、纺织服装等传统工业方面具有优势，新能源、新材料、高端技术装备制造等高新技术产业快速发展。截至2020年9月，京津冀各省（直辖市）均拥有中国自由贸易试验区。

（二）京津冀建设世界级城市群的短板

在人口与地域面积方面，京津冀达到了建设世界级城市群的条件，但仍然存在一些明显的短板。

1. 经济发展水平

按照当年平均汇率计算，2019年，京津冀城市群地区生产总值为1.23万亿美元，接近于世界第15大国家经济体墨西哥，京津冀城市群已经具有世界级的经济体量；但从人均水平来看，京津冀城市群人均地区生产总值为10843

美元，与世界级城市群相比还是有很大差距；从经济密度看，京津冀城市群为568万美元/平方千米，同六大世界级城市群[①]相比差距更大（见表2）。以金融业为例，城市吸引全球金融资本的能力最终决定了城市的等级，根据新华·国际金融中心发展指数（2018）评价结果显示，2017年北京得分58.16，居全球第十位，与纽约、伦敦、东京和巴黎相比尚有较大差距（见表3）。

表2　　京津冀城市群经济指标与六大世界级城市群比较

城市群	地区生产总值（亿美元）	人均地区生产总值（美元/人）	经济密度（万美元/平方千米）
京津冀城市群	12261	10843	568
长三角城市群[1]	29460	17873	1276
美国波士华城市群	40320	62030	2920
北美五大湖城市群	33600	67200	1370
日本东海道城市群	33820	48315	3382
英国中南部城市群	20186	55305	4485
欧洲西北部城市群	21000	45652	1448

注：[1] 2019年12月，中共中央、国务院印发了《长江三角洲区域一体化发展规划纲要》，此规划中长三角城市群新增温州市，故本书的研究中长三角城市群包括上海、南京、无锡、常州、苏州、南通、扬州、镇江、泰州、盐城、杭州、宁波、温州、嘉兴、湖州、金华、绍兴、舟山、台州、合肥、芜湖、马鞍山、铜陵、安庆、滁州、池州、宣城共计27个城市。

资料来源：京津冀城市群和长三角城市群数据为2019年数据，根据2019年相关地区统计公报整理；其他数据来自安树伟，闫程莉．京津冀与世界级城市群的差距及发展策略[J]．河北学刊，2016，36（6）．

表3　　北京与世界级城市群主要城市金融发展指数比较

城市	2012年		2014年		2017年	
	IFCD	全球排名	IFCD	全球排名	IFCD	全球排名
纽约	87.22	1	87.72	1	87.59	2
伦敦	85.62	2	86.64	2	88.41	1
东京	72.93	3	84.57	3	81.50	4
上海	63.80	6	77.10	5	74.37	5

---

① 关于六大世界级城市群，不同文献有不同表述，本书不同部分的表述尽可能一致。但有时为了与引用文献保持一致，也有不同的表述，其范围基本一致。

续表

城市	2012年		2014年		2017年	
	IFCD	全球排名	IFCD	全球排名	IFCD	全球排名
巴黎	60.65	8	64.83	7	70.00	7
北京	49.99	11	59.98	9	58.16	10
芝加哥	51.30	10	58.22	10	58.14	11

资料来源：新华社中经社控股集团指数中心，标普道琼斯指数有限公司．新华－道琼斯国际金融中心发展指数报告（2012）[R]．2012；国家金融信息中心指数研究院，标普道琼斯指数有限公司．新华·道琼斯国际金融中心发展指数报告（2014）[R]．2014；中国经济信息社．新华·国家金融中心发展指数报告（2018）[R]．2018．

2. 核心城市的城市化与现代化水平

从核心城市的城市化与现代化水平来看，2019年北京的常住人口城镇化水平为86.6%，不及2010年日本全国的平均水平，也仅比2010年法国和美国全国平均水平分别高1.4%和4.5%（见表4）。2012~2019年，北京在全球城市综合排名①中由第14位上升到第9位（见表5）。

表4 京津冀及其他世界级城市群所在国家城市化水平比较

国家（城市）	年份	国家（城市）总人口（千人）	城市化率（%）	城市化率达到50%时间	城市化率达到75%时间
法国平均	2010	53513	85.2	1950年前	1995~2000年
日本平均	2010	114567	90.5	1950年前	1970~1975年
美国平均	2010	254959	82.1	1950年前	1985~1990年
中国平均	2019	1400050	60.6	2011年	—
北京	2019	21536	86.6	1951年	1994年
天津	2019	15618	83.5	1954年	2005年
河北	2019	75920	57.6	2015年	—
京津冀	2019	113074	66.7	2006年	—

资料来源：中国、北京、天津、河北及京津冀数据根据《中国统计摘要（2020）》整理计算；其他数据来自丁成日．世界巨（特）大城市发展——规律、挑战、增长控制及其评价[M]．北京：中国建筑工业出版社，2016．

① 全球城市综合排名是围绕商业活动（30%）、人力资本（30%）、信息交流（15%）、文化体验（15%）和政治事务（10%）五个维度评选出的当前全球最具竞争力的城市。

表5　　2012~2019年主要全球城市综合排名

城市	2012年	2014年	2015年	2016年	2017年	2018年	2019年	2012~2019年变化
纽约	1	1	1	2	1	1	1	—
伦敦	2	2	2	1	2	2	2	—
巴黎	3	3	3	3	3	3	3	—
东京	4	4	4	4	4	4	4	—
香港	5	5	5	5	5	5	5	—
新加坡	11	9	8	8	6	7	6	5
洛杉矶	6	6	6	6	8	6	7	-1
芝加哥	7	7	7	7	7	8	8	-1
华盛顿	10	10	10	10	10	11	10	—
波士顿	15	21	23	24	21	24	21	-6
多伦多	16	13	13	17	16	18	17	-1
大阪	47	55	59	52	51	50	50	-3
上海	21	18	21	20	19	19	19	2
北京	14	8	9	9	9	9	9	5

资料来源：科尼尔.2019年全球城市指数报告。

3. 国际影响力

从国际影响力来看，国际会议作为世界各国交流和交往的重要形式，国际大会及会议协会（ICCA）的排名展现了各个国家、城市会议产业的实力。根据国际大会及会议协会发布的《2019年国际协会会议市场年度报告》，2019年度北京举办国际会议次数为91次，全球排名第23位，与巴黎和伦敦相比差距仍很大（见表6）。

表6　　2019年北京与世界级城市群主要城市国际会议次数

城市	举办国际会议次数	排名
巴黎	237	1
伦敦	143	8
东京	131	10

续表

城市	举办国际会议次数	排名
北京	91	23
上海	87	27

资料来源：国际大会及会议协会（ICCA）.2019年统计排行榜［R］.2020.

4. 对外联系

从对外联系来看，2018年北京首都国际机场旅客吞吐量达到10098.33万人次，居全球第二位（见表7），但与其他世界级城市群中的核心城市相比，国际旅客所占比重较低，而且航空市场较单一，中转功能也比较弱。就港口条件来看，2019年天津港在全球十大集装箱港口中位列第9位，但是港口业态处在较低环节。

表7　　2018年世界十大机场的旅客吞吐量比较

飞机场	客运量（万人次）	2018年比2017年增长（%）
亚特兰大哈兹菲尔德-杰克逊国际机场	10739.40	3.36
北京首都国际机场	10098.33	5.43
迪拜国际机场	8914.94	1.03
洛杉矶机场	8753.43	3.52
东京羽田国际机场	8713.20	2.02
芝加哥奥黑尔国际机场	8333.92	4.40
伦敦希思罗机场	8012.63	2.71
香港国际机场	7451.74	2.55
上海浦东国际机场	7400.63	5.72
巴黎戴高乐机场	7222.97	3.97

资料来源：http://www.carnoc.com/airport_passenger/list.html.

5. 生态环境

近年来，京津冀的环境问题有所改善，但依然严重。2018年北京单位GDP能耗484.851万焦耳/美元，而2010年纽约州、伦敦大区和东京都地区单位GDP能耗分别为249.660万焦耳/美元、416.100万焦耳/美元、183.864万焦耳/美元。2010年纽约州、伦敦大区和东京都地区空气中总悬浮颗粒物分别为 17 微克/立方米、18 微克/立方米和 21 微克/立方米，而 2019 年京津冀地区 PM2.5 平均浓度值为 50 微克/立方米，北京、天津、河北 PM2.5 平均浓度值分别为 42 微克/立方米、51 微克/立方米、50.2 微克/立方米。

二、京津冀建设世界级城市群总体思路

面对新时代人民日益增长的美好生活需求和不平衡不充分的发展之间的矛盾，结合全球范围内世界级城市群的建设经验，京津冀建设世界级城市群的总体思路是：进一步提升北京的辐射带动能力，消除京津冀三省（直辖市）之间有形与无形的障碍，加快更多新区建设，培育新的经济增长极，完善城市群形态，优化生产力布局和空间结构，发挥京津两大核心城市的辐射带动作用，提升河北城市发展能力，实现优势互补、一体化发展，完善城市间功能分工与城市体系，打造拥有高品质生活、人产城高度融合、生产生活生态协调、城市魅力彰显的具有较强竞争力的世界级城市群。

（一）提升功能，辐射带动

世界级城市群的发展历程表明，世界级城市群的建设与世界城市的形成是相互促进的，其核心城市既是世界城市，也是一定区域范围内的经济中心，京津冀核心城市北京与世界城市还有相当距离。建设京津冀世界级城市群，要求京津冀至少有一个明确的经济中心。当前，北京事实上承担了京津冀经济中心的角色，在北京疏解非首都功能的背景下，北京是否仍然是经济中心？学术界和政府部门对此看法并不相同。本书认为，处于后工业化阶段的北京，仍是以金融服务、研发创新、管理控制为主的经济中心，北京在京津冀的这一地位近期不可能被其他城市超越。

提升北京功能，核心就是解决好"都"与"城"的关系。其中的重要方面就是以减量发展为重点提升北京核心功能。经过改革开放 40 多年的发展，2019 年北京人均地区生产总值已经达到 164243 元，按当年平均汇率计算相当于 23808 美元，已经进入了后工业化阶段。但是，长期以来北京经济高速增长带来了城市规模巨大且人居环境退化、城市功能密集且结构失衡、城镇空间庞大且蔓延无序等诸多问题，引发了首都美好生活与"大城市病"之间的矛盾，客观上要求北京减量发展。对于北京而言，减量发展是一种通过控制城市发展边界、优化城市内部资源配置、疏解北京非首都功能及改善城市生态环境来谋求城市可持续发展的理念，其本质在于必须在尽可能减少消耗不可再生资源、

传统粗放的生产要素和一般的自然资源基础上构建新的发展模式。需要特别强调的是，北京减量发展是"减"与"增"的动态均衡。北京减量发展的"减"，是做价值链上有比较优势的高端高效环节，放弃技术含量低、能耗高、污染重的加工组装环节。从价值链上看，能源耗费和污染主要集中在加工、组装和围绕生产进行的运输环节，这些产业的制造环节已经实现标准化，不需要很高技术，比拼的是劳动力成本以及资金的密集程度，北京在这方面正在失去优势。对于缺乏技术门槛的低端环节，不管属于传统产业还是新兴产业，北京都应该放弃，而着重开拓产业链的上游和下游环节。北京减量发展的"增"，核心是推动管理和技术升级，用新组织生产方式和先进技术改造传统产业，从而提高产品竞争力，提高附加值，最终实现产业升级。因此，减量发展的基础是对存量的降低和控制，关键是培育经济发展新动能、拓展区域发展新空间以及改善城市生态环境，提高已有资源的利用效率，使之更好地适应北京的功能定位，更好地发挥北京的职能。

扩大北京的经济规模，增强对周边地区的辐射带动力。优化产业结构，加快向高端化、服务化、集聚化、低碳化、融合化的方向发展，努力形成创新引领、技术密集、价值高端的经济结构。强化北京的国际交往功能，适当疏解北京中心城区非核心功能，强化与周边城镇高效通勤和一体化发展。要全面提升京津冀国际交往的软硬件环境，全面推进服务标准、市场规则和相应的法律法规等制度规范，建立一体化的市场机制和制度保障。打造高端国际交流平台，吸引国际组织总部落户京津冀，扩大对外开放水平。加快天津、石家庄次级中心的培育，最终形成"一主两副"经济中心的格局；增强唐山、保定、邯郸等区域性中心城市职能，提升其他城市的支点作用。

（二）消除壁垒，全面对接

推动京津冀协同发展，应通过科学规划、改革体制等，加快破除行政壁垒和制度障碍，促进生产要素自由流动，加快改革创新步伐，建立健全协同发展的体制机制，形成区域一体化发展新格局，为全国其他地区的协同发展发挥示范作用，提供可复制、可推广的经验。

着眼于京津冀城市群空间布局，适应疏解北京非首都功能和产业升级转移的需要，按照区域经济一体化的要求，构建以轨道交通为骨干的多节点、网络化、全覆盖的交通网络，提升交通运输组织和服务现代化水平，建立统一开放的区域交通格局。通过建设高效密集的轨道交通网络和便捷畅通的高速公路、高速铁路、城际铁路、通用航空等立体交通网络，进一步缩短城市之间的通勤时间和通勤成本,促进人口、技术、资金等生产要素能够在城市群内快速、有效、便捷流动,为经济向高端转型提供基础支撑。在有效缓解京津"大城市病"的同时,进一步提升交通沿线河北城市的经济发展水平和人口集聚能力,进而促进整个城市群内各城市资源要素有效整合,使之成为支撑我国参与全球竞争的重要区域。

北京要加快与周边地区的融合发展。对于有与京津优势互补的资源,又恰逢国家建设重大项目工程机遇的区域(如北京大兴与河北廊坊),发展的方向是一体化;对于具有良好的区位条件,自身经济基础相对较好的区域(如廊坊的三河市、香河县、大厂县等),重点是承接京津的功能疏解和产业转移;对于京津"上风上水"的张家口和承德,重点是完善生态补偿机制和政策。

(三)提升河北,缩小落差

河北与北京、天津经济发展差距大,公共服务水平落差较大,是京津冀协同发展亟待破解的难题,也是全国区域发展不平衡、不协调的典型缩影。河北各市与京津两市的发展差距较大,公共服务均等化水平不高,导致河北人口大量向京津两市转移,一方面加剧了京津两市"大城市病"问题;另一方面也使河北集聚高端要素的能力下降,城镇化水平难以快速提升。通过京津冀协同发展,发挥京津双城的高端引领、辐射带动作用,沿主要轴线打造承接北京非首都功能疏解的载体和经济发展的增长极,提升交通沿线的中心城市功能和培育一批中小城市,由此逐步推进京津冀区域的经济结构优化,推动区域一体化交通网络逐步形成,改善京津冀地区生态环境,提升河北各城市的产业发展水平,进而缩小河北各市与京津两市的发展差距,促进整个京津冀地区公共服务均等化。在此基础上,构筑要素资源自由流动、产业分工互补、城市功能相互配套对接的一体化发展格局。

(四)建设新区,积极承接

有序疏解北京非首都功能、解决北京"大城市病"是《京津冀协同发展规划纲要》的基本出发点。北京集聚了过多的非首都功能,"大城市病"问题突出,人口过度膨胀,交通日益拥堵,大气污染严重,房价持续高涨,社会管理难度加大,引发了一系列经济社会问题,引起全社会广泛关注。应集中疏解与分散疏解非首都功能,打造集中承接北京非首都功能疏解的载体,有效解决北京人口持续增加问题,使常住人口总量保持在可控范围之内。

京津冀未来的增长动力来自新的经济增长极,所谓新的经济增长极就是在空间范围不太大的地方，通过完善基础设施，实施高效管理，并辅以优惠政策，使其快速聚集经济要素，起到对一个区域的支撑作用。国家和各级政府在该区域短时间内集中投入，完善基础设施，改善投资环境，成为"要素流动的洼地、吸引人才的高地"，使众多投资者趋之若鹜。通过规划建设新区，增强对产业和人口的吸引力，成为京津冀区域的新亮点。

京津冀地区虽同处于我国东部，但区域内部的差距很大，突出表现在北京与河北的差距上。除了疏解北京的非首都功能外，加快河北的发展应是京津冀协同发展的关键环节。在河北选择一些具有优势和发展潜力的地区设立新区，通过打造产业发展平台、改善投资环境、吸引产业聚集等举措加快河北发展。目前，河北已设立了北戴河新区、曹妃甸新区、渤海新区、正定新区、邢东新区、冀南新区。2017年4月1日，中共中央、国务院设立了河北雄安新区。如能再选择一部分升级为国家级新区，国家给予强力政策支持，河北全力建设，必将在京津冀协同发展中起到重要的支撑作用。

（五）"一核两翼"，优化布局

城市群应实现的理想场景是：生产性服务业在核心地区集聚，制造业转移至外围地区，中心地区生产性服务业能够依托外围地区获得持续繁荣，而外围地区通过参与分工进而实现振兴；由于核心城市与外围地区的分工，区域能够实现规模经济和多样化发展，突破了以往的城市范围，建构了区域内部合作的经济基础，从而更有效地参与全球化背景下的区域竞争。从京津冀城市群各城市的功能分工来看，北京已经成为中国首个过渡到后工业阶段的城市，作为城市群的龙头城市，其未来应大力发展生产性服务业，将更多的生产制造环节转移至周边地区，并通过服务周边天津、河北的制造业而实现服务功能的提升；作为京津冀城市群"双城"之一，天津未来应重点发展与制造业相关的科技研发、航运业、金融业和国际贸易等行业，逐步实现由制造经济向服务经济转型，并带动整个区域的开放与创新发展；而作为东部沿海省份的河北，在京津冀产业分工合作进程中，应积极承接北京、天津两市的制造业转移，积极促进其科技研发成果在本区域的转化，最终形成以北京为生产性服务中心，以天津为创新、开放服务基地，以河北为生产制造集聚地的分工格局，实现整个城市群规模效应与分工效应的最大化。

北京以"一核两翼"为重点，大力调整空间结构，做到功能清晰、分工合理、主副结合，走出一条内涵集约发展的新路子，探索出人口、经济密集地区优化开发的新模式。核心区是全国政治中心、文化中心和国际交往中心的核心承载区,是历史文化名城保护的重点地区,是展示国家首都形象的重要窗口地区。要充分体现城市战略定位,全力做好"四个服务",维护安全稳定。保护古都风貌,传承历史文脉。有序疏解北京非首都功能,加强环境整治,优化提升首都功能。改善人居环境,补充完善城市基本服务功能,加强精细化管理,创建国际一流的和谐宜居之都、首善之区。北京城市副中心与河北雄安新区共同构成北京新的两翼。北京城市副中心应当坚持世界眼光、国际标准、中国特色、高点定位,以创造历史、追求艺术的精神,以最先进的理念、最高的标准、最好的质量推进北京城市副中心建设,着力打造国际一流的和谐宜居之都示范区、新型城镇化示范区和京津冀区域协同发展示范区。雄安新区要通过科学构建城市空间布局,合理确定城市规模,科学承接北京非首都功能疏解,实现城市智慧化管理,营造优质绿色生态环境,实施创新驱动发展,建设宜居宜业城市,实现更高水平、更有效率、更加公平、更可持续的发展,建设成为绿色生态宜居新城区、创新驱动发展引领区、协调发展示范区、开放发展先行区,努力打造贯彻落实新发展理念的创新发展示范区。

从京津冀城市群空间结构来看,京津两市规模很大,缺乏特大城市和Ⅰ型大城市,造成城市体系不合理,这也是北京"大城市病"与周边城市吸纳能力不足的根源。未来应大力推动京津周边地区的发展,在现有地级城市的基础上培育Ⅰ型大城市,提升公共服务、产业发展方面的功能,使之成为引导人口、产业集聚的"反磁力中心",截流原本向京津进行集聚的人口,达到缓解北京城市过度拥挤的目的。沿京石邯、京津塘等主要交通轴线重点培育节点城市,做大城市规模,提升其对本地和外来人口的吸纳能力,最终形成超大、特大、大城市、中等城市和小城市相互支撑发展的良好局面。

三、优化提升北京的辐射带动能力

(一)深入推进非首都功能疏解

坚持央地联动、疏控并举、市场主导、政府引导,坚持质量与数量并重、疏解与提升一体、转移与承接同步,完善疏解配套政策,健全激励约束机制,推进形成"大疏解"格局,确保非首都功能疏解和人口调减持续取得新成效。严格执行新增产业禁限目录,从严治理企业超登记范围经营,确保禁限项目"零准入"。制定实施《北京市范围内项目审批暂行规定》,明确分区域、分领域投资项目审批标准,完善央地审批联动机制。进一步完善分领域疏解方案,配合国家制定的疏解单位目录，深入开展疏解整治促提升专项行动。

（二）有效推动北京减量发展

综合运用行政手段、法律手段和经济手段，分类施策、多措并举、标本兼治，引导企业转移、压减过剩产能、淘汰落后产能，倒逼经济发展方式转变，旨在用较少资源与合理结构支撑经济社会可持续发展。对于北京而言，产业转移的重点应该是"基本活动"中的制造业，通过制造业转移带动部分服务业和人口转移。对于一些落后产能，逐步提高环保、能耗、水耗、安全、质量、技术标准，加强财税、金融、价格、土地等政策的协调配合，通过严格审批核准、严控新增融资、实施差别化水价电价等举措，依法依规倒逼其尽快退出。以京津冀协同发展为基础，面向全国和全世界开放协作，推进产能合作。

（三）增强文化中心地位

借鉴纽约、巴黎、伦敦、东京等全球城市的文化发展经验，提升文化中心的辐射带动作用。北京需要从历史文化名城"积极保护"与"整体创造"、重视文化遗产和民族文化特色保护、建设国际一流的高品质文化设施、打造京津冀文化创意产业链、构建京津冀文化传播共同体等角度入手，形成涵盖各区、辐射京津冀、服务全国、面向世界的文化中心发展格局。

（四）打造科技创新高地

北京提升科技创新中心的辐射带动能力，需要强化北京科技创新的高端引领作用，加快构建京津冀协同创新共同体，引领服务全国创新发展，努力打造全球科技创新中心。充分发挥北京高端人才集聚、科技基础雄厚的创新优势，统筹利用好各方面科技创新资源，积极协同中央和地方科技资源，深入实施军民融合发展战略，完善创新体系，优化提升首都创新功能。发挥北京全国科技创新中心的辐射引领作用，搭建跨区域创新合作网络，加强与其他地区的科技创新合作。

（五）提升政务保障能力

依托首都功能核心区和中心城区，为中央党政军领导机关提供优质服务，全力维护首都安全，保障国家政务活动安全、高效、有序运行。第一，要加强建筑高度控制。严格管控高层建筑审批，提升安全保障水平。第二，为中央和国家机关优化布局提供条件。有序推动核心区内市级党政机关和市属行政事业单位疏解，并带动其他非首都功能疏解。结合功能重组与传统平房区保护更新，完善工作生活配套设施，提高中央党政军领导机关服务保障水平。第三，加强综合整治。完成重点片区疏解和环境整治，优化调整用地功能，提升景观质量，创造安全、整洁、有序的政务环境。第四，以更大范围的空间布局支撑国家政务活动。首都功能核心区要推动被占用文物的腾退和功能疏解，结合历史经典建筑及园林绿地腾退、修缮和综合整治，为国事外交活动提供更多具有优美环境和文化品位的场所。

（六）优化国际交往环境

国际交往中心建设要着眼承担重大外交外事活动的重要舞台，服务国家开放大局，持续优化为国际交往服务的软硬件环境。第一，优化国际交往功能的空间布局。规划建设好重大外交外事活动区、国际会议会展区、国际体育文化交流区、国际交通枢纽、外国驻华使馆区、国际商务金融功能区、国际科技文化交流区、国际旅游区、国际组织集聚区等。第二，加强国际交往重点功能区建设。包括首都功能核心区、北京商务中心区和使馆区、朝阳区东部和北部地区、奥林匹克中心区、大兴区、怀柔雁栖湖等功能区，服务国家对外交往。朝阳区东部和北部地区应强化国际交往功能，建设成为国际一流的商务中心区、国际科技文化体育交流区、各类国际化社区的承载地。规范和完善多样化、国际化的城市服务功能，展现良好的对外开放形象。完善奥林匹克中心区国际交往、国家体育文化功能，依托奥林匹克森林公园、北部森林公园等增加生态空间。随着北京大兴国际机场的投运，大兴区正在成为首都国际交往的新门户。以北京商务中心区、使馆区为重点，提升国际商务、文化、国际交往功能。怀柔以雁栖湖为中心，打造服务国家对外交往的生态发展示范区。第三，增加国际交往平台。积极与国外城市缔结友好城市，发挥友好城市在贯彻执行国际外交政策、促进城市友好交流方面的独特作用。积极吸纳国际组织机构或有影响力的民间机构落户北京，积极吸引跨国公司区域总部、办事处、代表处等国际商业机构入驻，提升北京的国际影响力。第四，丰富国际交往活动。纽约、华盛顿等国际交往中心城市发展的经验表明，频繁且稳定的外交访问和友好往来活动有助于提升城市在国际交往舞台的重要位置。同时，举办大型国际会议数量是国际公认的现代国际交流的重要渠道和高级形式。因此，北京要积极承接举办大型国际会议，提高举办大型国际会议的数量。

（七）强化资源整合配置功能

《北京城市总体规划（2016年—2035年）》指出，到2050年北京要建设成为具有广泛和重要国际影响力的全球中心城市。一般而言，全球城市具有四个主要特征，分别是世界经济组织高度集中的控制中心、金融机构和专业服务公司的主要集聚地、高新技术产业的生产和研发基地、产品和创新的市场。其中，全球城市的经济控制功能取决于其对全球资源的整合配置能力，这种控制能力主要源于集聚其中的跨国公司总部。北京要通过大力发展跨国公司、吸引国际组织设立区域总部、运营中心等，提高北京在全球资金流、信息流、商业流网络体系中的地位，使北京在全球要素资源配置中取得更大的主导权和影响力。打造全球资源配置的战略节点、区域枢纽和资源整合配置的重点功能区，集中建设北京商务中心区和金融街。

（八）优化提升北京城市副中心的综合功能

《北京城市总体规划（2016年—2035年）》指出，北京城市副中心作为北京"两翼"中的一"翼"，要着力打造成国际一流的和谐宜居之都示范区、新型城镇化示范区和京津冀区域协同发展示范区。推动北京城市副中心发展，一方面要提升城市的经济、环境、社会等方面的综合承载力；另一方面要通过完善城市综合功能和构建现代产业体系，提高城市的吸纳能力。

（九）全力支持河北雄安新区建设

雄安新区作为北京非首都功能疏解集中承载地，与北京城市副中心形成北京新的"两翼"，要建设成为绿色生态宜居新城区、创新驱动发展引领区、协调发展示范区、开放发展先行区，努力打造贯彻落实新发展理念的创新发展示范区。

四、畅通北京、天津与河北的要素流通渠道

京津冀建设世界级城市群，应通过科学规划、改革体制等，加快破除行政壁垒和制度障碍，促进生产要素自由流动，加快改革创新步伐，建立健全协同发展的体制机制，形成区域一体化发展新格局。

（一）构筑京津冀互联型交通网络结构

着眼于京津冀城市群空间布局，按照区域经济一体化的要求，构建以轨道交通为骨干的多节点、网格化、全覆盖的交通网络，提升交通运输组织和服务的现代化水平，形成统一开放的区域交通格局。通过建设高效密集轨道交通网和便捷畅通的高速公路、高速铁路、城际铁路、通用航空等立体交通网络，进一步缩短

城市之间的通勤时间和通勤成本,促进人口、技术、资金等生产要素能够在城市群内快速、高效、便捷流动,为推动经济向高端转型提供基础支撑。

(二)建设"一环+X型"的综合运输走廊

"一环",指保定—天津—唐山—承德—张家口—保定的环状交通网络,基本相当于以北京为中心150~200千米的产业协作圈,对于建设以首都为核心的世界级城市群具有重要作用。"X型"的综合运输通道,其一是邯郸—邢台—石家庄—北京—唐山—秦皇岛的综合运输走廊,这是京津冀连接东北与华北的综合运输通道;其二是张家口—北京—廊坊—天津—滨海新区的运输通道,这是京津冀连接西北与华北的主要运输通道,对于充分发挥天津港的作用具有非常重要的意义。

(三)以消除制度瓶颈为重点,促进各种要素自由流动

在京津冀城市群交通互联型网络形成的基础上,生产要素流动具有了物理空间的可能,而要想让生产要素真正实现自由流动,京津冀还须破解一系列制度困境,包括理清政府、市场与社会之间的关系,推进京津冀治理体系和治理能力现代化;构建京津冀产业协作的有效载体,促进城市群协作网络形成;借鉴开发区成功运营模式,通过资本联系带动北京非首都功能疏解与产业协作关系构建。

五、提升河北的有效承接能力

(一)加快河北区域性中心城市的建设

虽然京津冀协同发展的出发点是解决北京"大城市病",但在解决思路上要将其与促进河北发展、促进区域协同发展以及国家的战略需要相结合,很多学者把研究的重点放在河北,努力寻找河北发展的契机,提升河北在京津冀区域发展中的地位。审视河北与京津之间公共服务和经济发展等方面政策的差距,坚持政策拉平和政策创新一起抓,搞好向河北倾斜政策的顶层设计,着力破解制约河北发展的公共政策瓶颈,更好更快地弥补河北发展"短板",为京津冀建设世界级城市群提供强大政策动力。石家庄作为河北省会,其发展起到了引领带动作用,把石家庄作为京津冀第三极来打造,可使其承担起带动冀中南发展的任务。但是以石家庄目前的发展水平,无法引领该区域的发展,也影

响了京津冀发展的平衡性和稳定性。此外，雄安新区的设立，对保定发挥优势、建设创新驱动的经济强市有着重要的引领作用。因此，在河北区域性中心城市发展方面，石家庄、保定、唐山、邯郸应主动提高自身实力和带动力，发挥自身的辐射带动作用。

（二）提升京津周边城市能级

京津冀内部缺失具有"二传手"作用的城市，发展大中小城市、提升大中小城市能级是提升河北有效承接能力的重要举措。京津冀城市群内的河北省11个地级市和21个县级市城市化水平普遍较低，石家庄、邯郸、唐山、保定、秦皇岛和张家口均为Ⅱ型大城市，邢台、沧州、衡水、廊坊、承德为中等城市，21个县级市均为小城市，整个城市群内部经济发展差异较大，缺乏特大城市和Ⅰ型大城市，没有形成有序的梯度。由于城市等级结构不合理，大城市缺乏，因此城市间经济联系不强。另外，中等城市和小城市发展不足，难以形成产业集聚，对北京、天津的经济支撑力相对不足。应积极推动城市群内大中小城市的建设，加快发展Ⅱ型大城市，促进石家庄、邯郸、唐山、保定向Ⅰ型大城市转变；巩固和提升中小城市实力，促进潜力好的中小城市向中等城市、大城市转变，以便形成合理有序的城市规模结构。城市能级的提升，主要依赖于产业发展水平与集聚程度，河北城市产业发展要立足于自身资源优势，发展地方性的产业集群，同时也要合理承接北京部分非首都功能的转移，通过提升产业集聚功能，提高地区经济发展水平，进而起到吸纳就业、人口集聚功能的作用。人口集聚功能的提升也依赖于户籍制度改革，加快推进户籍制度改革，消除农民工市民化的制度障碍。加大城市基础设施供给，提升城市公共服务功能。

（三）集中力量打造两大战略合作功能区

聚焦曹妃甸协同发展示范区、张（家口）承（德）生态功能区，按照"政府主导、国企带动、政策集成、资源汇聚"的思路，加快产业合作和公共服务共建项目落地，形成集聚效应和示范作用。

加快曹妃甸协同发展示范区建设。落实京冀曹妃甸现代产业发展试验区合作共建协议和产业发展规划，坚持产业高端、产城融合发展方向，依托曹妃甸港口优势和产业基础，引导钢铁深加工、石油化工、装备制造、新能源部件等产业及产业链上下游企业向示范区集聚，加快首钢京唐二期等项目建设，促进金融、贸易、信息等生产性服务业集聚发展，吸引医疗、养老服务、旅游开发、现代农业等企业入驻，形成高端制造业与生产性服务业互促发展的循环共生产业链。共同争取国家级综合改革创新政策落地，积极引导各类科技创新资源向曹妃甸开放共享，促进重大创新成果在曹妃甸产业化和示范应用。

共建张（家口）承（德）生态功能区。以筹备2022年冬奥会为契机，大力引导体育文化、旅游休闲、会议展览等产业向张家口转移，打造京张冰雪体育休闲旅游带。突出生态屏障和水源涵养功能，推动健康、旅游、数据存储等生态友好型产业发展。积极推进京津冀大数据综合试验区建设，北京强化创新和引导，天津强化带动和支撑，河北强化承接和转化，重点建设张北云计算产业基地、承德德鸣大数据产业园和京津冀大数据综合试验区应用感知体验中心。共建张家口、承德高新技术产业开发区，支持张家口建设可再生能源示范区，支持承德创建京津冀节能环保产业基地。推动在京涉农企业在张承两地共同打造冷链蔬菜生产基地。支持在京企业与张家口开展葡萄酒上下游产业链合作，引导培育旅游观光、商务博览等新兴产业。支持绿色清洁生态产业优先向张承两市贫困县（区）转移。

（四）支持河北创建国家科技成果转移转化试验区

充分发挥京津国家自主创新示范区优势，有效对接河北要素成本比较优势和承接产业转型升级需求，重点强化科技创新成果应用和示范推广能力，建设科技成果孵化转化中心、重点产业技术研发基地、科技支撑产业结构调整和转型升级试验区。引导电子信息、智能装备、集成电路、新材料、高端制造等产业环节和创新资源向保定、廊坊、石家庄、邢台、邯郸等地集聚，重点支持邯郸冀南新区、邢台邢东新区、石家庄正定新区、保定中关村创新中心、白洋淀科技城建设，打造具有先进水平的智能制造产业带。引导节能环保、高端装备制造和新材料等产业环节和创新资源向唐山、曹妃甸、秦皇岛等集聚，重点支持曹妃甸循环经济示范区、中关村海淀园秦皇岛分园建设，支持秦皇岛软件业和创意设计业等特色产业发展，支持北戴河生命健康产业创新示范区建设，打造河北沿海产业带。引导新一代信息技术、航天航空、生物医药及高性能医疗器械等产业环节和创新资源向大广高速、京九铁路沿线集聚，重点支持衡水滨湖新区、霸州经济开发区、清河经济开发区建设，打造国家科技大动脉和战略性新兴产业聚集带。加快河北京南国家科技成果转移转化示范区建设，承接京津创新要素外溢。

（五）协力共建一批专业化产业合作平台

坚持产业转移与转型升级同步推进，打通转移和承接通道，促进产业要素在区域内合理重组、高效流动、有机衔接，共建一批特色化产业合作平台，推动产业链梯次布局。

1. 合力共建一批现代制造业承接平台

沿京津方向，聚焦廊坊经济技术开发区、北京亦庄永清高新技术产业开发区、沧州渤海新区、沧州经济开发区4个承接平台，引导电子信息、高端装备、航空航天、现代化工、生物医药、现代种业等产业转移，积极承担京津冀地区科技成果产业化功能，打造高新技术产业带。沿京保石方向，聚焦保定高新技术产业开发区、石家庄高新技术产业开发区、石家庄经济技术开发区、邯郸经济技术开发区、邢台经济技术开发区5个承接平台，发挥制造业基础雄厚和人力资源优势，引导汽车、生物医药、高端装备、电子信息、新材料等产业转移，打造先进制造产业带，建设军民融合产业基地。沿京唐秦方向，聚焦唐山高新技术产业开发区、秦皇岛经济技术开发区2个承接平台，发挥港口资源优势，引导精品钢铁、成套重型设备、海洋工程装备、现代石油化工、汽车及零部件、生物医药、港口物流、优质农副产品加工等产业转移，建设沿海临港产业集群，打造产业转型升级发展带。沿京九方向，聚焦固安经济开发区、衡水工业新区2个承接平台，发挥沿线的土地、劳动力、农产品资源和生态环境等优势，引导承接食品加工、绿色食品、纺织服装、高端装备、航空航天等产业转移，借助北京的龙头企业、先进技术和市场通道，建设特色轻纺产业带。

2. 加快推进一批服务业承接平台

聚焦保定白沟新城、廊坊市永清临港经济保税商贸园区、石家庄乐城国际商贸城、沧州明珠商贸城、香河万通商贸物流城、邢台邢东产城融合示范区等承接平台，依托当地较好的集聚基础和市场氛围，引导和推动北京服装、小商品等批发市场有序转移，支持建设环首都承接地批发市场聚集带和冀中南承接地批发市场聚集带。鼓励健康养老等部分新型服务业向燕达国际健康城等地转移。

3. 联动发展一批现代农业合作平台

围绕首都农业结构调整，推动京津冀农业对接协作，以农业科技园区为支点，联合共建环首都现代农业科技示范带，支持涿州创建国家农业高新技术产业开发区。加强北京周边地区蔬菜、畜禽、绿色食品生产加工基地建设，支持京张坝上蔬菜生产基地、京承农业合作生产基地建设，大力发展农产品冷链基础设施。

（六）高标准建设雄安新区

2017年4月1日，中共中央、国务院决定设立河北雄安新区。雄安新区要通过科学构建城市空间布局，合理确定城市规模，有序承接北京非首都功能，实现城市智慧化管理，营造优质绿色生态环境，实施创新驱动发展，建设宜居宜业城市，实现更高水平、更有效率、更加公平、更可持续的发展，努力打造贯彻落实新发展理念的创新发展示范区。

六、打造四圈空间格局，实现功能互补

随着京津冀高速铁路的逐步网络化，在提升京津双城（尤其是首都北京）辐射带动能力的同时，推动河北区域性中心城市建设，增强节点城市的要素集聚能力，培育中小城市和特色小城镇，加快形成以北京为核心的京津冀四圈层、多支点的网络化空间协作体系。空间协作体系的构筑按照不同空间尺度（距离）和不同空间网络（功能）分为四个层次，即：20千米核心功能圈、50千米都市功能圈、150千米协作功能圈和300千米辐射功能圈。

（一）20千米核心功能圈

20千米核心功能圈，是京津冀连接世界、发挥全球城市核心效应、引领发展的核心区域，在空间上主要包括一核（首都功能核心区）和一主（中心城区）。通过优化功能、提升品质以及增强城市活力，进一步巩固北京的全球竞争力、话语权和影响力，以更好地发挥其作为大国首都和全球城市的核心引领作用；同时作为承载京津冀世界级城市群的核心功能区域，应发挥大国首都和全球城市的"对外扇面"功能，连接世界城市网络。

（二）50千米都市功能圈

50千米都市功能圈，是京津冀促进产业转移和就业承接的融合发展区域，主要覆盖了"一核""一主""一副"和北京周边的七个新城[①]以及廊坊北三县。这既是以北京为中心的就业通勤的功能区，也是首都北京充分发挥产业转移和就业承接功能、实现融合发展的依托空间。要依托轨道交通、市郊铁路、高速公路等交通线路将核心区、中心地区、边缘组团以及周边的新城等功能板块连接起来，同时以北京城市副中心为一翼，并依托大兴国际机场，全面对接廊坊北三县等毗邻的河北区域，加之沿线的特色小镇和微中心，形成北京大都市（功能）区。

[①] 指昌平、顺义、大兴、亦庄、房山、怀柔、门头沟。

（三）150千米协作功能圈

150千米协作功能圈，是京津冀服务国内承载国家重要战略的联动发展区域，基本覆盖了未来京津冀城际铁路交通一日可往返的大首都生活圈，也包含了京津双城、保定、唐山、廊坊等区域中心城市和多节点城市、北京城市副中心、雄安新区以及西北部的部分生态保护区，是未来京津冀城市群高度同城化和功能协作一体化的巨型城市区域。可依托综合交通枢纽和复合化交通走廊建设，将核心城市与周边节点城市相连接，进而促进圈内人流、物流、信息流的充分流动以及创新产业的协同发展，形成高度同城化和一体化的"生活圈"（功能协作圈），进而培育具有强竞争力的都市协作圈。

（四）300千米辐射功能圈

300千米辐射功能圈，是京津冀深入腹地、带动区域协同可持续发展的重要区域，包括了京津冀的南部功能拓展区部分区域和西北部生态涵养区、石家庄这个区域中心城市，以及衡水、承德、张家口和秦皇岛等多个节点城市。依托京津、京保石、京唐秦三大发展轴，京津冀300千米的辐射功能圈将形成以北京为核心、双城两翼为依托、四大功能区的多层次、多支点的网络化城镇空间体系。此外，300千米的辐射功能圈深入腹地，是京津冀城市群经济发展水平相对较低和生态环境相对脆弱的圈层，也是京津冀区域可持续发展的关键板块。这一圈层不仅仅是经济发展和产业辐射的功能圈，更是生态环境承载的功能圈。作为京津冀核心城市的北京在加快非首都功能疏解的同时，应积极考虑优先将一些具有产业梯度和互补性的制造业布局在这一圈层，如劳动密集型产业可优先向冀中南转移，而生态休闲旅游型产业要加强与张家口、承德和秦皇岛的联动。

七、京津冀建设世界级城市群的对策

（一）加快体制机制创新，构建多层次协调发展机制

京津冀协同发展的核心问题是利益协调问题，要最大程度寻求各方利益的共同点，通过建立跨区域财税利益分配机制，推进跨区域项目合作共建；通过完善园区合作共建财税利益分配机制，支持各方共建园区，促进地区间加强合作，推进产业转移；通过建立"飞地经济"财税利益分配机制，促进"飞地

经济"有序发展，缓解落后地区发展瓶颈制约；通过建立企业迁建财税利益分配机制，理顺迁入地、迁出地之间的利益关系，优化京津冀产业布局。

（二）强化"四个中心"，提升北京全球资源战略配置能力

北京是全国的政治中心、文化中心、国际交往中心和科技创新中心，北京的一切工作必须坚持"四个中心"的战略定位。确保全国政治中心的安全稳定高效运行，推进北京建设成为中华文化软实力窗口，促进北京的国际交往功能提升与布局优化，强化北京科技创新战略高地建设，打造以北京为主体的京津冀区域创新共同体。

（三）以生态补偿为中心，实现环境高质量发展

牢固树立"绿水青山就是金山银山"理念，加强北京与河北生态环境保护规划、政策、工作互通，建立排放标准衔接、监测数据共享、协同监督管理、联合科技攻关的合作机制，完善京津冀环境执法联动工作机制，建设天蓝、地绿、水清的美丽北京，推动京津冀区域的生态环境高质量发展。建立健全京津冀区域横向生态补偿制度，开展水库水源保护跨省（直辖市）流域生态补偿试点，建立流域性水资源补偿机制，探索建立水权交易制度。制定京津冀区域统一的环境准入标准，制定并及时更新区域产业负面清单。推进河北产业有"退"有"进"，实现绿色转型。

（四）破解有形和无形障碍，畅通京津与河北的要素流通渠道

推进北京交通发展模式转变，破解北京同心圆功能自组织结构，引导形成面向区域的开放格局。提升京津冀区域一体化运输服务水平，促进各种运输方式之间的衔接与合作，建设区域协同联动监管体系，提升智能化服务和管理水平，推动安全绿色可持续交通的发展。深入推进简政放权、放管结合，优化服务改革，提高服务效率。加大土地和资金等要素支持力度。规范交通运输市场，提高运输一体化水平。

（五）全方位支持河北雄安新区建设

在强化北京"四个中心"建设的同时，全面落实北京与河北《关于共同推进河北雄安新区规划战略合作协议》的相关内容，依托北京的教育、医疗、科技创新等核心资源优势，通过支持北京市属国企与雄安新区在科技创新领域开展合作，鼓励有意愿的在京企业有序向河北雄安新区转移发展。通过加速北

京与河北雄安新区之间交通基础设施规划建设等方式，加快推进那些"有共识、看得准、能见效"的具体项目落地。同时，加强政策沟通，率先推进北京与河北雄安新区的人才互认共享、社会保障互联互通，取得经验后逐步向京津冀区域推广。

（六）构建京津冀新型产业分工格局

世界级城市群城市网络的背后是高效的产业协作体系，因此，京津冀各个城市之间要加强产业分工协作，以北京、天津为中心，强化部门内分工和产业链分工，突出产品专业化和功能专业化，形成错位竞争、链式发展的整体优势，更充分地发挥北京、天津对周边区域的辐射带动作用。河北则应依托土地面积广大、要素成本低的优势，在重点对接地区和交通轴线上布局若干承接产业转移平台，通过利益共享机制，推动产业由京津向河北的顺利转移。具体地，中心城市北京、天津着重发展公司总部、研发、设计、培训以及营销、批发零售、商标广告管理、技术服务等环节，其他大中城市侧重发展高新技术产业和先进制造业，周边其他城市和小城镇则专门发展一般制造业和零部件生产。在这种新型区域分工格局下，北京的经营管理职能将不断加强，周边中小城市的生产制造功能也会逐步强化。

（七）完善产业承接环境，提升河北对京津的有效承接能力

完善基础设施配套，提升公共服务水平，大力推进人才一体化发展。促进市场在资源配置中起决定性作用和更好发挥政府作用并重，积极优化营商环境，坚决破除一切不合时宜的思想观念和体制机制弊端，激发和保护企业家精神，创造促进发展的良好环境，提升河北对京津的有效承接能力。

（八）及早应对北京非首都功能疏解对居民生活的影响

北京非首都功能疏解对普通居民（尤其是个体工商户和没有北京户口的居民）的就业和生活必将产生越来越显著的影响。因此，要及早应对北京非首都功能疏解对居民生活的影响。第一，要以不影响居民生活的便利性为前提疏解北京非首都功能。目前疏解的一些产业会影响居民的基本生活，如部分菜市场和批发市场的拆除或搬迁，会造成居民生活不便，使得居民生活成本上升。因此，要对疏解腾退空间进行改造提升、业态转型和城市修补，加快疏解后续设施的建立，补足为本地居民服务的菜市场、社区便民服务点等设施，尽量减小疏解对居民生活造成的不利影响。第二，鉴于居住地离市中心较远的居民更认

为疏解对其生活有影响的结论，应结合《北京城市总体规划（2016年—2035年）》的实施，五环以外的顺义、大兴、亦庄、昌平、房山5个新城，要以产城融合为重点，在发展高新技术和战略性新兴产业的同时，适度发展一些劳动密集型产业，以保证普通劳动者的就业需求。第三，对于由于疏解带来的工作岗位的减少所产生的社会问题必须给予高度重视，绝不能为了疏解而疏解。习近平总书记在党的十九大报告中指出，就业是最大的民生。要未雨绸缪，注重解决结构性就业矛盾，实施积极就业政策，广泛开展职业技能培训，实现更高质量和更充分的就业。

（九）促进京津冀协同发展政策手段由行政手段向法律手段和经济手段转变

为了促进京津冀协同发展，中央及各部委、各地政府部门都出台了大量的规划、意见和建议，更多的是政府为主导的行政手段，而经济手段和法律手段近乎为零。随着我国市场经济的不断发展和市场经济体制的不断完善，京津冀协同发展的政策调控手段需要由以行政手段为主，尽快转变到以经济手段和法律手段为主，以保证政策手段的稳定性和持续性。

第一章
导　　论

城市群是由区域空间、自然要素和社会经济等要素组成的有机体，是一个大系统中具有较强活力的子系统，无论在区域层次上，还是在相互联系的空间上，均具有网络性的基本特征，是一个区域经济发展的实体（姚士谋等，2016）。城市群的建设强化了区域内城市间的经济联系，为区域内城市协同发展提供了诸多便利。京津冀位于我国北部沿海地区，背靠太行山，面向渤海，战略地位十分重要，是我国经济最具活力、开放程度最高、创新能力最强、吸纳人口最多的地区之一，也是拉动我国经济发展的重要引擎（亚洲开发银行技术援助项目9042咨询专家组，2018）。2015年4月，中共中央政治局会议审议通过了《京津冀协同发展规划纲要》，提出京津冀建设以首都为核心、生态环境良好、经济文化发达、社会和谐稳定的世界级城市群。此后，京津冀建设世界级城市群成为学术界研究的重点。本章从京津冀建设世界级城市群的条件与动机、短板、途径和对策几个方面进行综述。

一、关于京津冀建设世界级城市群的条件与动机

（一）京津冀建设世界级城市群的条件

中国经济的强劲增长为京津冀建设世界级城市群提供了历史机遇。京津冀区域总面积21.6万平方千米，约占全国国土总面积的2.3%。2019年京津冀总人口11307.4万人，地区生产总值84580.1亿元，分别占全国的8.1%和8.5%；三次产业结构为4.5∶28.7∶66.8，城镇化水平为66.7%，是带动中国区域经济增长的重要增长极，也是继长三角和珠三角后中国参与全球化的主体区域（安树伟、闫程莉，2016）。

世界级城市群具有经济总量和人口规模大的特征，通过将京津冀城市群的

人口规模、区域面积和经济规模与世界公认的六大城市群进行比较分析，认为京津冀人口和区域面积均居前列，达到了建设世界级城市群的条件，但人均GDP同世界级城市群相比还有一定差距，经济密度则差距更大（安树伟、闫程莉，2016）。良好的自然环境既是驱动城市群形成发育的重要基础条件，也是城市群具有地区优势的必要条件（李玉江等，2009）。姚士谋等（2006）通过分析京津冀城市群地理位置、气候和自然资源条件，指出京津冀地区气候温暖、自然资源丰富，同时海岸线及内陆腹地十分广阔，为该区域的兴起和发展奠定了坚实的基础。

国家发展和改革委员会发展规划司、云河都市研究院在《中国城市综合发展指标2016——大城市群发展战略》中指出，京津冀城市群拥有中国最大的航空运输中心和中国北方最大的海运中心，这些都强化了京津冀城市群与世界交流和交易的商务环境，是京津冀建设世界级城市群的有利条件。李玉江等（2009）提出，大规模基础设施建设丰富了京津冀城市群空间结构骨架，缩短了城市空间距离和经济距离，使得城市间的交易成本、运营成本和管理成本大大降低，成为京津冀建设世界级城市群的重要驱动力。

京津冀是我国经济最具活力、创新能力最强的区域之一，有条件建设成为新的世界级城市群（傅建芬，2016）。京津冀要建设世界级城市群必须具备相应的文化软实力（刘铁娃，2016）。北京作为首都，各类研究院所、高等院校聚集，教育资源极其丰富，集中了大量文化、教育、科技等各种优秀专业人才，成为京津冀地区知识人才的宝库，科技智力密集，为其他城市群无法媲美（姚士谋等，2006）。北京作为京津冀城市群的核心城市，聚集了全国近一半的金融资源，吸引了众多跨国公司、高科技企业设立总部和研发机构，研发投入占全国的比例最高，这使得京津冀城市群成为全国创新性最高的城市群（方创琳等，2016）。京津冀地区是中国最有可能建成世界级城市群、实施全球化战略的地区。

（二）京津冀建设世界级城市群的动机

京津冀建设世界级城市群，是打造我国新的经济增长极、推动我国南北方经济平衡发展的需要。张军扩（2015）认为我国目前经济增长阶段处于从高速增长向中高速增长的转换时期，促进经济持续稳定增长，需要从产业和区域两个方面培育新的增长点。京津冀区域内的北京拥有强大的政治优势和科技创新优势，天津拥有强大的制造业优势和研发转化优势，而河北制造业基础雄厚，区位优势显著，商贸物流业发达。因此，京津冀地区是我国北方重要的增长极。薛惠娟、田学斌和高钟庭（2015）指出，目前京津冀城市群经济密度远低于长三角和珠三角，建设以首都为核心的京津冀世界级城市群，通过城市群内各城市的合理分工与合作，可以充分激活区域活力，缩小京津冀与长三角、珠三角城市群的差距，从而引领我国北方经济社会持续发展，平衡我国南北方布局。

京津冀建设世界级城市群，是疏解北京非首都功能、解决北京大城市病的需要。京津冀协同发展是以解决北京大城市病为出发点的，北京承载的功能过多，以其强大的虹吸效应，集中了过多的资源，没有形成与周边城市协同发展的城市群效应，因此产生了严重的大城市病（张军扩，2015）。薛惠娟、田学斌和高钟庭（2015）指出，京津冀城市群的建设重点是解决目前北京在发展过程中出现的人口膨胀、交通拥堵、房价高涨、环境污染等问题。因此，建设以首都为核心的世界级城市群，可以使北京在统筹规划的基础上，在产业布局、基础设施建设、环境保护等方面，加强与周边城市的协调与合作，为北京非首都功能疏解提供巨大的调整空间，使北京更好地发挥全国政治中心、文化中心、国际交往中心、科技创新中心的功能，以有效解决北京大城市病问题（张军扩，2015；薛惠娟、田学斌、高钟庭，2015）。

将京津冀建设为世界级城市群，是促进京津冀协调发展、破解"环京津贫困带"难题的需要。2005 年亚洲开发银行在《河北省经济发展战略研究》中指出，"环京津地区目前存在大规模的贫困带"。[①] 解决"环京津贫困带"的问题，既要使北京"瘦"下来、强起来，又要使周边地区长起来、"胖"起来，这二者之间是相辅相成的。北京不"瘦"，就没有空间发展更有优势的产业，就不能强起来；而周边地区不长起来，就不能对北京首都功能的发挥形成支撑，北京的强也会缺乏厚实的基础。只有协同发展，共同打造世界级城市群，才能实现解决河北加快发展、破解环首都贫困带难题（张军扩，2015）。在国际竞争愈发激烈的时代，唯有世界级城市群才能创造更多的经济效益，最大程度实现城市间的优势功能互补，优化资源配置，带动周边地区发展（肖玮，2016）。

---

① 在北京和天津周围，环绕着 3798 个贫困村、32 个贫困县，共 272.6 万贫困人口。"环京津贫困带"与京津地区的经济发展相比存在很大落差。改革开放初期，河北省的 32 个环京津贫困带的县域经济与京津两市的远郊 15 个县基本处于同一发展水平，但是在 20 多年后，两者之间的经济社会发展水平形成了巨大的差距。2004 年，"环京津贫困带" 31 个县（不含涿鹿县）的县均地区生产总值仅为京津远郊 15 县（区）的 16.3%，而农民人均纯收入、人均地区生产总值、人均地方财政收入仅分别为北京市的 30.2%、16.0% 和 1.9%，为天津市的 33.1%、18.7% 和 2.3%。参见安树伟（2004）。

二、关于京津冀建设世界级城市群的短板

京津冀城市群存在较为严重的问题,主要表现在城市规模等级结构不合理、城市间的经济联系较弱、雾霾越来越严重等方面。

第一,京津冀城市规模等级结构不合理。京津冀建设世界级城市群的核心是北京,但关键则在河北,这是学术界的共识。与美国东北部大西洋沿岸城市群、北美五大湖城市群、日本太平洋沿岸城市群、英伦城市群、欧洲西北部城市群和长三角城市群等世界级城市群相比,京津冀城市群发展中的突出问题是城市规模等级结构不合理,缺乏特大城市和Ⅰ型大城市,没有形成金字塔型的布局,且高度发达的中心城市与相对落后的"腹地"并存。不合理的城市等级体系和空间格局,导致京津冀的社会经济发展水平存在较大差异,也制约了京津冀城市群的协同发展(张静,2016)。因此,促进京津冀城市群内大城市的快速成长,优化城市体系,对于京津冀建设世界级城市群意义重大。

第二,京津冀城市间的经济联系较弱。城市群形成的根本动力来自城市之间密切的经济联系,胡苏杭和王兴(2017)通过选取地区生产总值、非农人口数量、社会消费品零售总额、实际利用外资和建成区面积等指标,应用扩展强度模型对京津冀城市群进行分析,认为北京、天津之间经济联系非常紧密,京津冀城市群内经济发展呈现出明显的中心—外围结构。北京和天津不仅在地理位置上处于城市群的中心地带,而且在城市群功能结构中处于核心地位,但北京、天津与其他城市联系均相对松散,且冀南地区城市发展水平较低。因此,京津冀建设世界级城市群,除了要打破各地行政区划的阻隔外,也要加快副中心城市建设,推动京津冀向网络型城市群方向发展。

第三,京津冀环境问题严重。世界级城市群的建设需要以优良的生态环境为保障,京津冀地区环境容量比较小,要建设世界级城市群,必须充分论证资源和环境承载力(武义青,2014)。郭珂和王立群(2015)在构建京津冀地区资源环境承载力评价指标体系的基础上,运用状态空间模型测算了京津冀地区资源环境承载力,并借助时间序列 Tobit 模型分析了京津冀地区实际资源环境承载力,指出 2000~2012 年京津冀地区的理想承载力呈现递减的趋势,北京承载力最大,河北最小。

三、关于京津冀建设世界级城市群的途径

《京津冀协同发展规划纲要》对京津冀的功能定位为：以首都为核心的世界级城市群、区域整体协同发展改革引领区、全国创新驱动经济增长新引擎、生态修复环境改善示范区。张军扩（2015）认为"打造以首都为核心的世界级城市群"这个定位是带有总领性质的，后面三个定位是建设世界级城市群需要解决的问题。而从全球其他世界级城市群来看，具有较强经济实力、竞争力及辐射带动能力的核心城市是很重要的。因此，北京发展经济是很重要的，不仅要发展经济，还要深入研究产业、人口在区域空间上合理布局的问题。一方面，要充分发挥北京的科技优势及政治优势，发展高精尖产业及高端服务业，坚决淘汰高消耗、高污染及过度集聚人口的低端服务业；另一方面，要着力优化城市空间结构，在疏解部分非首都功能的基础上，按照职住合一的原则，完善轨道交通体系，加强卫星城建设。

虽然京津冀协同发展的出发点是解决北京的"大城市病"，但在解决思路上要将其与促进河北发展、促进区域协同发展以及国家的战略需要相结合。因此，很多学者把研究的重点放在河北，努力寻找河北发展的契机，提升河北在京津冀区域发展中的地位和作用。石家庄作为河北的省会城市，有必要把石家庄作为京津冀城市群的第三极来打造，使其承担起带动冀中南发展任务。审视河北与京津之间公共服务和经济发展两方面政策的差距，坚持政策拉平和政策创新一齐抓，搞好向河北倾斜政策的顶层设计，着力破解制约河北发展的公共政策瓶颈，更好更快地弥补河北发展"短板"，为京津冀城市群崛起提供强大政策动力（安树伟、肖金成，2015；宋文新，2016）。京津冀空间布局中，北京和天津的定位是重要的发展引擎，陈耀（2016）认为，提升整个河北的城镇化水平，加快省会城市石家庄的发展，也应该放在重中之重的位置。宋文新（2016）也认为，目前京津冀地区在北京和天津双极化的情况下，推进京津冀建设世界级城市群，核心区非常关键，把石家庄打造成京津冀发展的第三极至关重要。但是，以现阶段石家庄的经济发展水平，无法引领该区域的发展，也影响了京津冀区域发展的平衡性和稳定性。

世界级城市群的形成，培育有强大带动力、辐射力的核心城市是重中之重，一部分学者认为将北京、天津、石家庄作为京津冀区域的经济增长极（安树伟，2017）。单菁菁、张杰和邹晓霞（2014）总结了五大世界级城市群发展规律，认为世界级城市群的形成与发展，必须依托一个强大的发展极核即世界

城市或国际化大都市的带动，而这个核心城市的经济发展往往围绕其商务中心区（CBD）呈明显的集聚特征，并通过功能外溢、产业扩散、人口疏解、资本流动以及企业并购、合作与联盟等方式实现区域资源的优化配置，辐射带动整个城市群的发展，进而提升其国际影响力和竞争力。

京津冀要建设成为世界级城市群，不仅要具备世界级城市群所具备的基本特点，还应该发挥文化引领作用。北京的文化中心、国际交往中心、政治中心、科技创新中心的城市性质，事实上蕴含着政治文化和社会文化引领的因素；天津在国际航运、金融创新和改革开放三个方面的定位与城市治理体制的改革紧密相关，这是典型的政治文化引领作用；而河北作为新型城镇化与城乡统筹示范区、京津冀生态环境支撑区，则突出了政治文化和自然文化方面的引领作用（刘铁娃，2016）。

四、关于京津冀建设世界级城市群的对策

（一）加快推进北京建设世界城市

世界级城市群形成的关键因素在于有一个较强经济实力、竞争力及辐射带动能力的核心城市（张军扩，2015）。北京要在较短时间内建成世界城市，必须发挥后发优势和比较优势，在市场经济条件下选择政府主导、规划推动的模式，实现跨越式发展（胡雪峰、石明磊、刘洪波，2010）。近年来，北京提出了减量发展，减量发展不是不发展，而是通过自身空间重组和职能优化提升，更好地发挥在京津冀协同发展中的引领作用，从环境、产业和功能等各个方面全面提升北京的全球竞争力（安树伟、孙文迁，2019）。加快北京建设世界城市，必须通过发挥北京的政治中心、文化中心、国际交往中心和科技创新中心的功能，以及经济中心的作用，带动外围地区的发展，同时缓解现有的交通拥堵、环境污染等方面的压力，从而在更大尺度上提升自身的发展能力（申现杰，2016）。未来京津冀城市群可以以北京为核心进行创新研发，在天津、河北实现产业转化和出口，从而形成完整的产业链，充分发挥北京对周边地区的引领和辐射带动作用（肖玮，2016）。

（二）努力缩小河北省与京津之间发展差距

张永生（2015）指出河北在京津冀的格局中处于相对弱势地位，其发展除了靠自身的努力外，还必须减少北京、天津对河北的"虹吸效应"，要努力

缩小河北与京津之间的发展差距，必须提高经济要素的流动性，促使要素资源在三地能够多向流动。特定时期内，京津可以对河北贫困县进行结对援助，从而提高其自我发展的能力（陈耀，2015）。在提高河北城镇化水平方面，河北城镇化建设过于注重速度而忽视质量，不利于缩小河北与京津之间的发展差距，因此，必须注意城镇化推进速度与经济发展水平提高和政府公共服务能力相匹配。河北要构建层次分明、梯度有序、分工明确和布局合理的新型城镇空间结构，将为北京、天津两地优质产业向河北迁移做好铺垫，从而缩小河北与京津之间的发展差距（刘广平、张敬、陈立文等，2016）。在河北区域性中心城市方面，肖金成（2014）指出石家庄、秦皇岛、沧州、邯郸等城市应主动提高自身实力和带动力，提升自身的辐射带动作用。

（三）加快区域基础设施一体化和公共服务均等化进程

基础设施一体化是构建城市群发展的重要推动力，交通设施、信息网络等基础设施都具有显著的网络效应。各区域基础设施之间的对接、沟通越好，基础设施的效益越大，推动城市群形成的效力越大（冷宣荣，2016）。在交通一体化方面，马燕坤（2016）指出，高度密集、便捷高效的现代化交通网络是世界典型城市群的共同特征，极大地促进了城市间互动分工的深化和区域经济的发展。因此，必须打通京津冀城市群内城市间的"断头路"，加快城市间高速公路、高速铁路等交通基础设施建设，提高城市群交通网络密度，逐渐形成多种交通方式互联互通、便捷高效的现代化交通网络。在信息一体化方面，汪礼俊（2015）认为只有率先实现信息一体化，才能推动京津冀协同发展。加强京津冀信息化顶层设计，整体谋划区域信息网络布局，建立区域信息网络协调机制，促进区域政务信息资源开发、应用与共享。在公共服务均等化方面，宋文新（2015）指出，公共服务是造成京津冀发展不平衡的主要原因。因此，地方政府应加大用于改善民生的财政支出，让经济发展的成果更多地惠及百姓，提升公共服务质量和水平，并积极探索区域基本公共服务均等化的实现途径。彭力和黄崇恺（2015）认为，政府应在早期作为公共服务均等化的主要推力，中后期则由市场主导。

（四）打破行政壁垒，建立利益共享机制

区域协调、协作最大的障碍是利益分配问题，尤其是跨行政区划的利益分配，必将影响和制约区域协作（邢天河，2009）。研究和制定诸如资源利益分配、产业疏散转移利益分配、企业集团资产重组优化利益分配、技术转让利益

分配等机制,是当务之急。朱晓青(2016)指出,在中央层面,现在已有京津冀协同发展领导小组负责顶层设计,统筹安排京津冀协同发展规划,并负责重大方针政策的制定与协调。而京津冀地方政府演变为决策的执行机构,治理体系和治理能力的提升只能体现于利益共享方面,不能再搞自身利益的循环积累。陈秀山和李逸飞(2015)指出,消除地区之间的行政壁垒、资源要素的整合、产业结构的调整及优化多个方面,仅仅依靠政府规划和行政的力量是不够的。要坚持"市场主导、政府引导"的原则,市场应当发挥主导性、基础性作用,而政府的作用则是引导性的,为资源要素自由流动与合理配置、为市场作用的充分发挥创造条件(张军扩,2015)。刘士林和刘新静(2016)建议,通过自上而下的机制创新和体制改革,合理划定城市群的层级体系与边界,以理顺城市层级间的资源配置关系、建立合理的利益协调和补偿机制为中心,构建符合我国城市群发展的协调发展机制,解决城市群层级体系混乱和一体化内生动力缺乏的问题。

(五)妥善解决环境问题

京津冀城市群具有统一的生态圈和紧密联系的生态系统,长期粗放的城镇化发展模式尤其是河北省能源化工大规模扩张,造成了区域性、复合性的空气污染与水资源短缺等一系列生态环境问题(方创琳等,2016;安树伟、郁鹏、母爱英,2017)。安树伟和闫程莉(2016)指出,做好京津冀的大气污染治理工作,要健全京津冀大气污染联防联控机制的相关法规和政策,通过制定统一标准,完善评价方法,实行区域统一监测、统一评价、统一发布等多种管理手段,实现源头控制与末端治理的协同。赵鹏(2015)提出将京津冀在生态环境方面的建设提升到国家层面,建立一系列国家公园,形成环首都国家公园环,通过三地共同构建生态廊道、构建湿地板块、建设西北部生态涵养区等举措,最终形成世界级城市群生态体系。

五、结论

京津冀城市群具有经济总量和人口规模大的特征,地理位置、气候和自然资源条件优越,航运和海运发达,经济活力、创新能力强,为京津冀建设世界级城市群提供了良好基础。京津冀建设世界级城市群的主要目的,首先是打造我国新的经济增长极,推动我国南北方经济平衡发展;其次是疏解北京非首都功能,解决北京大城市病问题;最后是促进京津冀区域协调发展,破解"环京津贫困带"难题。目前，京津冀建设世界级城市群存在的主要短板在于，部分城市等级体系和空间格局不合理，中小城市发展滞后，城市间的经济联系较弱，京津冀地区城市资源环境承载力不足、环境污染严重等。京津冀建设世界级城市群的具体对策包括加快推进北京建设世界城市，努力缩小河北各城市与京津之间的发展差距，加快区域基础设施一体化和公共服务均等化进程，打破行政壁垒，建立利益共享机制，全力解决环境问题，提升河北在京津冀区域发展中的地位。因此，京津冀建设世界级城市群需要有新的思路和新的举措。

2017年4月，中共中央、国务院决定设立河北雄安新区。雄安新区的定位首先是北京非首都功能集中承载地，并肩负着探索人口、经济密集地区优化开发新模式和调整优化京津冀城市布局和空间结构的重任。从理论上来讲，雄安新区是为北京非首都功能疏解重点打造的集中承载地，可以有效缓解北京大城市病的问题，与北京城市副中心形成北京新的两翼。同时，有利于加快补齐区域发展短板，提升河北经济社会发展质量和水平，培育形成新的区域增长极。但是，雄安新区是否真的能够达到预期效果，还要经过较长时间的实践检验。

本章参考文献

[1] 安树伟. 中国大都市区管治研究 [M]. 北京：中国经济出版社，2004：307.

[2] 安树伟. 推动京津冀形成"三足鼎立"格局 [N]. 中国城市报，2017-3-6 (002).

[3] 安树伟，孙文迁. 北京的减量发展 [J]. 前线，2019 (1)：68-70.

[4] 安树伟，肖金成. 京津冀协同发展：北京的"困境"与河北的"角色" [J]. 广东社会科学，2015 (4)：5-11.

[5] 安树伟，闫程莉. 京津冀与世界级城市群的差距及发展策略 [J]. 河北学刊，2016 (6)：143-149.

[6] 安树伟，郁鹏，母爱英. 基于污染物排放总量的京津冀大气污染治理研究 [J]. 城市与环境研究，2017 (2)：17-30.

[7] 陈秀山，李逸飞. 世界级城市群与中国的国家竞争力——关于京津冀一体化的战略思考 [J]. 人民论坛·学术前沿，2015 (15)：41-51.

[8] 方创琳等. 2016中国城市群发展报告 [M]. 北京：科学出版社，2016.

[9] 傅建芬. 京津冀建设世界级城市群正当时 [J]. 领导之友，2016 (4)：4.

[10] 国家发展和改革委员会发展规划司，云河都市研究院. 中国城市综合发展指标2016——大城市群发展战略 [M]. 北京：人民出版社，2016.

[11] 郭珂，王立群. 京津冀地区资源环境承载力动态变化及其驱动因子 [J]. 应用生态学报，2015 (12)：3818-3826.

[12] 胡苏杭，王兴. 京津冀城市群空间联系分析 [J]. 合作经济与科技，2017 (2)：5-7.

[13] 胡雪峰，石明磊，刘洪波. 把握世界城市本质和演变规律，探索建设中国特色世界城市之路 [J]. 北京规划建设，2010 (6)：13-15.

[14] 冷宣荣. 打造具有较强国际竞争力的世界级城市群 [J]. 领导之友，2016 (4)：5-7.

[15] 李玉江等. 城市群形成动力机制及综合竞争力提升研究——以山东半岛城市群为例 [M]. 北京：科学出版社，2009.

[16] 刘广平，张敬，陈立文等. 京津冀世界级城市群建设背景下河北省

新型城镇化发展研究[J].商业经济研究,2016(10):214-216.

[17] 刘士林,刘新静.中国城市群发展报告2016[M].上海:东方出版中心,2016.

[18] 刘铁娃.增强京津冀世界级城市群的软实力[J].对外传播,2016(6):57-58.

[19] 马燕坤.城市群功能空间分工形成的演化模型与实证分析[J].经济管理,2016(12):31-46.

[20] 彭力,黄崇恺.关于我国三大城市群建成世界级城市群的探讨[J].广东开放大学学报,2015(6):29-33.

[21] 单菁菁,张杰,邬晓霞.略论CBD对促进京津冀世界级城市群建设的作用[J].城市,2014(12):15-20.

[22] 申现杰.中国世界级城市群形成研究[D].北京:中国人民大学,2016.

[23] 宋文新.打造京津冀世界级城市群若干重大问题的思考[J].经济与管理,2015(5):11-14.

[24] 汪礼俊.信息化对京津冀协同发展的作用研究——基于世界五大城市群的经验[A].中国软科学研究会.第十一届中国软科学学术年会论文集(下)[C].中国软科学研究会,2015.

[25] 肖金成.京津冀打造世界级城市群到了关键时期[N].中国经营报,2014-05-19(B09).

[26] 肖玮.京津冀建设世界级城市群规划出台[N].北京商报,2016-09-08(002).

[27] 邢天河.建设京津冀世界级城镇群构想——兼论京津冀城镇协调发展的思路和对策[J].城市,2009(12):12-15.

[28] 薛惠娟,田学斌,高钟庭.加快推进京津冀世界级城市群建设——"加快京津冀城市群建设"专家座谈会综述[J].经济与管理,2015(4):10-13.

[29] 亚洲开发银行技术援助项目9042咨询专家组.京津冀协同发展研究[M].北京:中国财政经济出版社,2018.

[30] 姚士谋等.中国城市群[M].合肥:中国科学技术大学出版社,2006.

[31] 姚士谋等.中国城市群新论[M].北京:科学出版社,2016.

[32] 张静.京津冀城市群空间格局现状及优化策略[J].合作经济与科

技，2016（6）：17-18.

[33] 张军扩. 促进京津冀协同发展，打造世界级城市群 [J]. 中国发展观察，2015（9）：8-10，13.

[34] 赵鹏. 京津冀将协同建设世界级城市群生态体系 [J]. 园林科技，2015（3）：49-50.

[35] 祝尔娟，吴常春，李妍君. 世界城市建设与区域发展——对北京建设世界城市的战略思考 [J]. 现代城市研究，2011（11）：76-80，85.

[36] 朱晓青. 京津冀建设世界级城市群面临的突出问题与对策 [J]. 领导之友，2016（5）：56-61.

第二章
世界级城市群的基本特征与形成条件

《京津冀协同发展规划纲要》指出，京津冀城市群未来要打造成以首都为核心的世界级城市群，但目前学术界对世界级城市群的认知却尚未达成一致意见。下文基于对世界级城市群历史演变脉络的梳理，对已有文献的整理归纳，界定世界级城市群的内涵，并对六大世界级城市群的发展现状进行分析，找出世界级城市群的内在规律性特征，并尝试建立世界级城市群的识别标准，进而总结归纳出世界级城市群的基本特征与形成条件。

一、世界级城市群的历史演化

"Megalopolis"一词最初是古希腊伯罗奔尼撒半岛一个城邦的名字，帕特里克·盖迪斯（Patrick Geddes，1927）首次使用这一词语来形容大西洋海岸线的巨大城市链（city-line），刘易斯·芒福德（Lewis Mumford，1938）将其视作专制城市（Tyrannopolis）、死亡之城（Nekropolis）的前一阶段；与盖迪斯和芒福德的悲观认知不同，戈特曼（Jean Gottmann，1957）对这一城市区域大为赞赏，并预测这将会成为城市发展的新一阶段。对"Megalopolis"一词的中文译名，尹培桐（1981）基于申维丞（1980）对荷兰兰斯塔德地区的描述，将其译作"大城市群"；丁洪俊和宁越敏（1983）考虑到其规模体量与美国东北海岸相去甚远，因而译作"巨大城市带"更为适宜。"城市群"一词是中国特有的词汇，对于这一词语的英译目前尚无统一定论。姚士谋最早完成了对"城市群"一词的英译工作，即"urban agglomeration"。联合国（2007）将"urban agglomeration"定义为"由城市或城镇以及外围相邻的郊区边缘地带和稠密定居区所构成"，这一英文译名与都市区的概念更为接近，因而宁越敏和张凡（2012）建议用"large city cluster"这一英文译名予以替代。

(一) 世界级城市群的概念界定

"城市群"这一名词相关的概念甚多,诸如霍华德(Ebenizer Howard, 1898)的城镇集群(town cluster),帕特里克·盖迪斯(1915)的组合城市(conurbation),刘易斯·芒福德(1938)的大城市连绵区(megalopolis),戈特曼(1957)的大都市带(megalopolis),艾伦·约翰·斯科特(Allen John Scott, 2001)的全球城市区域(global city-region),彼得·霍尔和凯西·佩恩(Peter Hall and Kathy Pain, 2008)的巨型城市区域(mega-city region),周一星(1986)的都市连绵区(metropolitan interlocking region),孙一飞(1995)的城镇密集区等。除此之外,还有诸如都市圈(MCR)、标准大都市统计区(SMSA)、核心基础统计区(CBSA)、大都市区(MA)等官方统计区概念见表2-1。

表2-1 城市群的概念内涵梳理

作者	时间(年)	对城市群的定义
于洪俊 宁越敏	1983	是世界最大的城市现象、有政治经济上的中枢作用及超级城市和国际港口的核心作用
宋家泰等	1985	在一个特定地区内,除其中一个作为行政-经济中心外,还存在具有同等经济实力或水平的几个非行政性的经济中心
董黎明	1989	在社会生产力水平比较高、商品经济比较发达、相应的城镇化水平也比较高的区域内,形成由若干个大中小不同等级、不同类型,各具特点的城镇集聚而成的城镇体系
肖枫 张俊江	1990	通过若干个经济实体的有机结合,形成社会、经济、技术一体化的具有"亲和力"的有机网络
周一星	1991	以都市区为基本组成单元,以若干大城市为核心,并与周围地区保持强烈交互作用和密切的社会经济联系,沿一条或多条交通走廊分布的巨型城乡一体化区域
姚士谋	1992	在特定的地域范围内具有相当数量的不同性质、类型和等级规模的城市,依托一定的自然环境条件,以一个或两个超大或特大城市作为地区经济的核心,借助于现代化的交通工具和综合运输网,以及高度发达的信息网络,发生与发展着城市之间的内在联系,共同构成的一个相对完整的城市"集合体"
沈立人	1993	以大都市为核心,超越原来边界而延伸到临近地区,不断强化相互的经济联系,最后形成有机结合甚至一体化的大区域

续表

作者	时间（年）	对城市群的定义
吴启焰	1999	在特定地域范围内具有相当数量不同性质、类型和等级规模的城市，依托一定的自然环境条件，以一个或两个特大或大城市作为地区经济的核心，借助于综合运输网的通达性，发生于城市个体之间、城市与区域之间的内在联系，共同构成一个相对完整的城市地域组织
张京祥	2000	一定范围内具有密切社会、经济、生态等联系，而呈现出群体亲和力及发展整体关联性的一组地域毗邻的城镇
邹军等	2002	一定地域范围内集聚了若干数目的城市，它们之间在人口规模、等级结构、功能特征、空间布局，以及经济社会发展和生态环境保护等方面紧密联系，并按照特定的发展规律集聚在一起的区域城镇综合体
胡序威	2003	在经济发达、人口稠密的地区，随着城镇化的不断进展，使原先彼此分离的多个都市区，逐渐在更大地区范围内紧密连成一体而形成的城镇密集地区，是城镇密集地区城镇化向高级阶段发展后所出现的空间结构形态
刘君德	2003	规模较大的一个或两三个中心城市及外围与中心城市紧密相连的若干小城市的地域空间
宁越敏	2003	由具有一定人口规模的中心城市及周边与之有密切联系的县域组成
诸大建	2003	吸纳较多人口，城镇化率达到70%以上，各城市具有合理的层级关系，承担不同的功能，具有发达的区域性基础设施网络，在国家和世界经济中具有枢纽作用的区域
吴传清 李浩	2003	在特定范围内，若干不同性质、类型和等级规模的城市，基于区域经济发展和市场纽带联系而形成的城市网络群体
戴宾	2004	以一个或数个不同规模的城市及其周围的乡村地域共同构成的在地理位置上连接的经济区域
刘静玉 王发曾	2004	在一定的地域空间上，以物质性网络（由发达的交通运输、通信、电力等线路组成）和非物质性网络（通过各种市场要素的流动而形成的网络组织）组成的区域网络化组织为纽带，在一个或几个核心城市的组织和协调下，由若干个不同等级规模、城镇化水平较高、空间上呈密集分布的城镇通过空间相互作用而形成的，包含有成熟的城镇体系和合理的劳动地域分工体系的城镇区域系统
方创琳等	2005	在特定地域范围内，以1个特大城市为核心，由至少3个以上都市圈（区）或大中城市为基本构成单元，依托发达的交通、通信等基础设施网络，所形成的空间相对紧凑、经济联系紧密，并最终实现同城化和一体化的城市群体
周伟林	2005	城镇化过程中一种特殊的经济与空间组织形式，是以中心城市为核心，由不同等级规模城市所组成的巨大多中心城市区域

续表

作者	时间（年）	对城市群的定义
郁鸿胜	2005	在具有发达交通条件的特定区域内，由一个或几个大型或特大型中心城市率领的若干个不同等级、不同规模的城市构成的城市群体
苗长虹 王海江	2005	在一定规模地域范围内，以一定数量的超大或特大城市为核心，以众多中小城镇为依托，以多个都市区为基础，城镇之间、城乡之间紧密联系而形成的具有一定城镇密度的城市功能地域
杨凤 秦书生	2007	在某个特定区域范围内，依托于某交通网络干线，服从于某种地理边界的划分，以一个或两个以上的超大城市为核心，联合附近其他相邻城市和城镇，逐渐形成区域城市间和产业间频繁的人流、物流、资金流、信息流、技术流交互作用，同时又具有独具特色的狭长带状城市群体
钟海燕	2007	在一定区域范围内，以一个或几个大型或特大型中心城市为核心，包括若干个不同等级和规模的城市构成的城市群体，他们依托空间经济联系组成一个相互制约、相互依存的一体化的城市化区域
彼得·霍尔，凯西·佩恩	2008	以全球城市或世界城市为中心，由数量可多达30~40个的城市以及周边的小城镇组成，形成结构复杂的庞大网络状城市复合体
倪鹏飞	2008	由集中在某一区域、交通通信便利、彼此经济社会联系密切而又相对独立的若干城市或城镇组成的人口与经济集聚区
刘勇	2009	由若干相邻地级以上城市组成的、具有密切分工与协作关系（人流、物流、资金流和信息流达到一定水平）的城市集群
李学鑫 苗长虹	2010	由若干空间临近的经济板块（专业化城市和多样化城市）组成的集聚体
顾朝林	2007	以中心城市为核心向周围辐射构成的多个城市的集合体
刘玉亭等	2013	在区域协调思想影响下，随城市集聚发展，城市的功能影响范围超过城市传统行政边界，城区区域协作出现并逐步加强后而产生的一种人类聚居形式
申现杰	2016	由高级别世界城市与周边多个大中小城市连成一体，在经济、社会、文化等方面基于空间临近性而发生密切交互作用，产生在超国家的层次上能够发挥巨大规模经济效应和高层次功能的城市群

资料来源：根据陈美玲. 城市群相关概念的研究探讨 [J]. 城市发展研究，2011，18（3）：5-8. 以及其他资料整理。

本书认为，世界级城市群是在特定的地域范围内，具有相当数量不同性质、类型和等级规模的城市，以一个具备较高经济发展水平、且具有国际（或区域）影响力的世界城市作为该地区的经济发展引擎，以实现区域经济一体化为发展目标，依托一定的自然地理环境条件，借助现代化交通、信息网络，使

第二章 | 世界级城市群的基本特征与形成条件

区域内部的城市发生较为密切的联系,共同构成一个具备超越国家影响的、相对完整的城市集合体。

(二)世界级城市群的演化进程

世界级城市群形成的前提是核心城市为世界城市(段霞、文魁,2011)。城市群的大规模发展必将以区域内特大城市为核心、以特大城市辐射范围为半径(张晋晋、安树伟,2017)。邓元慧等(2015)基于演化经济地理学的角度,通过构建空间、时间和组织三个维度对世界级城市群的演化进程进行分析,对城市进行"生物学类比":个人、企业是城市系统的微观经济基础(细胞),从自给自足开始,通过不断创新最终形成具有特定比较优势的细胞;伴随个人、企业分工合作的不断深化,受到集聚经济的作用,大量具有特定功能的细胞集聚形成器官(产业、部门);市场机制对器官进行"自然选择",最终筛选出最具发展潜力的器官,通过血管(人流、物流、资金流、信息流等)将器官有机地联系在一起,生命体(城市)由此形成;城市与城市之间经过动态演化最终形成稳定的生物群落(城市群);随着经济全球化和区域经济一体化的发展,生物群落的影响范围逐步扩大,当影响范围超越国家、洲际覆盖到全球时,高端生物群落(世界级城市群)由此产生(见图 2-1)。

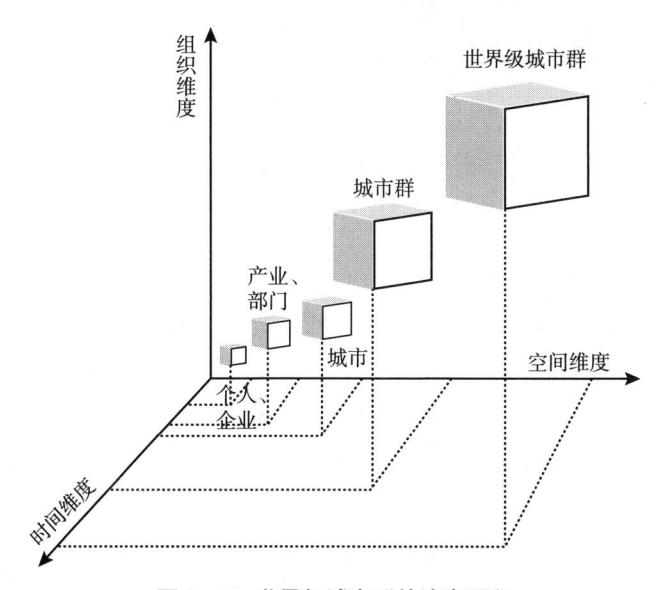

图 2-1 世界级城市群的演变历程

资料来源:根据以下研究修改得到:邓元慧,欧国立,邢虎松. 城市群形成与演化:基于演化经济地理学的分析 [J]. 科技进步与对策,2015(3):45-50.

方创琳（2009）对世界级城市群的演化进程做出进一步细分，认为由初始"城市"最终过渡到"大都市带"需要经历四次空间拓展过程（见图2-2）。城市群空间成长就是由区域内一个或几个核心城市为经济中心，通过经济中心的辐射带动效应带动周边腹地成长，直至城市群系统逐渐成长为合理优化的空间系统。从单个城市到多个城市再到世界级城市群，逐渐形成一个有机整体。

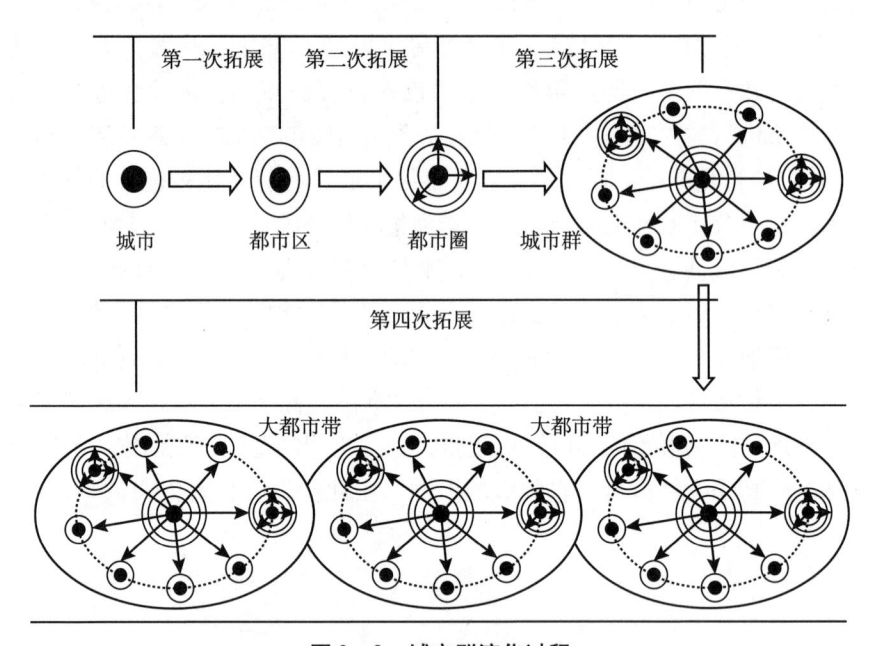

图2-2 城市群演化过程

资料来源：根据以下研究整理得到：方创琳.城市群空间范围识别标准的研究进展与基本判断[J].城市规划学刊，2009（4）：1-6.

从城市群的形成过程中可以看出城市群的发展具有阶段性。关于城市群的发展阶段，国内外学者从不同角度进行了研究（见表2-2）。

表2-2　　　　　　　　城市群发展阶段划分

作者	时间（年）	城市群发展阶段	划分依据
戈特曼	—	孤立分散阶段（1870年以前）、城市间弱联系阶段（1870~1920年）、大都市带的雏形阶段（1920~1950年）、大都市带的成熟阶段（1950年以后）	以纽约都市圈为对象，城市之间的相互关系

续表

作者	时间（年）	城市群发展阶段	划分依据
比尔·斯科特	—	单中心（中心城市为主导）、多中心（中心城市和郊区相互竞争）、网络化阶段（复杂的相互依赖和相互竞争）	城市群形成的空间结构演化
弗里德曼	—	工业化以前的农业社会、工业化初期、工业化的成熟期、工业化后期	工业化水平
陈皓峰 刘志红	1990	低级均衡、差异倾斜、平衡倾斜、高级均衡	城市群发展的均衡性
崔功豪	1992	城市区域、城市群组、巨大都市带	结合长江三角洲城市群，城市群发展的水平
陈立人 王海斌	1997	多中心孤立城市阶段、城市聚集区阶段、城市密集带阶段、大都市连绵区阶段	城市群形成的空间结构及演化
顾朝林	1999	孤立体系阶段、区域体系阶段、区际体系阶段、大区体系阶段、大都市连绵区阶段、世界城市带	城市群形成的空间结构及演化
张京祥	2000	多中心孤立膨胀阶段、城市空间定向蔓延阶段、城市间的向心与离心扩展阶段、城市连绵区的复合式扩展阶段	城市之间经济联系方向和城市扩展方向
张伟	2003	雏形期、成长期、成熟期	工业化和城镇化水平
薛东前 孙建平	2003	集聚阶段（城市）、集聚扩散阶段（城市区域）、扩散集聚阶段（城市组群）、扩散阶段（城市群）	核心城市的集聚和扩散
官卫华 姚士谋	2003	城市区域阶段、城市群阶段、城市群组阶段、大都市带阶段	城市群形成的空间结构及演化
方创琳	2005	发展雏形阶段、快速发展阶段、发展成熟阶段、趋向鼎盛阶段、鼎盛阶段	经济发展水平、工业化、交通通道、经济外向度
姚士谋 朱英明等	2006	分散发展的单核心城市阶段、城市组团阶段、城市组群扩展阶段、城市群形成阶段	城市群形成的空间结构及演化
倪鹏飞	2006	萌芽阶段、快速发展阶段、稳定发展阶段、成熟发展阶段	城市群发展水平
郭熙保 黄国庆	2006	初级发展阶段、中级发展阶段、高级发展阶段	人口规模、城镇化率、经济规模、交通设施

续表

作者	时间（年）	城市群发展阶段	划分依据
庞静	2008	聚集城市化过程中的核化阶段、聚集与扩散并存的大都市化（都市圈或都市区）阶段、以扩散为主的城市群阶段	城市群形成的空间结构及演化
陈群元 喻定权	2009	雏形发育阶段、快速发育阶段、趋于成熟阶段、成熟发展阶段	城镇化率、城镇体系、空间结构、空间作用、城市分工、增长路径
方创琳	2010	分散独立的节点均衡发展阶段、单节点集聚式非均衡发展阶段、单体大都市区形成与继续拓展阶段、基于单节点的空间结构与职能结构整合发展阶段、多都市区一体化区域的形成阶段、都市区整合发展与结构重组阶段、城市群的稳定与持续发展阶段	城市群形成中的四次拓展过程，都市区之间的合理分工与协作关系
高国力	2011	雏形期（轴向扩展）、成长期（圈域扩展）、成型期（全面扩展）、成熟区（多中心均衡）	城市群形成的空间结构及演化
黄征学	2014	城市孤立发展阶段、都市圈发展阶段、城市群快速发展阶段、城市群成熟发展阶段	城市群形成的空间结构及演化
申现杰	2016	中心城市发展阶段、中心城市扩散阶段、都市群发展阶段、城市群形成阶段	城市群形成的空间结构及演化

资料来源：黄征学. 城市群：理论与实践［M］. 北京：经济科学出版社，2014；方创琳、宋吉涛、蔺雪芹等. 中国城市群可持续发展理论与实践［M］. 北京：科学出版社，2010；申现杰. 中国世界级城市群形成研究［D］. 北京：中国人民大学，2016.

综上所述，学术界划分城市群阶段的角度主要是：城市之间的相互联系、工业化和城镇化水平、核心城市的集聚与辐射、空间结构、交通运输体系。也有学者划分城市群的阶段时综合考虑各种因素，借鉴 W. W. 罗斯托（2001）从经济角度对所有社会的分类方法，依据核心城市发挥的作用将城市群形成过程划分为孤立阶段、集聚为主阶段、集聚向扩散转变阶段、扩散为主阶段。城市群所处阶段不同，其城镇化水平、空间结构、核心城市的集聚与扩散作用等方面特征均有差异（见表2-3）。

表2-3　　　　　　　　城市群不同发展阶段的特征

指标	孤立阶段	集聚为主阶段	集聚向扩散转变阶段	扩散为主阶段
城镇化水平	30%左右	30%~50%	50%~70%	70%以上

续表

指标	孤立阶段	集聚为主阶段	集聚向扩散转变阶段	扩散为主阶段
空间结构	中心地（城市）	中心地主导（城市区域）	中心地与网络并存（城市组群）	网络状（城市群）
核心城市作用	一定的集聚作用，扩散作用很小	集聚作用为主，扩散作用为辅	扩散作用较快增加，与集聚作用相当	扩散作用为主，集聚作用为辅
要素流动	要素散布	要素向中心城市集聚	要素由中心城市向外围城市扩散	中心－外围城市要素双向流动
基础设施	不完善	较完善	完善	相当完善
城市之间的相互关系	松散	较紧密	紧密	最紧密
产业分工形态	产业分散发展	产业关联发展	产业协作集聚发展	产业链式协同

资料来源：根据黄征学．城市群：理论与实践［M］．北京：经济科学出版社，2014．等资料整理。

（三）世界级城市群的准入门槛

根据姚士谋等（2016）提出的三个导向原则，① 世界级城市群应满足如下条件。（1）世界级城市群内部应以一个具有较强国际（或区域）影响的高等级城市（比如世界城市）作为其中心城市，在其外围区域存在着相当数量不同性质、类型和等级规模的城市，构成完备的城市体系结构，且中心城市的经济聚集能力显著（如中心城市 GDP 占城市群 GDP 的比重应大于 45% 等）；（2）世界级城市群应当集聚大量的人口规模，根据已有的研究结论和近年世界级城市群的数据，认为总人口规模应大于 3500 万人，应占所处国家总人口的 10% 以上，人口密度原则上不小于 400 人/平方千米；（3）世界级城市群内部各城市应有较为密切的联系，日本提出以城市群内部货运量占全国总货运量的比例、通勤率≥15% 等条件作为测度指标；（4）世界级城市群内部的交通、通信等基础设施应较为发达；（5）世界级城市群所处国家的经济应较为发达，人均 GDP、城镇化率等经济指标应符合发达国家标准；（6）世界级城市群是所处国家的核心区域，且同时兼具国际枢纽功能。

世界级城市群是人类社会经济发展演化的高级阶段产物，是世界各国城市

---

① 即客观性及可识别性，城市的辐射与吸引作用的阶段性、模糊性，统一性及空间相互联系的原则。

发展的目标趋向，已然成为当前和未来经济发展格局中最具活力和潜力的地区，是经济发展和产业布局的自然反映，已成为发达国家城镇化的主体形态，对本国、本地区的经济发展具有支配作用（见表2-4）。世界级城市群是国家社会经济发展的主要载体；是各个国家城镇化、工业化水平最高的地区，是具有国际意义的产业基地；是各国率先实现现代化的先行区（姚士谋、潘佩佩、程绍铂，2011）；是区域内各种发展轴线以及国家对内、对外联系的网络枢纽，是各种新思想和新技术的孵化器（G. Chabot，1962）。

表2-4　　　　　　　　　　城市群的识别标准

作者	年份	识别标准
戈特曼 （Jean Gottmann）	1961	区域内有较为密集的城市；有相当多的大城市各自形成都市区，核心城市与都市区外围社会经济联系密切；有联系方便的交通走廊把核心城市联系起来，都市区之间有密切的社会经济联系；必须达到相当大的总规模，人口在2500万人以上；国家核心区域，同时也是国际交通枢纽
周一星	1986	区域内有比较密集的城市；有相当多的大城市形成各自的都市区，核心城市与外围的县域有着密切的社会经济联系；有联系方便的交通走廊把这些核心城市连接起来，都市区之间也有着密切的社会经济联系；必须有相当大的人口和经济规模；是国家的核心区域，具有国际交往枢纽的作用
肖金成 袁朱等	2009	有一个到几个较强经济实力的中心城市，完善的城镇体系，一定规模的人口与空间。面积5万平方千米左右，区域人口2000万以上，人口密度400人/平方千米，中等以上城市10个左右，城市密度2个/万平方千米；较高的产业发展与分工协作水平；完善的基础设施网络
方创琳	2009	大城市多于3个，且至少一个城镇人口大于100万人；人口规模不低于2000万人，城镇化率大于50%；人均GDP超过3000美元；经济密度大于500万元/平方千米；基本形成高度发达的综合运输通道；非农产业产值比率超过70%；核心城市GDP的中心度 > 45%
姚士谋	2016	城市群区域总人口介于1500万~3000万人；城市群内特大超级城市不少于2座；区域内城市人口比重大于35%；区域内城镇人口比重大于40%；区域内城镇人口占省（自治区）比重大于55%；城市群等级规模结构完整，形成5个等级；铁路网密度介于250~350千米/万平方千米，公路网密度介于2000~2500千米/万平方千米；社会消费品零售总额占全省（自治区）比重大于45%；流动人口占全省（自治区）比重大于65%；工业总产值占全省（自治区）比重大于70%

资料来源：本书作者根据相关资料整理。

二、世界级城市群的基本特征

(一) 生态环境良好

世界级城市群作为人类生产、生活的高级化空间载体，依赖于一些基本的自然条件（张燕，2014），易在地理位置优越、自然条件良好的区域形成（中国城市发展研究院，2014）。从地理位置看，世界级城市群总体上处于适宜人类生产、生活的中纬度（30°N~60°N）地带；从区位条件看，世界级城市群总体上处于平缓的平原地带，与江、河、湖、海相毗连，这一区域在农业社会更适宜农业生产活动，会吸引大量农业生产活动在此集聚，当农产品出现剩余时，第二次社会大分工将会随之出现，这恰恰是进入工业化社会的必要条件。同时，充沛的水源使得交通运输变得更为便利，使这一区域成为交通运输的枢纽，也可以为城市的工商业发展和居民生活提供充足的水源（方创琳、姚士谋、刘盛和等，2011）。

良好的生态环境是世界级城市群的特征之一。博奇卡列娃（Bochkareva T. V.，1983）认为令人满意的环境质量比经济增长更为重要，1952年的"伦敦烟雾事件"严重损害了伦敦的国际地位，对此英国政府出台了一系列空气污染防控措施，投以巨资遏制日益恶化的生态环境，历经多年重新回归其国际地位。

(二) 中心城市经济高度发达

世界级城市群是一个人口、生产活动、社会经济功能高度集聚的区域（Jean Gottmann，1961），是国家、区域、洲际或国际的枢纽核心（见表2-5），是一个国家社会经济最为发达、经济效益最高的地区（方创琳、姚士谋、刘盛和等，2011）。当前公认的世界级城市群，其地区生产总值皆占国内生产总值的30%~40%（刘勇，2009）。

表2-5　　　　　　　　世界级城市群的地位

城市群	贸易中心	航运中心	金融中心	政治中心	科技中心
北美五大湖城市群	国际型	区域型	国际型	否	区域型
英国伦敦城市群	国际型	国际型	国际型	区域型	区域型

续表

城市群	贸易中心	航运中心	金融中心	政治中心	科技中心
美国东北部大西洋沿岸城市群	国际型	国际型	国际型	国际型	洲际型
日本太平洋沿岸城市群	国际型	国际型	国际型	国家型	国家型
德国莱茵-鲁尔城市群	区域型	区域型	区域型	否	国际型
中国长江三角洲城市群	国际型	国际型	洲际型	否	区域型

资料来源：余秀荣. 国际金融中心历史变迁与功能演进研究 [M]. 北京：中国金融出版社, 2011.

城市群的形成是集聚效应与扩散效应动态演进的结果，中心城市由于集聚不经济所带来的生产要素成本上升是城市群形成的重要推动力，但这并不意味着中心城市在城市群中的核心作用受到挑战。中心城市高密度的经济集聚产生出高能量经济磁场，对周边城市有着巨大的经济吸引力和辐射力，是城市群经济发展的增长极（戴宾，2004）。当前世界公认的六大世界级城市群，其中心城市必定是世界城市或者是国际性城市，即世界级城市群的中心城市往往是信息流、技术流、物流、人才流的交汇点，是进入世界经济最便捷的通道（方创琳、毛其智，2015）。

（三）城市等级体系较为完备

城市群内部城市体系应当是小城市、中等城市、大城市所构成的梯次"金字塔"形结构，作为城市群高级化阶段的世界级城市群亦是如此，"金字塔"形结构特征十分显著（见表2-6）。

表2-6　　　　　世界级城市群城市等级体系

城市群	主要城市个数与名称
美国东北部大西洋沿岸城市群	45个（包括波士顿、纽约、费城、巴尔的摩、华盛顿5个大都市和萨默尔维尔、伍斯特、普罗维登斯、新贝德福德、哈特福特、纽黑文、帕特森、特伦顿、威明尔顿等40多个中小城市）
北美五大湖城市群	35个（包括芝加哥、底特律、匹兹堡、多伦多、蒙特利尔、克利夫兰、托利多7个大城市和28个中小城市）
英国伦敦城市群	14个（包括伦敦、伯明翰、利物浦、曼彻斯特4个大城市和10个中小城市）

续表

城市群		主要城市个数与名称
欧洲西北部城市群	法国巴黎城市群	40个（包括巴黎、鲁昂、勒阿弗尔等大城市和35个中小城市）
	德国莱因-鲁尔城市群	20个（包括波恩、科隆、杜塞尔多夫、埃森等20个城市）
	荷兰的兰斯塔德城市群	包括阿姆斯特丹、鹿特丹和海牙3个大城市，乌德勒支、哈勒姆、莱登3个中等城市以及众多小城市
日本太平洋沿岸城市群		310个（包括东京、横滨、川崎、名古屋、大阪、神户、京都等多个特大城市和众多中小城市）
中国长江三角洲城市群		27个（包括上海，江苏省的南京、无锡、常州、苏州、南通、盐城、扬州、镇江、泰州，浙江省的杭州、宁波、温州、嘉兴、湖州、绍兴、金华、舟山、台州，安徽省的合肥、芜湖、马鞍山、铜陵、安庆、滁州、池州、宣城）

资料来源：根据以下研究整理得到：刘友金、王玮（2009）；方创琳、姚士谋、刘盛和等（2011）。

城市群内部各城市通过不断地竞合发展，逐步形成城市功能明晰、产业垂直和水平分工合理，且彼此间紧密联系的若干个产业聚集带和聚集区，共同参与全球产业竞争和经济竞争（黄征学，2014）。以美国东北部大西洋沿岸城市群为例，以金融业为主导产业的纽约是该城市群的中心城市；在其周边存在着与之功能互补的四座城市，即华盛顿（政治中心）、波士顿（高新技术产业中心）、费城（重工业城市）和巴尔的摩（军事工业城市）；"金字塔"的底端部分是围绕在这五座大城市周边的40余个中小城市，它们的存在使得城市功能分工变得更加精细化，互补式发展特征也更为明显（见图2-3）。完备的城市体系意味着城市职能分工更加彻底，"金字塔"各层级的城市在城市群中承担相应的职能，彼此之间保持紧密的互补关系，使城市群成为内部各城市的利益共同体。

克里斯塔勒（1933）的中心地理论认为，规模等级较高的城市可以提供规模等级较低的城市所不能提供的商品与服务，即高等级城市与低等级城市的交流是单向的，即高等级城市形成了"大而全"的发展模式，而按照机会成本理论的观点这无疑是缺乏效率的。中心城市与周边城市应实现互补式发展，即中心城市的一部分功能应扩散到周边城市之中，通过中心与外围城市之间的密切合作，实现资源的最优化配置，进而打破"弱而全"的固有发展模式向"强而少"的发展模式转变。人口比重的高低决定了一个城市在城市等级体系中的位置，以日本人口区域分布情况为例，日本由特大城市、大城市、中等城市、小城市所构成的显著的"金字塔"形态（见表2-7）。

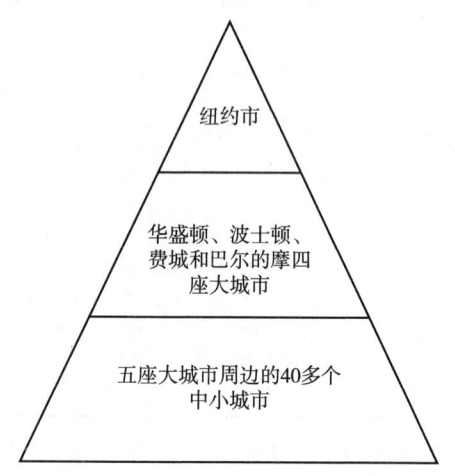

```
         纽约市
    华盛顿、波士顿、
    费城和巴尔的摩四
       座大城市
   五座大城市周边的40多个
        中小城市
```

图2-3 美国东北部大西洋沿岸城市群城市等级体系

资料来源：根据以下研究整理得到：王鹏，张秀生. 国外城市群的发展及其对我国的启示［J］. 国外社会科学，2016（4）：115-122.

表2-7　　　　　　　2000年日本人口区域分布情况

地区	人口		面积		人口密度（人/平方千米）
	数量（万人）	比重（%）	数量（万平方千米）	比重（%）	
1. 首都圈	4132	32.55	3.63	9.62	1138
东京圈（东京、琦玉、千叶、神奈川）	3341	26.33	1.33	3.51	2512
东京圈以外的首都圈（茨城、栃木、群马、山梨）	791	6.22	2.30	6.11	344
2. 中部圈（除北陆）	1699	13.39	4.10	10.85	414
名古屋圈（爱知、三重）	890	7.02	1.09	2.88	817
名古屋圈以外的中部圈（长野、岐阜、静冈）	809	6.37	3.01	7.98	269
3. 近畿圈（除北陆）	2086	16.43	2.72	7.19	767
关西圈（京都、大阪、兵库）	1700	13.39	1.49	3.94	1141

续表

地区	人口		面积		人口密度（人/平方千米）
	数量（万人）	比重（%）	数量（万平方千米）	比重（%）	
关西圈以外近畿圈（滋贺、奈良、和歌山）	386	3.04	1.23	3.25	314
4. 三大都市圈小计	7916	62.37	10.45	27.66	758
5. 新潟北陆	561	4.42	2.21	5.85	254
6. 其他的地方圈	4215	33.21	25.12	66.48	168
全国	12692	100.00	37.79	100.00	336

资料来源：原新，唐晓平. 都市圈化：日本经验的借鉴和中国三大都市圈的发展 [J]. 求是学刊，2008（2）：64-69.

（四）世界经济中心之一

19世纪60年代，英国率先爆发工业革命，成为当时世界上最先实现资本主义工业革命的国家，第二次世界大战后英国经济地位略有下滑。1997年英国大力推进"创意产业"，打造"创意伦敦"使得伦敦以崭新的姿态回归世界经济中心的舞台；伴随英国的兴起，在法国大巴黎地区、德国莱茵-鲁尔地区、荷兰和比利时的中部地区，也形成了规模大小不等的城市群（陈玉光，2009）。西欧国家在经济舞台地位的上升，促进了欧洲西北部城市群的形成；两次世界大战的爆发和持续的金融危机，加之布雷顿森林体系以及牙买加体系的建立，加快了纽约取代伦敦世界金融中心地位的步伐，世界经济中心由此开始向北美转移，在美国东北部和美国与加拿大交界地区形成了东北部大西洋沿岸城市群和五大湖城市群。第二次世界大战后，日本经济实现迅速发展，工业化、城镇化实现了跨越式发展，2010年以前国内生产总值位居世界第二位，强大的经济实力促进了以东京-大阪为轴线的日本太平洋沿岸城市群形成（仝德，戴筱頔，李贵才，2014）。

无论是最先崛起的英格兰东南部城市群、欧洲西北部城市群，后起之秀的美国东北部城市群、北美五大湖城市群，以及第二次世界大战后崛起的日本太平洋沿岸城市群、中国长江三角洲城市群，世界级城市群的演变与其所处国家在世界经济中的地位密切相关，是崛起大国发挥世界影响力的一个缩影（见图2-4）。世界城市不会出现在弱小的国家之中，而以世界城市为核心的世界级城市群更是如此（段霞，2011）。随着我国改革开放的日益深化，当前经济总量已稳居世界第二位，与美国之间的发展差距正在逐步缩小，中国长江三角洲城市群、粤港澳大湾区、京津冀跻身世界级城市群之列将成为历史的必然。

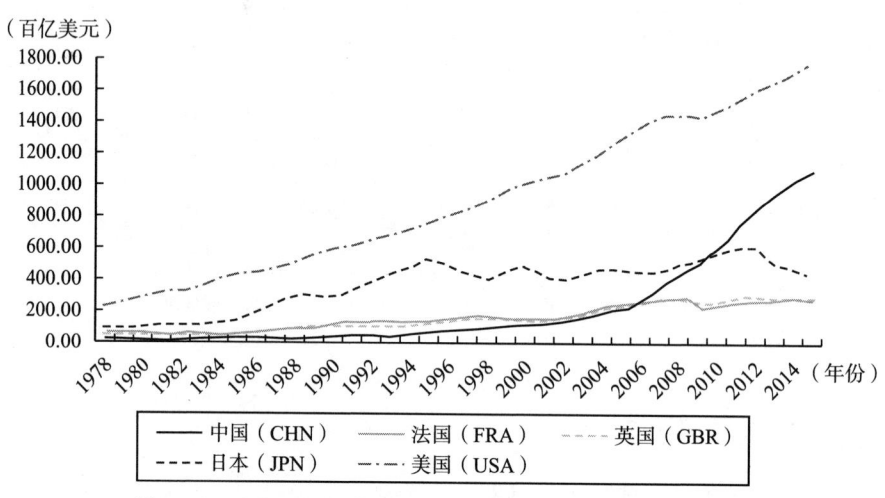

图 2-4 1978~2015 年世界级城市群所在国家国内生产总值

资料来源：世界银行。

六大世界级城市群中美国有两个，中国国土面积与美国大致相当，经济发展差距也在逐步缩小，加之世界经济重心从 20 世纪中叶起不断向亚太地区转移，亚太地区已然成为世界经济增长的重要驱动力，中国经济增速成为拉动世界经济增长的引擎（见图 2-5）。在此背景下，粤港澳大湾区和京津冀有可能成为新的世界级城市群。

（五）基础设施网络较为发达

城市群空间的本质特征是网络性，交通网络体系发达是城市群非常重要的特征，发达的基础设施与便捷的交通运输条件为城市群内部高效、有序的分工协作提供了保障。以日本首都圈为例，以 CBD 为圆心，通勤半径可达 70 千米，使用轨道交通 1.5 小时即可到达都市区的边缘，平均通勤时间约为 41 分钟，日客流量达到 3700 万人次（仝德、戴筱頔、李贵才，2014）。城市群内部各城市间相互联系的强化与网络功能作用的加强是城市群发育成熟的重要标志（姚士谋、王书国、陈爽，2006），而便捷的交通基础设施无疑是其重要的基础。

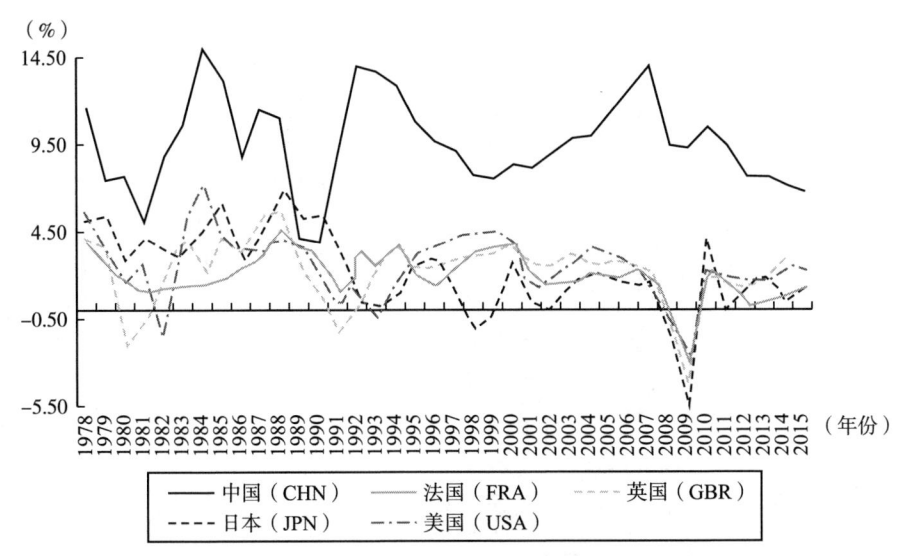

图 2-5 1978~2015年世界级城市群所在国家国内生产总值增长率

资料来源：世界银行。

（六）对外联系密切

世界级城市群不仅内部功能强大，更重要的是对外联系紧密，能够在全球范围内表现出强大的国际影响力。英国东南部城市群内主要有希斯罗机场、盖特威克机场、斯坦斯特德机场、卢顿机场、伦敦城市机场和绍森德机场；欧洲西北部城市群内主要有戴高乐机场和奥利机场，其中戴高乐机场承担法国国际交通运量的52%，是世界最繁忙的机场之一。从沿海港口来看，英国伦敦城市群内主要有伦敦港，日本太平洋沿岸城市群有东京湾港口群①（刘瑞、伍琴，2015），众多的航空港和港口成为城市群对外联系的重要渠道。

三、世界级城市群的形成条件

城市发展是一个自然历史过程，有其自身规律，必须认识、尊重、顺应城市发展规律。世界级城市群作为城市发展的高级阶段也有其独特的自身规律，借鉴张燕（2014）的城市群形成机理模型（NDESR机理模型）（见图2-6），下文将尝试对世界级城市群的形成条件进行分析。

---

① 包含东京港、横滨港、千叶港、川崎港、木更津港和横须贺港，共六个港口。

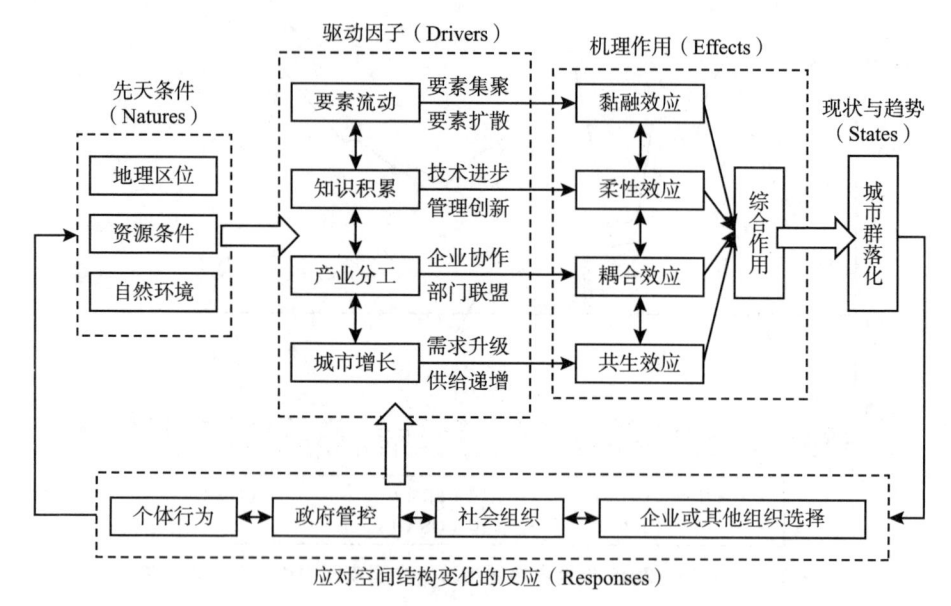

```
                    驱动因子（Drivers）        机理作用（Effects）
    先天条件    ┌──────────────────────┐ ┌──────────────────┐    现状与趋势
   （Natures）  │  要素流动 ── 要素集聚 │ │ 黏融效应         │   （States）
  ┌──────────┐ │           要素扩散    │ │   ↕              │  ┌────────┐
  │ 地理区位 │ │      ↕                │ │ 柔性效应  综合作 │  │ 城      │
→ │ 资源条件 │⇒│  知识积累 ── 技术进步 │ │   ↕        用    │⇒│ 市群落化│→
  │ 自然环境 │ │           管理创新    │ │ 耦合效应         │  │        │
  └──────────┘ │      ↕                │ │   ↕              │  └────────┘
               │  产业分工 ── 企业协作 │ │ 共生效应         │
               │           部门联盟    │ └──────────────────┘
               │      ↕                │
               │  城市增长 ── 需求升级 │
               │           供给递增    │
               └──────────▲───────────┘
       ┌────────┬─────────┴──────┬──────────────────┐
       │ 个体行为│ 政府管控│ 社会组织│ 企业或其他组织选择│
       └────────┴─────────┴────────┴──────────────────┘
                应对空间结构变化的反应（Responses）
```

图 2-6 城市群形成的 NDESR 机理模型

资料来源：张燕. 城市群的形成机理研究 [J]. 城市与环境研究，2014（1）：92-105.

（一）先天条件

如前文所述，从地理区位的角度，世界级城市群大多处于中纬度（北纬 30°~60°）地带，与江、河、湖、海这样的交通要道相毗连。从资源条件的角度，世界级城市群往往处于资源较为丰富的区域，如德国莱茵-鲁尔城市群就是如此，充沛的煤炭资源使得鲁尔区成为当时世界上最重要的工业区之一，为欧洲西北部城市群的形成奠定了良好基础。从自然环境的角度，世界级城市群往往处于地势较为平坦的平原区域，一方面有利于剩余农产品的出现，为实现工业化发展奠定基础；另一方面良好的自然环境有利于增强城市群的竞争优势，吸引区域外的生产要素进入城市群，促进城市群质量的提升。

（二）驱动因子

世界级城市群形成的驱动因子包括要素流动、知识积累、产业分工、城市增至四个方面，下面分别予以分析。

第一，要素流动。城市群的出现是市场机制作用的结果，生产要素通过反复的集聚和扩散实现城市群的动态平衡。理查森（H. W. Richardson，1972）认为一座城市伴随人口数量的增加，边际收益曲线（MR）会呈现倒 U 型变动趋势，同时边际成本曲线（MC）会呈现"U"型变动趋势，当且仅当 MR = MC 时，该城市的人口规模达到最优，此时再增加 1 单位的人口就会出现 MR < MC 的情况，"理性人"就会选择进入周边区域，停止向该城市的集聚，城市群的雏形由此产生。

从现实的角度看，工业化发展推动了城镇化发展的步伐，使得大量生产要素涌入城市之中，人口数量在短时间内显著提升，人口数量的提升会引致对以服务业为代表的第三产业需求，即工业化发展使得人口增长呈现乘数效应，人口集聚推动生产要素价格的上涨，导致出现集聚不经济的问题，倒逼部分产业向周边城市转移，城市群由此出现。

第二，知识积累。马克思将知识积累划分为两种基本形式，即社会智慧的一般生产力的积累和工人本身的技能与知识的积累，前者为社会知识积累，后者为个人知识积累，个人知识积累是社会知识积累的基础（屈炳祥，2013）。知识积累对城市空间结构演变起到了一定的促进作用，从社会知识积累的角度，以交通条件改善为例，藤田昌久、保罗·R. 克鲁格曼、安东尼·J. 维纳布尔斯（2013）认为产品在区际运输中出现的损耗可以通过引入"冰山运输技术"进行处理，假设从生产地 r 到消费地 s 只有 $1/T_{rs}$ 可以被送到，且产品在 r 地的价格为 p^r，则运送到 s 地后的价格为 p^rT_{rs}。即 T_{rs} 的数值越大，r 的辐射范围越小，表示 r 城市与 s 城市之间的经济联系越不密切。T_{rs} 数值由两点因素决定：一是由 r 到 s 的空间运输距离，这一因素的改进空间有限；二是由 r 到 s 的交通成本（包括货币成本及时间成本），如果交通运输的单位成本下降，即城市间运输的损耗降低，可以有效扩大 r 地的辐射范围，使得 r 城市和 s 城市的经济联系变得更为密切。世界级城市群概念内涵中最为重要的就是"使区域内部的城市发生较为密切的联系"，交通运输的单位成本下降可以使城市间的联系成本降低，进而使城市群内部的城市联系变得更加充分。

第三，产业分工。产业链区域分工的结果就是在城市周围形成若干个城市亚中心，这些城市亚中心和中心城市存在着密切的产业关联（李国平、杨洋，2009），这是城市群得以形成的有利条件。从分工演化的角度，产业分工大致历经三个阶段，即由部门间分工向产品分工、价值链分工的转变。精细化的产业分工推动了城市空间发展，从空间演化的角度，经济的集聚效应与扩散效应之间的互动作用使城市由单中心极化模式向城市群、都市带，最后向网络城市转变（庞晶、叶裕民，2008）。从产业演化的角度，大致经历产业分散发展、产业关联发展、产业协作集聚发展和产业链式协同发展这四个阶段（张燕，2014）。

第四，城市增长。城市增长指的是城市人口规模的扩张，世界级城市群是所在国家经济最为发达的区域，由要素的逐利性可知，经济的集聚必定伴随着人口的集聚，较高的人口密度是世界级城市群的重要特征之一，也是生产集约化的表现（见表2-8）。2014年部分国家世界级城市群人口规模占所处国家的比重接近60%（见图2-7），世界级城市群形成的区域往往是人口大量涌入的区域，即城市人口规模扩张的区域。

表2-8　　　　　　　　2012年六大世界级城市群基本情况

城市群	中心城市	城市群面积（万平方千米）	人口数量（万人）	人口密度（人/平方千米）
美国东北部大西洋沿岸城市群	纽约	13.80	6500	471
北美五大湖城市群	芝加哥	24.50	5000	204
日本太平洋沿岸城市群	东京	10.00	7000	700
英国伦敦城市群	伦敦	4.50	3650	811
欧洲西北部城市群	巴黎	14.50	4600	317
中国长江三角洲城市群	上海	10.10	10166	1012

资料来源：根据以下研究整理得到：黄金川，陈守强. 中国城市群等级类型综合划分[J]. 地理科学进展，2015（3）：290-301.

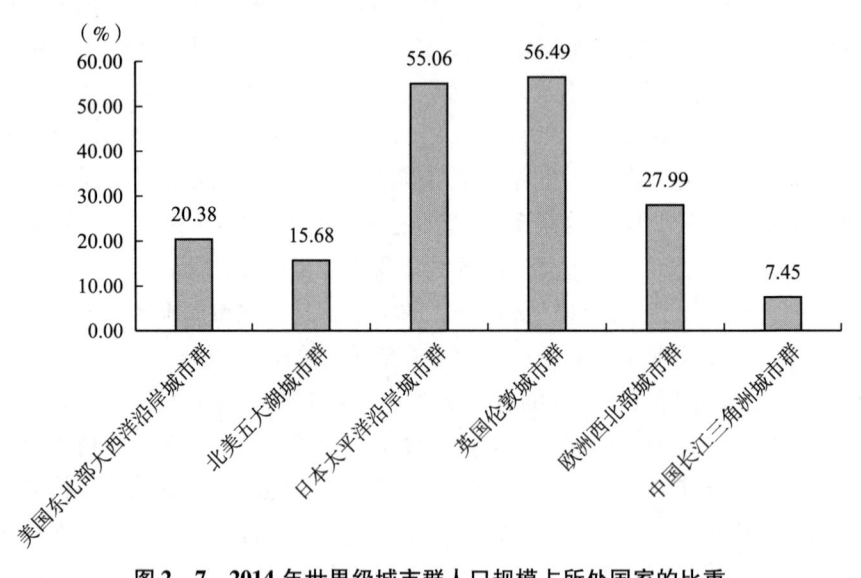

图2-7　2014年世界级城市群人口规模占所处国家的比重

注：由于欧洲西北部城市群包括法国巴黎城市群、德国莱茵-鲁尔城市群以及荷兰的兰斯塔德城市群，故而计算欧洲西北部城市群时，使用该城市群人口总量与三国人口总量相除得到。

资料来源：世界银行。

城市人口规模的扩张贯穿城市发展的各个阶段，人口的扩张会引致需求的扩张，这点体现为对产品的需求、对用地规模的需求等。经济学的基本假定就是资源是稀缺的，有限的资源难以支撑封闭地域的无限制发展，从长期来看必定会在某一时点上达到区域人口规模的极大值。对此，封闭的区域必须要开放，中心城市由于生产要素价格较高，因而是高附加值产品的供给者；相反，低附加值产品的生产在市场机制的作用下会被疏解到周边城市之中。因而，周边城市是中心城市的有益补充，与中心城市形成紧密的利益联系纽带，二者关系密切、相互依存。

（三）作用机理

城市群形成的作用机理包括黏融效应、柔性效应、耦合效应和共生效应。

第一，黏融效应。经济活动是城市群空间扩展的决定因素（赵勇、白永秀，2007），城市群的出现突破了固有的地区分割和行政垄断，淡化了因行政边界所导致的块状经济，深化了地域间的分工联系，使得城市群内部各城市之间凝聚成为利益共同体，形成一种一荣俱荣、一损俱损的依存模式。伴随城市群的发展，城市之间的联系会变得更加密切，融合度也会随之提升，最为显著的就是城市群各城市企业的交易成本下降。信息不对称使得生产要素的流动是无序的、分散的，而城市群的演进使得城市群内部主体之间的信息变得更加充分，生产要素也变得更加有序化，流动频率也随之提升，进而有效降低城市群内部主体之间的交易成本，实现资源的最优化配置。

第二，柔性效应。通过系统结构、运作方式等改革，使生产系统能对需求变化做出快速的适应，消除冗余或无用的损耗，力求获得更大效益（张燕，2014）。城市群的出现相对于单个城市而言其风险抵御能力大大提升，即相对于单个城市的刚性风险抵御能力而言，城市群更加柔性。城市发展需要依靠基本职能的推动，即城市的外向型职能，对于单个城市的企业而言，当外部需求受到冲击时，企业供给无法在短期内做出有效调整，将会受到极大的打击，进而使整个城市经济系统受到强烈冲击。相反，城市群内部各城市各司其职，相互扶持，当某一城市的产业受到需求冲击时，作为利益共同体的其他城市会对其进行一定的援助，帮助该城市抵御外部冲击风险（蔡孝箴，1998）。

第三，耦合效应。群体中两个及以上的个体通过相互作用而彼此影响，从而联合起来产生增力的现象称之为耦合效应（张燕，2014）。城市群内部各城市在中心城市的组织和协调下，会逐步实现城市间的错位互补式发展，有效提升城市间的相互依存度，促进城市群内部的协同发展，发挥"1 + 1 + 1 > 3"

的合力优势,对城市群竞争优势的提升有着极强的现实必要性。与黏融效应类似,合力的优势会使得城市之间更倾向融合而非分散,城市之间的行政边界也会随城市群的发展逐步淡化,交易成本也会逐渐降低,使得城市群成为超越城市的城市集合体。

第四,共生效应。单个城市就像一个"杂烩",包含了各种各样的产业,是一种弱而全的发展模式;与单个城市类似,城市群内部也包含了各种各样的产业。单个城市的产业分布格局是分散的、无序的,而城市群则不同,不同类型的产业会进入不同类型的城市之中,产业分布格局相对更为有序。因此,可以认为城市群的出现是产业在空间上的重新组合,是变无序化为有序化的历史演进过程。

在城市群形成的初始阶段,势必会出现此消彼长的现象。这是因为若干个城市集聚在一起,生产力水平会存在差别,发展较好的区域在淡化行政边界的条件下必定会削弱发展落后区域的城市竞争力。但从长期来看,随着城市职能分工的明确,这种削弱关系会逐步淡化,最终形成共生系统,城市之间相互依托、相互扶持,成为一个利益共同体。

本章参考文献

[1] [英] 埃比尼泽·霍华德. 明日的田园城市 [M]. 金经元, 译. 北京: 商务印书馆, 2000: 111-115.

[2] 蔡孝箴. 城市经济学 [M]. 天津: 南开大学出版社, 1998.

[3] 陈美玲. 城市群相关概念的研究探讨 [J]. 城市发展研究, 2011, 18 (3): 135-138.

[4] 陈玉光. 城市群形成的条件、特点和动力机制 [J]. 城市问题, 2009 (1): 18-22, 34.

[5] 戴宾. 城市群及其相关概念辨析 [J]. 财经科学, 2004 (6): 101-103.

[6] 邓元慧, 欧国立, 邢虎松. 城市群形成与演化: 基于演化经济地理学的分析 [J]. 科技进步与对策, 2015 (3): 45-50.

[7] 丁洪俊, 宁越敏. 城市地理概论 [M]. 合肥: 安徽科学技术出版社, 1983.

[8] 董黎明. 中国城市化道路初探 [M]. 北京: 中国建筑工业出版社, 1989.

[9] 段霞. 世界城市建设与发展方式转变 [M]. 北京: 中国经济出版社, 2011.

[10] 方创琳. 城市群空间范围识别标准的研究进展与基本判断 [J]. 城市规划学刊, 2009 (4): 1-6.

[11] 方创琳, 毛其智. 中国城市群选择与培育的新探索 [M]. 北京: 科学出版社, 2015.

[12] 方创琳, 宋吉涛, 张蔷等. 中国城市群结构体系的组成与空间分异格局 [J]. 地理学报, 2005 (5): 827-840.

[13] 方创琳, 姚士谋, 刘盛和等. 2010中国城市群发展报告 [M]. 北京: 科学出版社, 2011.

[14] 顾朝林, 于涛方, 刘志虹等. 城市群规划的理论与方法 [J]. 城市规划, 2007 (10): 40-43.

[15] 顾朝林. 城市群研究进展与展望 [J]. 地理研究, 2011 (5): 771-783.

[16] 胡序威. 对城市化研究中某些城市与区域概念的探讨 [J]. 城市规

划，2003 (4)：28-32.

[17] 黄金川，陈守强. 中国城市群等级类型综合划分 [J]. 地理科学进展，2015 (3)：290-301.

[18] 黄征学. 城市群的概念及特征分析 [J]. 区域经济评论，2014 (4)：141-146.

[19] 李国平，杨洋. 分工演进与城市群形成的机理研究 [J]. 商业研究，2009 (3)：116-119.

[20] 李学鑫，苗长虹. 城市群经济的性质与来源 [J]. 城市问题，2010 (10)：16-22.

[21] 刘静玉，王发曾. 城市群形成发展的动力机制研究 [J]. 开发研究，2004 (6)：66-69.

[22] 刘君德等. 都市区概念辨析与行政地域都市区类型的划分 [J]. 中国方域，2003 (4)：2-4.

[23] 刘瑞，伍琴. 首都经济圈八大经济形态的比较与启示：伦敦、巴黎、东京、首尔与北京 [J]. 经济理论与经济管理，2015 (1)：79-94.

[24] 刘勇. 我国城市群演进轨迹与前瞻 [J]. 改革，2009 (4)：98-109.

[25] 刘玉亭，王勇，吴丽娟. 城市群概念、形成机制及其未来研究方向评述 [J]. 人文地理，2013 (1)：62-68.

[26] 马燕坤. 城市群功能空间分工形成的演化模型与实证分析 [J]. 经济管理，2016 (12)：31-46.

[27] 苗长虹，王海江. 中国城市群发展态势分析 [J]. 城市发展研究，2005 (4)：11-14.

[28] 倪鹏飞. 中国城市竞争力报告 No.6：城市：群起群飞襄中华 [M]. 北京：社会科学文献出版社，2008.

[29] 宁越敏. 国外大都市区规划体系评述 [J]. 世界地理研究，2003 (1)：36-43.

[30] 宁越敏，张凡. 关于城市群研究的几个问题 [J]. 城市规划学刊，2012 (1)：48-53.

[31] 庞晶，叶裕民. 城市群形成与发展机制研究 [J]. 生态经济，2008 (2)：97-99.

[32] Peter Hall, Kathy Pain, 罗震东, 陈烨, 阮梦乔. 从大都市到多中心都市 [J]. 国际城市规划，2008 (1)：15-27.

[33] 屈炳祥. 马克思的"知识积累"理论及其当代价值 [J]. 当代经济研究, 2013 (1): 7-12.

[34] 申维丞. 兰斯塔德: 西欧典型的城市群 [M]. 北京: 中国建筑工业出版社, 1980.

[35] 申现杰. 中国世界级城市群形成研究 [D]. 北京: 中国人民大学, 2016.

[36] 沈立人. 为上海构造都市圈 [J]. 财经研究, 1993 (9): 16-19.

[37] 宋家泰. 中国经济地理 [M]. 北京: 中央广播电视大学出版社, 1985.

[38] 孙一飞. 城镇密集区的界定——以江苏省为例 [J]. 经济地理, 1995 (3): 36-40.

[39] [日] 藤田昌久, [美] 保罗·R. 克鲁格曼, [美] 安东尼·J. 维纳布尔斯. 空间经济学——城市、区域与国际贸易 [M]. 北京: 中国人民大学出版社, 2013.

[40] 仝德, 戴筱頔, 李贵才. 打造全球城市—区域的国际经验与借鉴 [J]. 国际城市规划, 2014 (2): 83-88.

[41] W. W. 罗斯托. 经济增长的阶段: 非共产党宣言 [M]. 北京: 中国社会科学出版社, 2001: 4-16.

[42] [德] 沃尔特·克里斯塔勒. 德国南部中心地原理 [M]. 北京: 商务印书馆, 1998.

[43] 王鹏, 张秀生. 国外城市群的发展及其对我国的启示 [J]. 国外社会科学, 2016 (4): 115-122.

[44] 吴传清, 李浩. 关于中国城市群发展问题的探讨 [J]. 经济前沿, 2003 (21): 29-31.

[45] 吴启焰. 城市密集区空间结构特征及演变机制——从城市群到大都市带 [J]. 人文地理, 1999 (1): 11-16.

[46] 肖枫, 张俊江. 城市群体经济运行模式——兼论建立"共同市场"问题 [J]. 城市问题, 1990 (4): 8-12.

[47] 杨凤, 秦书生. 城市经济带的理论问题 [J]. 城市问题, 2007 (5): 10-13, 18.

[48] 姚士谋. 中国的城市群 [M]. 合肥: 中国科学技术大学出版社, 1992.

[49] 姚士谋等. 中国城市群新论 [M]. 北京: 科学出版社, 2016.

[50] 姚士谋，潘佩佩，程绍铂. 世界六大城市群地位与作用的比较研究 [J]. 人文地理，2011（12）：25-27.

[51] 姚士谋，王书国，陈爽等. 区域发展中"城市群现象"的空间系统探索 [J]. 经济地理，2006（5）：726-730.

[52] 尹培桐. 现代城市规划名词术语浅释 [M]. 北京：中国建筑工业出版社，1981.

[53] 于洪俊，宁越敏. 城市地理概论 [M]. 合肥：安徽科学技术出版社，1983.

[54] 余秀荣. 国际金融中心历史变迁与功能演进研究 [M]. 北京：中国金融出版社，2011.

[55] 郁鸿胜. 崛起之路：城市群发展与制度创新 [M]. 长沙：湖南人民出版社，2005.

[56] 原新，唐晓平. 都市圈化：日本经验的借鉴和中国三大都市圈的发展 [J]. 求是学刊，2008（2）：64-69.

[57] 张晋晋，安树伟. 北京城市辐射带动力的测度与提升研究 [J]. 领导之友，2017（3）：64-71.

[58] 张京祥. 城市群体空间组合 [M]. 南京：东南大学出版社，2000.

[59] 张燕. 城市群的形成机理研究 [J]. 城市与环境研究，2014（1）：92-105.

[60] 赵勇，白永秀. 城市群国内研究文献综述 [J]. 城市问题，2007（7）：6-11.

[61] 中国城市发展研究院. 2013中国城市科学发展综合评价报告——城市与人 [M]. 北京：中国社会科学出版社，2014.

[62] 钟海燕. 成渝城市群研究 [M]. 北京：中国财政经济出版社，2007.

[63] 周伟林. 长三角城市群经济与空间的特征及其演化机制 [J]. 世界经济文汇，2005（4）：142-146.

[64] 周一星. 关于明确我国城镇概念和城镇人口统计口径的建议 [J]. 城市规划，1986（3）：10-15.

[65] 周一星. 中国的城市体系和区域倾斜战略探讨 [M]. 哈尔滨：黑龙江人民出版社，1991.

[66] 诸大建. 把长江三角洲建设成为国际性大都市带的思考 [J]. 城市规划汇刊，2003（1）：59-61，96.

[67] 邹军, 张京祥, 胡丽娅. 城镇体系规划: 新理念·新范式·新实践[M]. 南京: 东南大学出版社, 2002.

[68] Allen John Scott. Global city-region [M]. New York: Oxford University Press, 2001: 144-167.

[69] Bochkareva T V. The impact of the ecological factor on the growth and distribution of population in major urban agglomerations of the United States [J]. Soviet geography, 1983 (10): 756-764.

[70] G Chabot, Gottmann (Jean), Megalopolis. The urbanized northeastern seaboard of the United States, 1961 [J]. Linformation Geographique, 1962 (26): 89-99.

[71] H W Richardson. Optimality in city size, systems of cities and urban policy: A skeptic's view [J]. Urban Studies, 1972 (9): 29-48.

[72] Jean Gottmann. Megalopolis or the Urbanization of the Northeastern Seaboard [J]. Economic Geography, 1957 (3): 1411-1416.

[73] Jean Gottmann. Megalopolis: The urbanized northeastern seaboard of the United States [M]. New York: Twentieth Century Fund, 1961.

[74] Lewis Mumford. Our cities: Their role in the national economy [J]. Urbanism Committee to the National Resources Committee, 1938, 44 (1): 148-150.

[75] Patrick Geddes. Cities in evolution: An introduction to the town-planning movement and the study of cities [M]. London: Williams & Norgate, 1915.

[76] Peter Hall, Kathy Pain. The polycentric metropolis: Learning from mega-city regions in Europe [J]. Journal of the American Planning Association, 2008 (3): 384-385.

第三章
京津冀与世界级城市群的差距

纵观世界城镇化历程，城市群是新型城镇化的主体形态与空间载体，是支撑经济增长、促进区域协调发展、参与国际竞争合作的重要平台。建设以首都为核心的世界级城市群是《京津冀协同发展规划纲要》明确提出的京津冀协同发展的战略目标。本章从人口与地域面积、经济发展水平、核心城市的城市化与现代化水平、国际影响力、对外联系、生态环境六个方面与六大世界级城市群进行比较，寻求京津冀与世界级城市群的差距，为京津冀建设世界级城市群提供参考。

一、人口与地域面积

与六大世界级城市群相比，京津冀城市群人口规模和区域面积均居前列。区域面积仅次于北美五大湖城市群和长江三角洲城市群，人口规模也比较大（见表3–1）。尽管统计年度不一致，但仍然能反映出京津冀城市群在地域范围和人口规模方面，与世界级城市群差别不大。

表3–1　京津冀和世界级城市群的人口规模、地域范围比较

城市群	位置与范围	人口总数（万人）	区域面积（万平方千米）
美国东北部大西洋沿岸城市群（波士华城市群）	北起波士顿，南至华盛顿，长约965千米，宽约100千米	6500	13.8
北美五大湖城市群（芝加哥–匹兹堡城市群）	位于五大湖沿岸，从芝加哥向东到底特律、克利夫兰、匹兹堡，并一直延伸到加拿大的多伦多和蒙特利尔	5000	24.6
日本太平洋沿岸城市群	由东京、名古屋、大阪三大都市圈组成，长约600千米，宽约100千米	7000	10.0

续表

城市群	位置与范围	人口总数（万人）	区域面积（万平方千米）
英国伦敦城市群	由伦敦大城市圈伯明翰城市经济圈、利物浦城市经济圈、曼彻斯特城市经济圈、利兹城市经济圈组成	3650	4.5
欧洲西北部城市群（巴黎为中心的欧洲西北部城市群）	包括法国巴黎城市群、德国莱茵－鲁尔城市群、荷兰的兰斯塔德城市群	4600	14.5
长江三角洲城市群	位于我国东部沿海的长江三角洲地区	16484	23.1
京津冀城市群	位于我国环渤海地区	11307	21.6

资料来源：长江三角洲城市群、京津冀城市群数据为2019年数据，根据2019年各城市国民经济和社会发展统计公报整理。其余数据根据相关资料整理，参见：刘友金，王玮（2009）；方创琳，姚士谋，刘盛和等（2011）。

二、经济发展水平

第一，经济规模与结构。世界级城市群的经济规模巨大，甚至超过许多国家经济体。其中，以纽约为核心的美国东北部大西洋沿岸城市群地区生产总值约为40320亿美元，超过世界第四大国家经济体德国；以伦敦为核心的英国伦敦城市群地区生产总值约为20186亿美元，大约相当于世界第八、第九大国家经济体意大利和俄罗斯。按照当年平均汇率计算，2019年京津冀城市群地区生产总值为1.23万亿美元，大约相当于世界第十五大国家经济体墨西哥，已经具有世界级的经济体量。但从人均水平来看，按当年平均汇率计算，京津冀城市群人均地区生产总值仅为10843美元，与世界级城市群相比还是有很大差距。从经济密度看，2019年京津冀为568万美元/平方千米，同六大城市群相比差距巨大（见表3-2）。

表3-2　京津冀城市群经济指标与六大世界级城市群比较

城市群	地区生产总值		人均地区生产总值		经济密度	
	绝对量（亿美元）	京津冀相当于其他城市群的百分比	绝对量（美元/人）	京津冀相当于其他城市群的百分比	绝对量（万美元/平方千米）	京津冀相当于其他城市群的百分比
京津冀城市群	12261	100.0	10843	100.0	568	100.0
长三角城市群	29460	41.6	17873	60.7	1276	44.5

续表

城市群	地区生产总值		人均地区生产总值		经济密度	
	绝对量（亿美元）	京津冀相当于其他城市群的百分比	绝对量（美元/人）	京津冀相当于其他城市群的百分比	绝对量（万美元/平方千米）	京津冀相当于其他城市群的百分比
美国东北部大西洋沿岸城市群	40320	30.4	62030	17.5	2920	19.5
北美五大湖城市群	33600	36.5	67200	16.1	1370	41.5
日本太平洋沿岸城市群	33820	36.3	48315	22.4	3382	16.8
英国伦敦城市群	20186	60.7	55305	19.6	4485	12.7
欧洲西北部城市群	21000	58.4	45652	23.8	1448	39.2

资料来源：京津冀城市群和长三角城市群数据为2019年数据，根据2019年相关地区统计公报整理；其他数据参见：安树伟，闫程莉.京津冀与世界级城市群的差距及发展策略［J］.河北学刊，2016，36（6）.

作为京津冀城市群的核心城市，2019年北京的三次产业之比为0.3∶16.2∶83.5，与1989年的纽约和1988年的巴黎和东京基本相当（见表3－3）。但是，北京的金融、科技、信息等生产性服务产业在全球市场上竞争力不强，只是在少数产业领域具有全球领先水平。

表3－3　　　　　北京与纽约、巴黎和东京产业结构比较

城市	年份	产业结构
北京	2019	0.3∶16.2∶83.5
纽约	1989	0∶20.0∶80.0
巴黎	1988	0.3∶27.0∶72.7
东京	1988	0.2∶27.3∶72.5

资料来源：北京数据根据《中国统计摘要（2020）》整理；其余数据根据刘友金、王玮（2009）及方创琳、姚士谋、刘盛和等（2011）的研究整理。

第二，金融业发展水平。金融业高度发达是世界级城市群核心城市的重要标志之一，表明其吸引全球金融资本的能力强大。2017年新华－道琼斯国际金融中心发展指数（IFCD）北京得分为58.16，全球排名第10位，略高于芝加哥，与纽约、伦敦、东京和巴黎相比则有一定差距，且低于长三角城市群核心城市上海（见表3－4）。

表3-4　北京与世界级城市群主要城市金融发展指数比较

城市	2012年 IFCD	2012年 全球排名	2014年 IFCD	2014年 全球排名	2017年 IFCD	2017年 全球排名
纽约	87.22	1	87.72	1	87.59	2
伦敦	85.62	2	86.64	2	88.41	1
东京	72.93	3	84.57	3	81.50	4
上海	63.80	6	77.10	5	74.37	5
巴黎	60.65	8	64.83	7	70.00	7
北京	49.99	11	59.98	9	58.16	10
芝加哥	51.30	10	58.22	10	58.14	11

资料来源：新华社中经社控股集团指数中心，标普道琼斯指数有限公司.新华–道琼斯国际金融中心发展指数报告（2012）[R]. 2012；国家金融信息中心指数研究院，标普道琼斯指数有限公司.新华–道琼斯国际金融中心发展指数报告（2014）[R]；2014. 中国经济信息社.新华·国家金融中心发展指数报告（2018）[R]. 2018.

三、核心城市的城市化与现代化水平

2019年北京的常住人口城镇化水平为86.6%，不及2010年日本全国的平均水平，也仅比2010年法国和美国全国平均水平分别高1.4个百分点和4.5个百分点（见表3-5）。

表3-5　京津冀同其他世界级城市群所在国家城市化水平比较

国家（城市、区域）	年份	总人口（千人）	城市化率（%）	城市化率达到50%时间	城市化率达到75%时间
法国	2010	53513	85.2	1950年前	1995~2000年
日本	2010	114567	90.5	1950年前	1970~1975年
美国	2010	254959	82.1	1950年前	1985~1990年
中国	2019	1400050	60.6	2011年	—
北京	2019	21536	86.6	1951年	1994年
天津	2019	15618	83.5	1954年	2005年
河北	2019	75920	57.6	2015年	—
京津冀	2019	113074	66.7	2006年	—

资料来源：京津冀数据根据《中国统计摘要（2020）》整理计算；其他数据来自：丁成日.世界巨（特）大城市发展——规律、挑战、增长控制及其评价[M]. 北京：中国建筑工业出版社，2016.

摩天大楼集中体现了城市的现代化水平（建筑设计、结构技术、工程技术、管理水准），是构成城市天际线①的关键要素。相比世界级城市群内的其他城市，北京和天津天际线冲击力居中，2014年分别位居全球第24位和第20位（见图3-1）。2014年天津高于90米的建筑数量仅相当于纽约的14.4%、上海的15.8%、东京的17.9%、芝加哥的36.0%、多伦多的39.1%，北京高于90米的建筑物的数量分别相当于纽约的31.2%、上海的34.3%、东京的38.9%、芝加哥的78.1%、多伦多的84.9%。

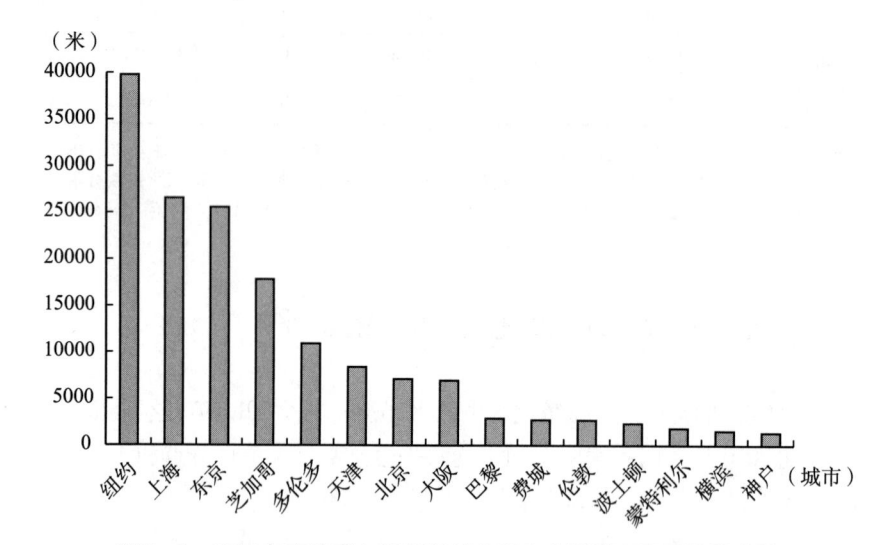

图3-1 2014年京津冀与世界级城市群内主要城市天际线的比较

资料来源：The World's Best Skylines，http://tudl0867.home.xs4all.nl/skylines.html。

京津冀的国际影响力主要靠北京首都功能来实现，目前北京虽然初步具备了建设世界城市的基础性条件，但与世界城市还有相当距离。2011~2012年，北京在全球城市综合竞争力中居第55位（见表3-6）；国际化水平在世界范围内居第18位（见表3-7）。

---

① 城市天际线（score of a city）指从远方第一眼所看到的城市外轮廓形状，这通常是摩天大楼等建筑物组成的整体结构，其高度等于所有建筑物减去90米后的高度总和（不包括塔尖）。

表3-6　　　　2011~2012年主要城市全球城市综合竞争力

城市	2009~2010年		2011~2012年	
	综合竞争力	排名	综合竞争力	排名
纽约	0.736	1	0.704	1
伦敦	0.701	2	0.676	2
东京	0.683	3	0.657	3
巴黎	0.598	4	0.591	4
芝加哥	0.585	5	0.568	6
华盛顿	0.532	11	0.520	13
波士顿	0.510	19	0.506	17
大阪	0.501	22	0.481	25
横滨	0.502	21	0.481	26
多伦多	0.499	23	0.473	30
上海	0.470	37	0.464	36
北京	0.434	60	0.431	55
天津	0.357	165	0.354	157

资料来源：倪鹏飞，彼得·卡尔·克拉索．全球城市竞争力报告（2011~2012）[M]．北京：社会科学文献出版社，2012．

表3-7　　　　世界主要城市国际化水平分级比较评价

城市		功能（30分）	规模（30分）	基础（20分）	禀赋（20分）	品质（30分）	总分（130分）	排名
世界城市	大纽约	19	26	18	12	24	99	1
	伦敦地区	18	26	16	16	22	98	2
	东京都	21	24	16	15	20	96	3
洲际性国际城市	新加坡	19	20	10	11	26	86	4
	巴黎	20	20	16	11	18	85	5
	香港	16	20	8	10	18	72	6
	马德里	13	12	14	11	18	68	7
	芝加哥	7	18	14	6	22	67	8
	首尔	14	16	11	12	14	67	8
	洛杉矶	7	20	11	6	22	66	10
	悉尼	7	15	11	6	26	65	11

续表

城市		功能（30分）	规模（30分）	基础（20分）	禀赋（20分）	品质（30分）	总分（130分）	排名
区域性国际化城市	多伦多	11	18	9	4	22	64	12
	华盛顿	4	17	14	4	24	63	13
	旧金山	5	12	11	9	26	63	13
	波士顿	4	13	12	6	24	59	15
	费城	2	15	11	7	22	57	16
	大阪	9	8	12	13	14	56	17
	北京	14	12	7	8	11	52	18
	上海	14	14	7	7	9	51	19

资料来源：根据以下研究整理得到：段霞、文魁. 基于全景观察的世界城市指标体系研究 [J]. 中国人民大学学报, 2011 (2): 61–71.

世界级城市群的核心城市，往往是全球的资本控制中心、跨国企业总部的主要集聚地、高端服务的生产场所，也是全球的创新创意中心，具有高度活跃的国内外经济联系，是全球城市网络的重要节点和全球价值链的关键节点，在世界经济中发挥着至关重要的影响力。因此，核心城市的国际竞争力在很大程度上决定着整个城市群的国际竞争力。2019 年，科尔尼咨询公司（A. T. Kearney）发布了《2019 年全球城市指数报告》（2019 *Global Cities Index*，GCI），全球城市综合实力从商业活动（30%）、人力资本（30%）、信息交流（15%）、文化体验（15%）和政治事务（10%）五个维度来考察，2012~2019 年，北京在全球城市综合排名中由第 14 位上升到第 9 位，但与纽约、伦敦、巴黎、东京相比，还有一定的差距（见表 3-8）。

表 3-8　　　　　　2012~2019 年主要全球城市综合排名

城市	2012年	2014年	2015年	2016年	2017年	2018年	2019年	2012~2019年变化
纽约	1	1	1	2	1	1	1	—
伦敦	2	2	2	1	2	2	2	—
巴黎	3	3	3	3	3	3	3	—
东京	4	4	4	4	4	4	4	—
香港	5	5	5	5	5	5	5	—

续表

城市	2012年	2014年	2015年	2016年	2017年	2018年	2019年	2012~2019年变化
新加坡	11	9	8	8	6	7	6	5
洛杉矶	6	6	6	6	8	6	7	-1
芝加哥	7	7	7	7	7	8	8	-1
华盛顿	10	10	10	10	10	11	10	—
波士顿	15	21	23	24	21	24	21	-6
多伦多	16	13	13	17	16	18	17	-1
大阪	47	55	59	52	51	50	50	-3
上海	21	18	21	20	19	19	19	2
北京	14	8	9	9	9	9	9	5

资料来源：科尔尼咨询公司. 2019年全球城市指数报告 [R]. 2019.

四、国际影响力

国际会议影响力。国际会议作为世界各国交流和交往的重要形式，国际大会及会议协会（ICCA）的排名展现了各个国家、城市会议产业的实力。根据国际会议协会发布的《2019年国际协会会议市场年度报告》，2019年度北京举办国际会议次数为91次，全球排名第23位，与巴黎和伦敦相比仍有差距（见表3-9）。

表3-9　2019年度北京与世界级城市群主要城市国际会议次数

城市	举办国际会议次数（次）	排名
巴黎	237	1
伦敦	143	8
东京	131	10
北京	91	23
上海	87	27

资料来源：国际大会及会议协会（ICCA）. 2019年统计排行榜 [R]. 2020.

大型企业总部。全球大企业总部进驻是提高一个城市世界影响力的关键，更关系到城市发展的未来。大企业总部集聚也是世界级城市群核心城市发挥世界影响力的重要表现。根据美国《财富》杂志公布的 2019 年世界 500 强企业名单，北京拥有 56 家世界 500 强企业总部，位列全球第一，比第二名东京多 18 家，大幅度领先纽约、伦敦、巴黎等城市（见表 3-10）。

表 3-10　　　　2019 年全球主要城市世界 500 强企业总部数量

排名	总部城市	个数	国家
1	北京	56	中国
2	东京	38	日本
3	巴黎	18	法国
4	纽约	15	美国
4	首尔	15	韩国
6	旧金山湾区（硅谷）	11	美国
7	伦敦	10	英国
8	苏黎世	8	瑞士
9	上海	7	中国
9	深圳	7	中国
9	香港	7	中国
9	大阪	7	日本

资料来源：财富中文网。

五、对外联系

航空港。2018 年北京首都国际机场旅客吞吐量达到 10098.33 万人次，居全球第二位（见表 3-11）。但纽约、伦敦、东京等综合性的世界城市均已形成了成熟的机场体系，不仅有一个以上的综合性客运机场，还有多个专业化机场，而且可直接通达全球数百个城市，国际旅客所占比重也较高。相比之下，京津冀城市群尚缺失相应的专业化机场，如成规模的低成本航空、公务航空、通用航空、旅游包机以及私人专机机场。此外，机场中转功能较弱，国际公认的中转比例达标要求为 30%～40%，而中国的中转比例不到 10%（郭俊峰，2013）。

表 3–11　　　2018 年世界十大机场的旅客吞吐量比较

飞机场	客运量（万人次）	2018 年比 2017 年增长（%）
亚特兰大哈兹菲尔德-杰克逊国际机场	10739.40	3.36
北京首都国际机场	10098.33	5.43
迪拜国际机场	8914.94	1.03
洛杉矶国际机场	8753.43	3.52
东京羽田国际机场	8713.20	2.02
芝加哥奥黑尔国际机场	8333.92	4.40
伦敦希思罗机场	8012.63	2.71
香港国际机场	7451.74	2.55
上海浦东国际机场	7400.63	5.72
巴黎戴高乐机场	7222.97	3.97

资料来源：http://www.carnoc.com/airport_passenger/list.html。

港口。京津冀城市群主要港口有天津港、秦皇岛港、曹妃甸港和黄骅港。其中，天津港货物吞吐量较高，在国内仅次于上海港；黄骅港的吞吐量高于阿姆斯特丹港、伦敦港和蒙特利尔港；秦皇岛港是目前世界上最大的煤炭输出港（赵婷婷，2007）。2019 年，全球十大集装箱港口中中国有 7 个，作为京津冀地区的海上门户，2019 年天津港完成集装箱吞吐量 1730 万标准箱，在全球十大集装箱港口排名中位列第 9 位（见表 3–12）。

表 3–12　　　2019 年全球十大集装箱港口排名

港口	货物吞吐量（万标准箱）	排名
上海港	4330	1
新加坡	3720	2
宁波舟山	2753	3
深圳港	2577	4
广州港	2300	5
釜山港	2195	6
山东青岛港	2100	7
香港港	1836	8

续表

港口	货物吞吐量（万标准箱）	排名
天津港	1730	9
迪拜港	—	10

资料来源：本书作者根据公开信息整理。

六、生态环境

近年来，京津冀的环境问题有所改善，但依然严重。2018 年北京单位 GDP 能耗 484.851 万焦耳/美元，而 2010 年纽约州、伦敦大区和东京都地区单位 GDP 能耗分别为 249.660 万焦耳/美元、416.100 万焦耳/美元、183.864 万焦耳/美元。2010 年纽约州、伦敦大区和东京都空气中总悬浮颗粒物分别为 17 微克/立方米、18 微克/立方米和 21 微克/立方米（北京市经济社会发展环境政策研究基地，2015），而 2019 年京津冀地区 PM2.5 平均浓度值为 50 微克/立方米，北京、天津、河北 PM2.5 平均浓度值分别为 42 微克/立方米、51 微克/立方米、50.2 微克/立方米。

从上述比较可以看出，京津冀城市群人口总量和地域面积都达到了建设世界级城市群的条件，但人口密度仍然很低；京津冀 GDP 总量和人均 GDP 并不高，金融业发展水平还不够高，北京的城市化与现代水平还有差距；对外联系比较便捷，但环境问题则是京津冀地区最大的短板。

本章参考文献

[1] 安树伟,闫程莉.京津冀与世界级城市群的差距及发展策略[J].河北学刊,2016(6):143-149.

[2] 北京市环境保护局.2017年北京市环境状况公报[Z].2018.

[3] 北京市经济社会发展环境政策研究基地.首都发展研究报告(2014)——京津冀协同发展[M].北京:首都经济贸易大学出版社,2015.

[4] 丁成日.世界巨(特)大城市发展——规律、挑战、增长控制及其评价[M].北京:中国建筑工业出版社,2016.

[5] 段霞,文魁.基于全景观察的世界城市指标体系研究[J].中国人民大学学报,2011(2):61-71.

[6] 方创琳,姚士谋,刘盛和等.2010中国城市群发展报告[M].北京:科学出版社,2011.

[7] 郭俊峰.北京建设世界城市战略研究[M].北京:中国言实出版社,2013.

[8] 刘友金,王玮.世界典型城市群发展经验及对我国的启示[J].湖南科技大学学报(社会科学版),2009(1):84-88.

[9] 倪鹏飞,彼得·卡尔·克拉索.全球城市竞争力报告(2011~2012)[M].北京:社会科学文献出版社,2012.

[10] 赵婷婷.京津冀地区港口竞争力及合作机制研究[D].北京:北京交通大学,2007.

[11] 科尔尼咨询公司.2019年全球城市指数报告[R].2019.

第四章
京津冀建设世界级城市群的重点与难点

从发展水平来看,京津冀已经具备建设世界级城市群的基础与条件,但是,目前京津冀在很多方面与国际公认的世界级城市群相比仍然存在较大差距,也存在多个重点和难点问题急需加以解决。

一、京津冀建设世界级城市群的基础与条件

作为引领我国经济社会快速发展的三大城市群之一,京津冀区域人口稠密、经济发达、城市发展水平高、交通基础设施完善、产业基础雄厚,已经具备建设世界级城市群的基础与条件。

(一)人口规模大,经济实力强

人口规模和经济体量是衡量世界级城市群的两个重要指标。京津冀城市群是我国经济社会最发达的三大区域之一,人口规模和经济体量巨大,人口密度和地均产出都远远高于全国平均水平。2019年,京津冀城市群常住人口11307.40万人,占全国人口的8.08%;人口密度为523人/平方千米,是全国人口密度的3.59倍;地区生产总值为8.46万亿元,占全国国内生产总值的8.54%;地均产出为3915.74万元/平方千米,是全国平均水平的3.79倍;人均地区生产总值为74801元,是全国平均水平的1.06倍。

(二)城市发展水平较高

京津冀城市群城镇化水平高,城市分布密集。2019年,京津冀城市群城镇化率达到66.71%,超过全国平均水平6.11个百分点;县级及以上城市共有34个,分布密度为1.58个/万平方千米。截至2018年底,从城市规模等级结构,京津冀城市群包括北京、天津2个超大城市,石家庄、邯郸、唐山、保

定、秦皇岛和张家口6个Ⅱ型大城市，邢台、沧州、衡水、廊坊和承德5个中等城市，定州、任丘、迁安、涿州、涿州、滦州、武安、遵化、三河、辛集、黄骅10个Ⅰ型小城市，以及深州、霸州、河间、泊头、平泉、南宫、高碑店、晋州、安国、沙河、新乐11个Ⅱ型小城市（见表4-1）。从全国来看，超大城市有6个，京津冀城市群占其中2个。

表4-1　　　　2018年京津冀城市群城市规模等级分类

城市规模等级		数量	城市	人口（万人）
超大城市		2	北京、天津	3160.21
特大城市		—	—	—
大城市	Ⅰ型大城市	—	—	—
大城市	Ⅱ型大城市	6	石家庄、邯郸、唐山、保定、秦皇岛、张家口	1106.96
中等城市		5	邢台、沧州、衡水、廊坊、承德	343.52
大城市	Ⅰ型小城市	10	定州、任丘、迁安、涿州、滦州、武安、遵化、三河、辛集、黄骅	280.90
大城市	Ⅱ型小城市	11	深州、霸州、河间、泊头、平泉、南宫、高碑店、晋州、安国、沙河、新乐	162.10

注：本书采用城区常住人口的近似计算方法：城区常住人口≈城区户籍人口+城区暂住人口。
资料来源：《中国城市建设统计年鉴（2018）》。

（三）国家首都所在地

国外五大世界级城市群中有四个包括国家首都，其中，美国大西洋沿岸城市群是美国首都华盛顿所在地，日本太平洋沿岸城市群是日本首都东京所在地，英国伦敦城市群是英国首都伦敦所在地，欧洲西北部城市群则是法国首都巴黎和荷兰首都阿姆斯特丹所在地。作为京津冀城市群的核心城市，首都北京是我国中央政府及几乎所有的国家机关所在地，数量众多的国家级管理部门与机构组织、国有大企业总部、外国驻华使馆和国际组织集中于此。这些国家机关、企业、机构和组织都是京津冀城市群形成和扩大世界影响力的基础。

（四）交通基础设施完善

目前，京津冀城市群已经形成了以渤海西岸港口为龙头、以铁路为骨干、以公路为基础、航空运输相配合、管道输送相辅助的综合交通运输网络体系，其中京津城际、京沪高铁、京广高铁、京九铁路、京港澳高速、大广高速等纵贯南北。截至2018年底，京津冀区域铁路营业里程达到0.98万千米，基本形成了"十放射、一纵、五横"的铁路干线网格局；公路通车总里程达到23.18万千米，其中高速公路达到0.97万千米，基本构成了"九放射、四纵、八横、一滨海"的公路干道网格局；海港集中于天津、唐山、秦皇岛和沧州四个城市，其中，天津港是中国北方最大的综合性港口，拥有各类规模以上港口码头泊位总数167个，万吨级以上泊位达到120个；空港以北京首都机场和北京大兴国际机场为主，包括天津滨海机场、石家庄正定机场、秦皇岛北戴河机场、张家口机场、唐山三女河机场、承德普宁机场和邯郸机场。

（五）产业基础雄厚

京津冀是我国产业基础最为雄厚的地区之一。北京科技创新资源云集，是全国最大的科学技术研究基地，有中国科学院、中国工程院、中国社会科学院、北京大学、清华大学、中国人民大学等上百所科研院校和被称为"中国硅谷"的北京中关村国家自主创新示范区，每年获国家奖励的成果占全国的1/3，同时也是国有大企业总部和跨国企业总部的集中地。天津产业基础雄厚，随着京津冀协同发展的推进，天津拥有了自主创新区、改革开放先行区等，在发展智能科技、数字经济方面空间广阔。河北省在医药、建材、食品加工、纺织服装等传统工业具有优势，新能源、新材料、高端技术装备制造等高新技术产业快速发展。截至2020年9月，京津冀各省（直辖市）均拥有中国自由贸易试验区。

二、京津冀建设世界级城市群的重点问题

世界级城市群的核心城市一般都具有强大的辐射带动力，周边中小城市具有很强的产业承接能力，核心城市辐射带动周边中小城市加快发展的各种通道顺畅发达（见图4-1）。因此，京津冀城市群要强化核心城市的作用，加快提升北京的辐射带动力，增强河北城市的产业承接能力，尤其要加快畅通京津与河北城市之间的要素流动通道，形成现代化轨道交通网络，从而建设成为城市功能分工明确的世界级城市群。

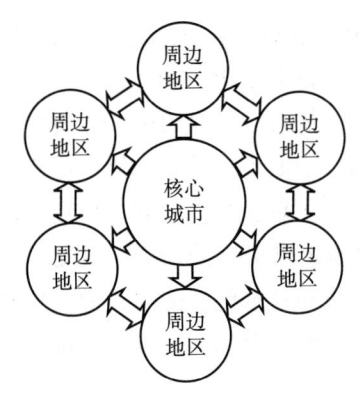

图 4-1 城市群核心城市与周边地区关系

资料来源：本书作者绘制。

（一）北京的辐射带动能力

从国外五大世界级城市群的发展经验来看，核心城市的世界影响力和对周边中小城市发展的强大辐射带动作用至关重要。美国大西洋沿岸城市群、北美五大湖城市群、日本太平洋沿岸城市群、英国伦敦城市群和欧洲西北部城市群之所以被称为世界级城市群，是因为纽约、芝加哥、东京、伦敦、巴黎等城市分别作为他们的核心城市，首先成为具有世界影响力的著名城市，纽约、伦敦和东京被称为当今全球三大金融中心。

在世界级城市群内，核心城市一般都是经济体量和人口规模最大的城市，辐射带动周边中小城市加快发展的作用主要表现在以下三个方面。第一，核心城市是所在城市群中发展水平和发展阶段最高的城市，根据新经济地理学理论，随着核心城市的发展水平不断提高，在本地市场效应、价格指数效应与市场拥挤效应的相互作用下，核心城市的产业结构持续转型升级，将会把传统产业和产业链低端环节向周边中小城市转移，从而为周边中小城市提供了加快产业集聚和经济发展的机会。第二，核心城市也是所在城市群中人口规模最大、收入水平最高的城市，从而为周边中小城市的工业品和农产品提供了广阔的消费市场。第三，核心城市产业结构通过转型升级，工业发展趋向于高精尖制造和高技术装备制造，服务业尤其是金融、商务、科技、信息等生产性服务业快速发展，服务型经济特征越来越突出，一方面为周边中小城市提供高技术的机械装备产品，另一方面为周边中小城市产业发展提供生产性服务。如美国大西洋沿岸城市群的核心城市纽约，凭借着强大的经济总量和服务能力，以现代化的交通网络、互联网等载体向周边城市输出资本、信息、技术、劳动力和游客等,带动了周边中小城市的发展;再如日本太平洋沿岸城市群的核心城市东京,通过产业转移与周边中小城市形成了"总部-制造基地"的区域合作链条,并通过这一链条带动了周边中小城市的产业发展。

作为京津冀城市群的核心城市,北京对周边城市尤其是河北各城市的辐射带动作用至为关键。目前,北京在文化发展、科技创新和世界影响力等方面已经具有相当优势,今后在提升政务保障能力、优化国际交往环境的基础上,如何进一步增强文化中心地位和科技创新能力,加快提升对周边城市尤其是对河北各城市的辐射带动能力,应是京津冀建设世界级城市群需要研究解决的第一个重点问题。

(二)河北的产业承接能力

城市群是由少数大都市作为核心城市与多数中小城市相互串联而紧密联系的城市群体,其具有完善的城市规模等级体系,层次分明,各规模等级城市之间保持金字塔结构比例关系,中间不发生断层,上下不缺层,上一级城市的职能作用能够通过城市网络依次有序地逐级扩散到下一级城市,从而产生很高的城市群能级效应(肖金成等,2009),世界级城市群更是如此。世界级城市群拥有完善的城市规模等级体系,各个层级城市的产业承接能力都很强,下一级城市能够很迅速、很有效地承接上一级城市的产业转移。

京津冀建设以首都为核心的世界级城市群的步伐之所以缓慢,根本原因在于河北经济社会发展严重滞后,河北城市的发展水平与京津之间的差距过于大,不仅很难实现对京津两地优质要素的"逆向吸引",而且尚未充分具备承接京津产业转移的能力。在京津冀城市群中,京津两极过于"肥胖",周边河北各城市过于"瘦弱",存在超大城市过大,小城市数量过多,特大城市、大城市和中等城市数量过少、发展不足的突出问题。

提升河北的发展水平是增强京津冀整体发展实力和引擎动力的关键。《京津冀协同发展规划纲要》明确指出,天津和河北是北京向外疏解非首都功能的主要承接地,也要求河北积极承接首都产业功能转移和实现京津科技成果转化。河北要积极主动对接和落实国家政策和顶层设计,加快地区经济发展,提高城市发展水平,全面缩小与京津之间的发展差距(安树伟、闫程莉,2016)。在国家大力推进京津冀协同发展的大背景下,承接北京非首都功能疏解和产业转移是加快河北经济发展、提升河北城市发展水平的优先途径。然而,河北人口众多,城镇化水平较低,经济以重化工业为主,高技术产业发展滞后,产业技术水平与京津之间存在产业链上的"断环",加上近年来受大气污染治理的影响，河北经济发展"雪上加霜"，依靠自身财力很难为承接产业转移提供较高水平的配套设施和服务。相对于天津，河北城市的产业承接能力明显较低，甚至低于其他省份的城市。因此，如何加快提升河北城市的产业承接能力，是京津冀建设世界级城市群需要研究解决的另一个重点问题。

（三）京津与河北之间的要素流通渠道

世界级城市群必然是一个国家乃至全世界经济社会发展水平最高的地区。在世界级城市群内，交通运输、信息等基础设施高度发达，构成了城市群空间结构的骨架，将大中小城市串联在一起，城市间的经济联系紧密，产业转移顺畅，要素流动自由，在各个层次上主要表现为人流、物流、资金流、信息流、企业流等多种流态的集聚与辐射，核心城市的辐射带动效应能够更顺畅、更快速地逐级流动到周边中小城市。只有这样，企业才能找到最佳的生产区位，要素才能流动到生产效率最高的地方，进而提升整个地区的发展水平。因此，区域一体化是城市群形成和发展的前提条件。

京津冀地区由三个省级行政区组成，省际行政壁垒较为严重，区域一体化水平较低，城市间的产业转移和要素流动都不顺畅，甚至交通一体化发展都很滞后，省与省之间仍存在很多的"断头路"。在京津冀地区，京津都是直辖市，行政级别要远远高于河北各城市，城市发展水平也较高，财力雄厚，不仅有能力阻碍产业向外转移和要素流动，而且有能力制定更加优惠的政策进行招商引资。京津冀建设世界级城市群，很重要的一方面就是要打破行政壁垒，打通京津与河北之间要素自由流动的渠道。这些渠道既包括有形的渠道，如交通基础设施等，也包括无形的渠道，如政策差距等。

（四）城市功能分工

城市群不仅拥有一个或多个经济发展水平高、人口规模大和辐射能力强的核心城市，而且在这些核心城市周边还密集分布着规模不一的二级、三级城市，以及数量众多的小城镇。作为有机整体，城市群内部存在着密切而巨大的交流联系，包括资源、金融、市场、信息以及一些集团公司控制的更广泛紧密的全方位联系在内的各种要素流动，按照市场经济规律合理配置，形成了城市间日趋合理的功能分工。受规模经济内在要求的驱动，大量不同等级、规模的相同产业或一系列配套产业以及相应的上下游产业集中连片分布，形成具有特色的劳动地域分工与合作网络，使城市间优势互补，密切合作，以实现资源要素的集约利用与效益的最大化（马燕坤，2017）。世界级城市群尤为如此，如美国大西洋沿岸城市群，纽约是全球商业和金融中心，波士顿是美国思想、智力和技术中心，费城是美国制造业中心，巴尔的摩是美国重要的海港城市，各城市功能非常明确。

作为京津冀城市群的核心城市，北京市已经进入了以服务经济为主的后工业化阶段，但河北和天津还分别处于工业化中期阶段和正在由工业化后期阶段向后工业化转变的阶段，主导产业以重化工为主。长期以来，北京和天津在城市功能定位和产业发展方向、区域资源开发及利用、基础设施建设等方面缺乏明确分工和协调；天津与河北在港口、钢铁、能源、化工等行业存在竞争。京津冀内部的城市功能分工不合理，不仅制约着各城市的经济社会发展，而且在一定程度上影响了城市群整体的空间开发秩序和效率（亚洲开发银行技术援助项目9042咨询专家组，2018）。京津冀要建设世界级城市群，必然需要按照《京津冀协同发展规划纲要》对京津冀三地的功能定位优化调整各城市的产业发展，强化城市功能分工，促进北京及周边地区融合发展，推动京津冀中部核心功能区联动一体化发展，辐射带动外围功能拓展区加快发展，构建以北京为核心的多圈层城市群空间体系。

（五）现代化轨道交通网络

现代交通工具与通信技术的飞速发展决定着城市间、城市与区域之间物质与非物质流态的方向、速度和频率，使城市间、城市与区域之间的相互作用增强，经济社会联系密切，交通、信息可达性较高的节点和轴线逐渐成为区域人口和产业的主要集聚区域，城市群雏形一般沿综合交通走廊展开，并随着交通等基础设施的改善而不断扩大（肖金成、袁朱，2009；刘友金、王玮，2009）。因此，完善的现代化交通基础设施网络是京津冀建设世界级城市群的重要支撑和保障。

根据《京津冀协同发展规划纲要》，京津冀城市群要着力构建以轨道交通为骨干的多节点、网格状、全覆盖的快速、便捷、高效、安全、大容量、低成本的互联互通的现代化交通网络，推动点（站、港、枢纽）、线（线路、航线）、面（交通网）的结合，提升交通运输组织和服务现代化水平，建立统一开放的区域运输市场格局，为打造轨道上的城市群提供强有力的保障和支撑。就目前京津冀城市群的轨道交通格局来看，轨道交通线路主要是京广、京沪、京九和京哈等南北向路线，连接河北各城市的东西向轨道交通线路较少，且级别较低，现代化轨道交通网络尚需加大建设力度。加快建设现代化轨道交通网络应作为支撑京津冀建设世界级城市群的基础和重点。

三、京津冀建设世界级城市群的难点问题

习近平同志在党的十九大报告中提出,"以疏解北京非首都功能为'牛鼻子'推动京津冀协同发展。"要着力降低北京人口密度,推进北京去经济中心化,需要解决京津冀建设世界级城市群的三个难点问题。

(一)京津冀城市群经济管理控制中心的选择和培育

从世界级城市群的发展经验来看,核心城市是城市群中经济体量和人口规模最大的城市,核心城市辐射带动了周边中小城市的发展,提升了整个城市群的发展水平。核心城市是城市群的经济核心,占据支配地位,具有开放性、服务性、创新性,对整个区域经济社会活动起着组织和主导作用,具有对区域经济社会发展能量与要素进行高效、有序、合理集聚与扩散的功能,促进其他城市和地区的全面发展。世界级城市群的核心城市如纽约、芝加哥、东京、伦敦、巴黎等,不仅是世界城市,而且是世界性经济中心或区域性经济中心,更是各自所在城市群的经济中心。反过来,城市群的发展必然需要至少一个城市作为经济中心,否则城市发展"一盘散沙",缺少合力,很难称得上是城市群,只是一群城市而已。

《京津冀协同发展规划纲要》提出了"一核、双城、三轴、四区、多节点"的发展框架,其中,北京的功能定位是全国政治中心、文化中心、国际交往中心和科技创新中心;天津的功能定位是全国先进制造研发基地、北方国际航运核心区、金融创新运营示范区和改革开放先行区;河北的功能定位是全国现代商贸物流重要基地、产业转型升级试验区、新型城镇化与城乡统筹示范区和京津冀生态环境支撑区。同时指出,北京和天津是京津冀协同发展的主要引擎,但北京和天津都没有定位为京津冀城市群的经济中心,且希望北京不再承担经济中心的职能。此外,《北京城市总体规划(2016年—2035年)》明确了北京城市的战略定位是"四个重点",重点任务是履行好"四个服务",北京不再承担经济中心的职能。然而,京津冀要建设世界级城市群,离不开经济中心的辐射带动作用,也就是说,京津冀城市群需要至少一个经济中心。那么,京津冀城市群的经济中心职能是否能由天津来承担,或由"双城"(北京和天津)共同承担,还是由"一主两副"(北京为主,天津和石家庄为副)共同承担呢?这是一个悬而未决的问题。因此,京津冀城市群经济中心的选择和培育成为摆在京津冀建设世界级城市群面前的第一个难点问题。

（二）降低北京中心城区人口密度及其效应

核心城市是城市群区域发展的中心，城市群区域是核心城市成长的基础，两者是相互补充、相互促进、不可分割的有机整体。一方面，核心城市的发达程度直接决定了城市群区域的整体发展水平，核心城市的经济实力、人口规模和用地规模都是第一位的。另一方面，核心城市是带动城市群区域发展的主导力量，核心城市的发展水平高，对城市群区域的辐射带动能力就强。根据集聚经济理论，辐射带动能力强的城市必然具有很高的经济密度和人口密度。这样，核心城市必然是城市群中经济密度和人口密度最高的城市。实践证明，世界级城市群的核心城市不仅是世界上经济密度最大的地区之一，而且是人口密度最大的地区之一。因为这些核心城市的产业效率是全世界最高的，收入也是全世界最高的，这就吸引了全世界的高水平人才和高质量要素不断向这些城市集聚。正是因为世界级城市群的核心城市拥有全世界最高的经济密度和人口密度，他们才具备了强大的辐射带动力，也才能辐射带动周边中小城市甚至全世界经济快速发展。

在京津冀地区，北京完善的公共服务和与周边地区之间巨大的收入差距是吸引人口和要素源源不断向北京流动的根本原因，人口和要素的大规模流入又是北京保持城市发展活力和提升辐射带动力的重要保证。但在《京津冀协同发展规划纲要》和《北京城市总体规划（2016年—2035年）》中，一方面明确提出要降低北京特别是北京城六区的人口密度，另一方面则又强调要提升首都北京一核的辐射带动力，建设京津冀世界级城市群。两者之间很难实现有效的协调统一。因此，在努力提升北京辐射带动力的同时，如何切实降低北京尤其是北京城六区的人口密度，成为京津冀建设世界级城市群的又一个难点问题。

（三）形成有效的京津冀利益协调与互动合作机制

区域利益是客观存在的。区域利益是指在一定经济行政区内，以地方作为经济利益主体，其在生产、流通、分配、消费活动中获得的所能满足自身需要的物质财富和精神财富之和，以及其他需要的满足。区域利益包括两方面含义：第一，特定经济行政区内各利益主体的共同需要得到满足；第二，特定经济行政区各利益主体的代表——地方政府自身需要得到满足（管跃庆，2006）。区域中各行为主体对区域利益认识的不一致，或追求利益目标的差异，使其在谋取利益的行为上表现得千姿百态。区域经济利益的寻求、创造、分配、维护，对于正确规范区域谋利行为、改善区域创利条件、合理协调区际利益差别、协调区际经济关系具有重要意义（安树伟，2008）。但是，京津冀跨流域、跨地区的协调工作，比如大气污染的治理、水环境、渤海海洋环境的保护等，始终没有形成有效的机制，在跨区域协调层面上难以解决。① 一省两市出于对地方利益和当前利益的考虑，难以站在区域和长远的角度思考问题。

京津冀建设以首都为核心的世界级城市群，重点问题是优化提升北京的辐射带动能力、增强河北城市的产业承接能力、加快畅通京津与河北之间的要素流动渠道。《京津冀协同发展规划纲要》提出，要抓住疏解北京非首都功能这一"牛鼻子"，切实推进京津冀协同发展，且指出天津和河北是北京向外疏解非首都功能的主要承接地。显然，疏解北京非首都功能是发挥北京辐射带动作用的重要形式。2017年4月，中共中央、国务院决定设立的河北雄安新区定位为北京非首都功能疏解的集中承接地。这都表明，疏解北京非首都功能及其承接地并不是市场机制在发挥作用，而是依靠行政力量。这就要求协调好京津冀三地之间的关系，核心是利益协调问题。要设计出切实可行的区域利益协调和互动合作机制，从而形成京津冀建设世界级城市群需要解决的第三个难点问题。

四、建设京津冀世界级城市群的重要意义

《京津冀协同发展规划纲要》明确提出，以首都北京为核心的世界级城市群是京津冀区域四个整体功能定位之一，且排在首位。可见，北京是京津冀城市群唯一的核心城市，能否发挥好北京一核的辐射带动作用，关系着京津冀协同发展和建设世界级城市群的成败，具有重要意义。

（一）有利于高效治理北京日益严重的大城市病

城市病是大城市现阶段共同面对的问题，《京津冀协同发展规划纲要》明确指出，北京患上了严重的"大城市病"，突出表现为人口过度集中、交通拥堵严重、房价上涨过快等，而这一系列经济社会问题产生的诱因是北京承载了过多的、无所不包的产业和功能。作为首都，北京要优化提升首都功能，加快疏解非首都功能。疏解非首都功能是北京治理大城市病问题的治本之策，以首都为核心建设京津冀世界级城市群，有利于北京主动推进非首都功能疏解、产业向外转移和优化交通格局，形成发挥北京一核作用的内在驱动因素，使北京非首都功能和产业加快向外疏解和转移，从而有利于高效率治理北京大城市病。

---

① 为了解决京津冀的环境问题，2017年国家在环境保护部设立了京津冀环境保护局。

（二）有利于加快推进京津冀协同发展

京津冀地区发展水平悬殊，面对行政壁垒问题、资源环境问题和功能布局失调问题。与长三角和珠三角相比，京津冀统一的要素市场建设滞后，市场化水平较低，行政干预造成的市场壁垒仍然存在，产业布局缺乏统筹，没有形成相互衔接的产业发展链条，产业过度集中和过度分散问题并存，产业布局同构化问题突出。作为国家首都和京津冀最为发达的城市，北京在京津冀协同发展中的地位和作用举足轻重。在某种程度上，北京在京津冀协同发展中是否能够积极主动、充分发挥对津冀城市的辐射带动作用，直接决定了京津冀协同发展战略的成功与否。发挥北京的核心作用，打造京津冀世界级城市群，不仅有利于促使北京打破"一亩三分地"思维，主动推进非首都功能疏解和产业转移，而且有利于北京市各级部门参与到提升河北城市承接能力的工作中来，加快推进京津冀协同发展。

（三）有利于探索城镇密集地区优化发展模式

《全国主体功能区规划》按开发方式把我国国土空间分为优化开发区域、重点开发区域、限制开发区域和禁止开发区域四种类型，京津冀是全国优化开发区域之一（国家发展和改革委员会，2010）。京津冀地区人口数量众多，城镇分布密集，膨胀病和落后病并存且都很突出，发展不平衡、不充分问题很严重，是我国最为迫切需要优化发展的区域。北京发挥好一核作用，积极主动推进非首都功能疏解和参与到河北雄安新区的建设当中，带动河北经济社会加快发展，不仅有利于治理北京自身的膨胀病问题，而且有利于解决河北的落后问题，更有利于为全国探索出一条城镇密集地区优化发展的路子。

（四）有利于探索世界级城市群核心城市发展的新模式

从国外五大世界级城市群的发展经验来看，核心城市都是所在城市群的经济中心，也是人口数量最大的城市。[①] 核心城市作为城市群的经济中心，带动和促进周边中小城市和地区的全面发展，提升了整个城市群的发展水平。作为京津冀城市群的核心城市，北京又不同于国外世界级城市群的核心城市，它是

---

① 如美国大西洋沿岸城市群之纽约、北美五大湖城市群之芝加哥、日本太平洋沿岸城市群之东京、英国伦敦城市群之伦敦、欧洲西北部城市群之巴黎，都是所在世界级城市群的经济中心，甚至是全球性经济中心。

精神文明之核和制度文明之核，主要发挥独特的制度优势和道路优势，来担当京津冀世界级城市群的核心。这是城市群核心城市发展的新模式，也是核心城市引领世界级城市群建设的新模式。通过精神文明和制度文明的作用，加快推进京津冀世界级城市群建设，不仅能够充分体现京津冀世界级城市群的中国特色，而且对全球世界级城市群的发展具有独特贡献。

本章参考文献

[1] 安树伟. 中国区域经济学发展三十年 [J]. 学术界, 2008 (5): 263-277.

[2] 安树伟, 闫程莉. 京津冀与世界级城市群的差距及发展策略 [J]. 河北学刊, 2016 (6): 143-149.

[3] 北京市人民政府. 北京城市总体规划 (2016年—2035年) [Z]. 2017.

[4] 管跃庆. 地方利益论 [M]. 上海: 复旦大学出版社, 2006: 35.

[5] 国家发展和改革委员会. 全国主体功能区规划 [Z]. 2010.

[6] 刘友金, 王玮. 世界典型城市群发展经验及对我国的启示 [J]. 湖南科技大学学报 (社会科学版), 2009, 12 (1): 84-88.

[7] 马燕坤. 中国城市群内部产业功能分工研究 [D]. 北京: 中国人民大学, 2017.6.

[8] 肖金成, 袁朱等. 中国十大城市群 [M]. 北京: 经济科学出版社, 2009.

[9] 亚洲开发银行技术援助项目9042咨询专家组. 京津冀协同发展研究 [M]. 北京: 中国财政经济出版社, 2018.

第五章
京津冀建设世界级城市群的总体思路

以城市群为空间载体的城镇化道路,已经成为我国参与全球经济竞争和推动国民经济发展的重要举措。作为我国东部优化开发区,京津冀城市群应顺应新一轮经济全球化和我国经济转型升级的需要,以国际化、市场化的高标准形成推动改革的新动力,打造成为中国区域协同发展和参与全球竞争的引领区(亚洲开发银行技术援助项目9042咨询专家组,2018)。面对新时代人民日益增长的美好生活需求和不平衡不充分的发展之间的矛盾,结合《京津冀协同发展规划纲要》与世界级城市群的经验,京津冀当前一个时期的建设思路应聚焦在:进一步提升北京的辐射带动能力,消除京津冀三省(市)之间有形与无形的障碍,加快更多新区建设,培育新的经济增长极,完善城市群形态,优化生产力布局和空间结构,发挥京津两大核心城市的辐射带动作用,提升河北城市发展能力,实现优势互补、一体化发展,完善城市间功能分工与城市体系,打造拥有高品质生活、人产城高度融合、生产生活生态协调、城市魅力彰显的具有较强竞争力的世界级城市群。

一、提升功能,辐射带动

世界级城市群的发展历程表明,世界级城市群的建设与世界城市的形成是相辅相成的。其核心城市既是世界城市,也是一定区域范围内的经济中心,京津冀城市群核心城市北京与世界城市还有相当距离。促进京津冀协同发展,建设京津冀世界级城市群,都要求京津冀至少有一个明确的经济中心。当前,北京事实上承担了京津冀经济中心的角色,在北京疏解非首都功能的背景下,北京是否仍然是经济中心?学术界和政府部门对此看法并不相同。本书认为,处于后工业化阶段的北京,仍是以金融服务、研发创新、管理控制为主的经济中心,北京在京津冀的这一地位近期不可能被其他城市所超越。

提升北京功能,核心就是解决好"都"与"城"的关系。其中的重要方面就是以减量发展为重点提升北京核心功能。经过改革开放 40 多年的发展,2019 年北京人均地区生产总值已经达到 164243 元,按当年平均汇率计算相当于 23808 美元,已经进入了后工业化阶段。但是,长期以来北京高速增长带来了城市规模巨大且人居环境退化、城市功能密集且结构失衡、城镇空间庞大且蔓延无序等诸多问题,引发了首都美好生活与"大城市病"的矛盾,客观上要求北京减量发展。对于北京而言,减量发展是一种通过控制城市发展边界,优化城市内部资源配置,疏解北京非首都功能及改善城市生态环境来谋求城市可持续发展的理念,其本质在于必须在尽可能减少消耗不可再生资源、传统粗放的生产要素和一般的自然资源的基础上构建新的发展模式(仇保兴、邓羽,2018)。需要特别强调的是,北京减量发展是"减"与"增"的动态均衡。北京减量发展的"减",是做价值链上有比较优势的高端高效环节,放弃技术含量低、能耗高、污染重的加工组装环节。从价值链上看,能源耗费和污染主要集中在加工、组装和围绕生产进行的运输环节,这些产业的制造环节已经实现标准化,不需要很高的技术,比拼的是劳动力成本以及资金的密集程度,北京在这方面正在失去优势。对于缺乏技术门槛的低端环节,不管属于传统产业还是新兴产业,北京都应该放弃,而着重开拓产业链的上游和下游环节。北京减量发展的"增",核心是推动管理和技术升级,用新组织生产方式和先进技术改造传统产业,从而提高产品竞争力,提高附加值,最终实现产业升级(肖林、周国平,2017)。因此,减量发展的基础是对存量的降低和控制,关键是培育经济发展新动能、拓展区域发展新空间以及改善城市生态环境,提高已有资源的利用效率,使之更好地适应北京的功能定位,更好地发挥北京的职能。

要扩大北京的经济规模,增强对周边地区的辐射带动力。优化产业结构,加快向高端化、服务化、集聚化、低碳化、融合化的方向发展,努力形成创新引领、技术密集、价值高端的经济结构。强化北京的国际交往功能,适当疏解北京中心城区的非核心功能,强化与周边城镇高效通勤和一体化发展。要全面提升京津冀国际交往的软硬件环境,全面推进服务标准、市场规则和相应的法律法规等制度规范,建立一体化的市场机制和制度保障。打造高端国际交流平台,吸引国际组织总部落户京津冀,扩大对外开放水平。要加快天津、石家庄次级中心的培育,最终形成"一主两副"经济中心的格局;增强唐山、保定、邯郸等区域性中心城市职能,提升其他城市的支点作用。

二、消除壁垒，全面对接

推动京津冀协同发展，应通过科学规划、改革体制等，加快破除行政壁垒和制度障碍，促进生产要素自由流动，加快改革创新步伐，建立健全协同发展的体制机制，形成区域一体化发展新格局，为全国其他地区的协同发展发挥示范作用，提供可复制、可推动的经验。

着眼于京津冀城市群空间布局，适应疏解北京非首都功能和产业升级转移的需要，按照区域经济一体化的要求，构建以轨道交通为骨干的多节点、网格化、全覆盖的交通网络，提升交通运输组织和服务现代化水平，建立统一开放的区域交通格局。通过建设高效密集的轨道交通网络和便捷畅通的高速公路、高速铁路、城际铁路、通用航空等立体交通网络，进一步缩短城市之间的通勤时间和通勤成本，促进人口、技术、资金等生产要素能够在城市群内快速、高效、便捷流动，为推动经济向高端转型提供基础支撑。在有效缓解京津"大城市病"的同时，进一步提升交通沿线河北城市的经济发展和人口集聚能力，进而促进城市群内各城市的资源要素有效整合，使之成为支撑我国参与全球竞争的重要区域。

北京要加快与周边地区的融合发展。对于有与京津优势互补的资源，又恰逢国家建设重大项目工程机遇的区域（如北京大兴与河北廊坊），发展的方向是一体化；对于具有良好的区位条件，自身经济基础相对较好的区域（如廊坊的三河市、香河县、大厂县等），重点是承接京津的功能疏解和产业转移；对于京津"上风上水"的张家口和承德地区，重点是完善生态补偿机制和政策（常瑞祥、安树伟，2015）。

三、提升河北，缩小落差

河北与北京、天津经济发展差距大，公共服务水平落差较大，是京津冀协同发展亟待破解的难题，也是全国区域发展不平衡、不协调的典型缩影。河北各市与京津两市的发展差距较大，公共服务均等化水平不高，导致河北人口大量向京津两市转移，一方面加剧了京津两市"大城市病"问题；另一方面也使河北集聚高端要素的能力下降，城镇化水平难以快速提升。通过京津冀协同发展，发挥京津双城的高端引领、辐射带动作用，沿主要轴线打造承接北京非首都功能疏解的载体和经济发展的增长极，提升交通沿线的中心城市功能和培育一批中小城市，由此逐步推进京津冀区域的经济结构优化，推动区域一体化交通网络逐步形成，改善京津冀地区生态环境，提升河北各城市的产业发展水平，进而缩小河北各市与京津两市的发展差距，促进整个京津冀地区公共服务均等化。在此基础上，构筑要素资源自由流动、产业分工互补、城市功能相互配套对接的一体化发展格局。

四、建设新区，积极承接

有序疏解北京非首都功能、解决北京"大城市病"，是《京津冀协同发展规划纲要》的基本出发点。北京集聚了过多的非首都功能，"大城市病"问题突出，人口过度膨胀，交通日益拥堵，大气污染严重，房价持续高涨，社会管理难度加大，引发了一系列经济社会问题，引起全社会广泛关注。应集中疏解与分散疏解非首都功能，打造集中承接北京非首都功能疏解的载体，有效解决北京人口持续增加问题，使常住人口总量保持在可控范围之内。

京津冀未来的增长动力来自新的经济增长极，所谓新的经济增长极就是在空间范围不太大的地方，通过完善基础设施，实施高效管理，并辅以优惠政策，使其快速聚集经济要素，起到对一个区域的支撑作用。国家和各级政府的重视，在该区域短时间内集中投入，完善基础设施，改善投资环境，成为"要素流动的洼地、吸引人才的高地"，使众多投资者趋之若鹜。通过规划建设新区，增强对产业和人口的吸引力，成为京津冀区域的新亮点。

京津冀区域虽同处于我国东部，但区域内部的差距很大，突出表现在北京与河北的差距上。除了疏解北京的非首都功能外，加快河北的发展应是京津冀协同发展的关键环节。在河北选择一些具有优势和发展潜力的地区设立新区，通过打造产业发展平台、改善投资环境、吸引产业聚集等举措加快河北发展。目前，河北已设立了北戴河新区、曹妃甸新区、渤海新区、正定新区、邢东新区、冀南新区、雄安新区。如能再选择一部分升级为国家级新区，国家给予强力政策支持，河北全力建设，必将在京津冀协同发展中起到重要的支撑作用。

专栏 5-1

河北省的主要新区

雄安新区。位于保定市境内，涉及河北雄县、容城和安新三县及周边部分区域，地处北京、天津和保定三市腹地，区位优势明显、交通便捷通畅、资源环境承载能力较强，现有开发程度较低，发展空间充裕，具备高起点、高标准开发建设的基本条件。雄安新区是北京非首都功能集中疏解地、河北加快转型升级新的经济增长极、京津冀协同发展的重大举措和新发展理念的引领践行区，其发展定位是绿色生态宜居新城区、创新驱动发展引领区、协调发展示范区和开放发展先行区。

北戴河新区。位于北戴河区南部，应以打造休闲旅游之都为目标，重点发展高端旅游、科技研发、商务会展、文化创意等产业，承接北京的部分功能和产业转移，建设中国北方和环渤海地区现代化旅游宜居城市、国家级绿色环保示范区。北戴河新区距离北京市270千米，乘坐高铁不到一小时，区位优、气候好、空间大，可以承接北京市科研、文化、教育、医疗等诸多功能的疏解。

曹妃甸新区。位于唐山南部沿海地区，和天津滨海新区毗邻，应依托曹妃甸深水大港及土地资源优势，全力打造新型工业化基地、商业性能源储备基地和国家级循环经济示范区。加快曹妃甸工业区、海港开发区等重点临港产业聚集区的建设步伐。加强与北京合作，加快培育精品钢材、装备制造、石油化工和港口物流等临港优势产业和电力、出口加工等关联配套产业，形成与京津互补、特色鲜明、地位突出的现代产业体系，打造冀东沿海中心城市、环渤海地区重要的国际港口城市。

渤海新区。位于沧州市，区内有全国第二大煤炭输出港。新区有广阔的非农用地、盐田、滩涂和浅海资源，土地资源是其最大的优势。渤海新区的发展定位是依托京津冀，服务冀中南、晋中南、鲁北、豫北，是朔黄铁路沿线及陕西、内蒙古等地区最便捷的出海口，石油化工、装备制造业研发转化基地和以港口物流为基础，城市配送物流为支撑的区域性航运中心，经济繁荣、社会和谐、环境优美的宜居生态型滨海新城，要建成中国北方著名的区域性综合大港和能源、原材料集散中心，绿色国际化工城，京津冀重要的新兴港口城市。

正定新区。位于石家庄滹沱河北岸，正定县城东部，紧邻石家庄正定机场，是石家庄的重要支撑点，是提高石家庄吸引力和辐射力的关键所在。正定新区应结合资源禀赋、产业基础、区位条件，因地制宜、科学规划，促使具有潜在优势的产业在正定新区迅速成长和集聚，真正培育起具有鲜明特色和较强竞争力的产业体系。发展知识密集型和劳动密集型相结合、高附加值制造业和一般制造业相结合、传统服务业和现代服务业相结合，以宜居关联产业为配套的产业体系，将其培育为冀中南地区的经济增长极，不仅对石家庄起到规模扩大、产业结构升级的作用，而且能够起到辐射带动冀中南地区的作用。

邢东新区。地处邢台东部，规划控制范围370平方千米，是河北落实京津冀协同发展、对接服务雄安新区建设的重大战略举措。邢东新区以"绿色化、高端化、集约化、国际化"为导向，对接京津产业转移和科技创新资源，打造现代化新城区、新中心、新增长极，功能定位是转型升级及产城融合示范区、先进装备制造业基地、新能源产业基地和新兴业态孵化基地。

冀南新区。位于晋冀鲁豫四省交界地区、邯郸市中心城区南部。新区范围内拥有山区、丘陵、平原、森林、湿地、温泉等自然生态资源。冀南新区将致力于打造全国重要的先进装备制造业基地、区域现代物流枢纽、中原经济区与京津冀区域的共同支撑点。

五、"一核两翼"，优化布局

城市群应实现的理想场景是：生产性服务业在核心地区集聚，制造业转移至外围地区，中心地区生产性服务业能够依托外围地区获得持续繁荣，而外围地区通过参与分工进而实现振兴；由于核心城市与外围地区的分工，区域能够实现规模经济和多样化发展，突破了以往的城市范围，建构了区域内部合作的经济基础，从而更有效地参与全球化背景下的区域竞争。从京津冀城市群各城市的功能分工来看，北京已经成为中国首个过渡到后工业阶段的城市，作为城市群的龙头城市，其未来应大力发展生产性服务业，将更多的生产制造环节转移至周边地区，并通过服务周边天津、河北的制造业而实现服务功能的提升；作为京津冀城市群"双城"之一，天津未来应重点发展与制造业相关的科技研发、航运业、金融业和国际贸易等行业，逐步实现由制造经济向服务经济转型，并带动整个区域的开放与创新发展；而作为东部沿海省份的河北，在京津冀产业分工合作进程中，应积极承接北京、天津两市的制造业转移，积极促进其科技研发成果在本区域的转化，最终形成以北京为生产性服务中心，以天津为创新、开放服务基地，以河北为生产制造集聚地的分工格局，实现整个城市群规模效应与分工效应的最大化。

北京以"一核两翼"为重点，大力调整空间结构，做到功能清晰、分工合理、主副结合，走出一条内涵集约发展的新路子，探索出人口、经济密集地区优化开发的新模式。核心区是全国政治中心、文化中心和国际交往中心的核心承载区，是历史文化名城保护的重点地区，是展示国家首都形象的重要窗口地区。要充分体现城市战略定位，全力做好"四个服务"，维护安全稳定。保护古都风貌，传承历史文脉。有序疏解非首都功能，加强环境整治，优化提升首都功能。改善人居环境，补充完善城市基本服务功能，加强精细化管理，创建国际一流的和谐宜居之都、首善之区。北京城市副中心与河北雄安新区共同构成北京新的两翼。北京城市副中心应当坚持世界眼光、国际标准、中国特色、高点定位，以创造历史、追求艺术的精神，以最先进的理念、最高的标准、最好的质量推进北京城市副中心建设，着力打造国际一流的和谐宜居之都示范区、新型城镇化示范区和京津冀区域协同发展示范区。雄安新区要通过科学构建城市空间布局，合理确定城市规模，科学承接北京非首都功能疏解，实现城市智慧化管理，营造优质绿色生态环境，实施创新驱动发展，建设宜居宜业城市，实现更高水平、更有效率、更加公平、更可持续发展，建设成为绿色生态宜居新城区、创新驱动发展引领区、协调发展示范区、开放发展先行区，努力打造贯彻落实新发展理念的创新发展示范区（中共河北省委、河北省人民政府，2018）。

从京津冀城市群空间结构来看，京津两市规模很大，缺乏特大城市和Ⅰ型大城市，造成城市体系不合理，这也是北京"大城市病"与周边城市吸纳能力不足的根源。未来应大力推动京津周边地区的发展，在现有地级城市的基础上培育Ⅰ型大城市，提升公共服务、产业发展方面的功能，使之成为引导人口、产业集聚的"反磁力中心"，截流原本向京津进行集聚的人口，达到缓解北京城市过度拥挤的目的。沿京石邯、京津塘等主要交通轴线重点培育节点城市，做大城市规模，提升其对本地和外来人口的吸纳能力，最终形成超大、特大、大城市、中等城市和小城市相互支撑发展的良好局面。

本章参考文献

[1] 常瑞祥,安树伟. 河北与京、津交界地带的协同发展 [J]. 城市, 2015（3）：14-20.

[2] 仇保兴,邓羽. "减量发展"：首都开启高质量发展的新航标 [N]. 北京日报, 2018-5-28（14）.

[3] 肖林,周国平. 卓越的全球城市：不确定未来中的战略与治理 [M]. 上海：格致出版社,上海人民出版社,2017：625-626.

[4] 亚洲开发银行技术援助项目9042咨询专家组. 京津冀协同发展研究 [M]. 北京：中国财政经济出版社,2018.

[5] 中共河北省委,河北省人民政府. 河北雄安新区规划纲要 [Z]. 2018.

第六章
京津冀经济中心的选择与培育

城市群空间成长的首要条件是存在区域增长极,通过中心城市的聚集—扩散—再聚集—再扩散的良性循环,推动城市群中心城市自身和与之相联系的城市乃至整个国家经济的发展,形成具有较高城镇化水平和多层次、多功能的城市群。因此,中心城市的选择与培育是城市群发展壮大的首要任务,建设世界级城市群的关键是核心城市的选择。目前来看,世界级城市群的核心城市如纽约、芝加哥、东京、伦敦、巴黎、上海,不仅是世界城市(或者国际化大都市),也是世界(或者一定区域)的经济中心。当前,北京建设世界城市的目标已经达成共识,但在北京疏解非首都功能的背景下,希望北京不再承担经济中心的职能。但是,在京津冀建设世界级城市群过程中必须有经济中心,这个经济中心如何确定,如何建设经济中心,是本章需要回答的问题。

一、经济中心的理论基础与区域意义

在经济发展和城镇化进程中,由于区位条件的不同,一些在空间分布上有集聚需求的经济部门及组织就会选择区位条件相对较好的地方作为发展场所。因此,一些城市利用相对较好的区位条件和发展机遇,不断吸引劳动力、资金、技术等生产要素,在实现其经济迅速增长的同时,通过扩散效应,刺激和推动周围地区的经济发展,在区域经济和社会发展中占据核心地位,发挥主导作用,这些城市就成为区域的经济中心。区域经济中心不仅是区域经济增长的中心,还是区域金融、贸易、技术、产业链、信息的控制中心和区域文明的辐射源。

如图6-1所示,经济中心的形成必将改变区域空间的原始平衡状态(状态1)。随着中心的发展,技术进步、高效的生产活动以及生产创新不断在经济中心集聚,外围(腹地)的劳动力、资金会向中心集聚,从而削弱了外围区域的经济发展能力，区域经济发展呈现极化效应，首位城市产生（状态2）。首位城市的成长将进一步改变区域的空间不平衡，导致区域内地区间的经济发展差异。而在首位城市集聚发展的同时，也会给外围区域带来有利影响，即涓滴效应。例如首位城市吸收边缘区的劳动力，在一定程度上可以缓解边缘区的就业压力，解决边缘区的失业问题。特别是首位城市的先进技术、管理方式、思想观念、价值观念和行为方式等经济和社会方面的进步因素向边缘区渗透，将对周边区域的经济和社会进步产生多方面的推动作用。首位城市之外的其他城市逐渐形成，规模扩大，重要性增加，城市体系形成（状态3）。功能上互相依赖的城市系统，随着区域经济持续增长，推动空间经济逐渐向一体化方向发展（状态4）。

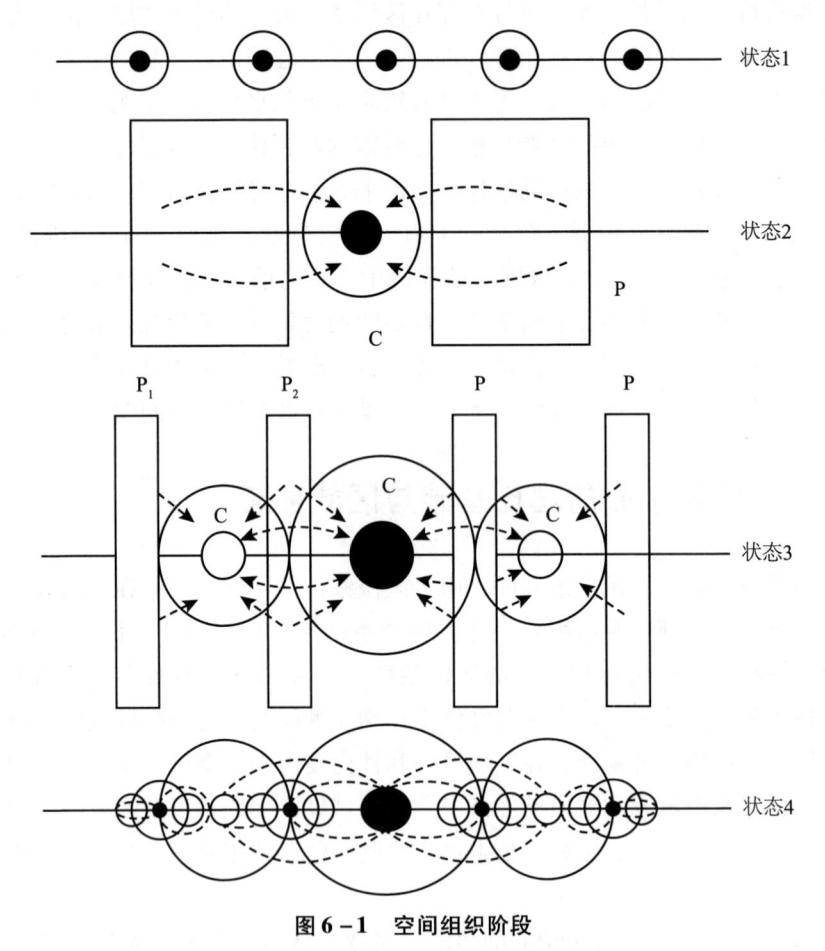

图6-1 空间组织阶段

资料来源：姚士谋，汤茂林，陈爽等. 区域与城市发展论（第2版）[M]. 合肥：中国科学技术大学出版社，2009.

城市群空间成长就是由区域内一个或几个核心城市为经济中心,通过经济中心的辐射带动效应推动周边腹地成长,直至城市群系统逐渐成长为合理优化的空间系统的过程。

二、世界级城市群核心城市的特点

世界级城市群的核心城市不仅是世界城市,而且是世界或一定区域的经济中心。一个大城市群在世界城市网络体系中的地位和作用,主要取决于其核心城市的影响力和综合竞争力,并由此体现其在世界城市格局中所处的发展层面。正是由于纽约、芝加哥、旧金山这些具有世界影响力的核心城市,才有了美国大西洋沿岸、北美五大湖、美国南加州等巨型城市区域的形成和发展。而影响核心城市产生和发展的因素有很多,归纳起来无非有两类:先天的基本因素和后天的促进因素。总结世界级城市的形成,主要有以下七个特点。

(一) 雄厚的经济实力

就经济发展水平来看,世界级城市群的核心城市多是本国的工商业、金融和经济中心城市,是一国经济发展水平的标志,如伦敦之于英国、纽约之于美国、东京之于日本和巴黎之于法国。在经济规模上,国际大都市以其庞大著称,占一国经济总量的比重相当大,不少城市甚至占到20%,据世界银行数据推算,2015年东京占日本GDP总量高达60%以上。2013年世界银行将人均GDP超过12616美元的国家和地区划分为高收入国家或地区,将人均GDP在4085~12616美元划分为中上收入国家,世界级城市群的核心城市人均GDP数值均远远超过这些标准(见图6-2)。

(二) 巨大的人口规模

当今的主要国际大都市在20世纪实现了人口规模的重大扩张(屠启宇等,2007)。其中,有些城市仍然保持着快速的增长势头,有些城市已经进入人口收缩阶段,有些城市在人口收缩后出现再回升,这都是城市成熟性、成长性和城市重整复兴的标志。20世纪,日本的人口增加了2倍,东京都的人口增加了5倍,而较东京都行政区划范围更大的东京圈成为世界上最大的城市群之一。

世界级大都市普遍进入了人口缓慢增长阶段。近年来,纽约、伦敦、巴黎、东京等都以每年0.8%~1.0%的年均增长速度在缓慢增长,但由于人口基

（千美元/人）

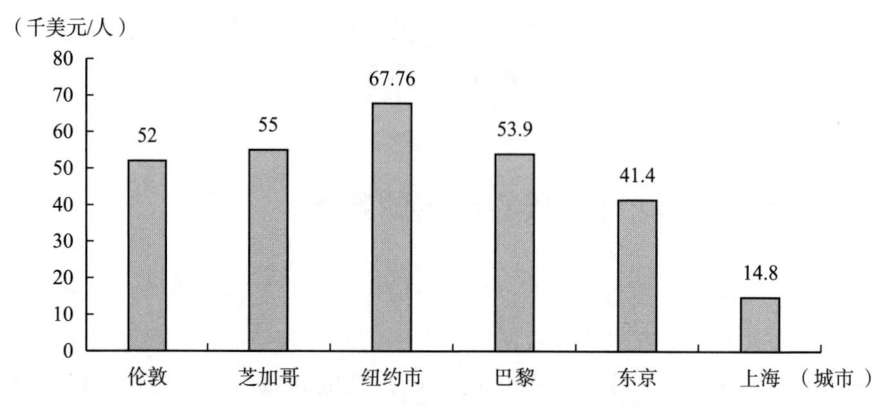

图6-2 2013年六大世界级城市群核心城市人均GDP比较

注：欧盟统计局统计的上海人均GDP所用人口数据为户籍人口数据，不符合我国统计标准，故采用《中国区域经济统计年鉴（2014）》中的上海人均GDP数据，按照当年汇率换算得之。

资料来源：欧盟统计局和《中国区域经济统计年鉴（2014）》。

数大，人口规模仍然在全国总人口中占据显著份额，在国内具有举足轻重的地位。东京、巴黎、纽约、上海人口都在千万人以上，伦敦、芝加哥人口也近千万人。2015年东京市人口达1339万人，东京圈高达3592万人。

（三）第三产业占优势的产业结构

1970～1990年，是发达国家产业的结构转换和优化时期，基本特征是产业向服务化转变。主要发达国家的产业结构无论在产值构成，还是在就业构成上，均发生了质和量的转化，以服务业为核心的第三产业成为发达国家的主导产业，形成了后工业化社会的产业特征。无论是20世纪80年代末期的纽约、伦敦、东京，还是20世纪90年代初期的香港和新加坡，第三产业增加值在地区生产总值中的份额均为60%以上（见表6-1）。

表6-1 世界主要城市三次产业结构情况 单位：%

项目	东京	伦敦	纽约	巴黎	香港	上海
第一产业	0.1	0.7	0.2	0.6	0.1	0.3
第二产业	12.1	12.7	10.4	16.7	6.8	27.0
第三产业	87.8	86.6	89.4	82.7	93.1	72.7

资料来源：《东京都统计年鉴（2014）》《英国区域统计年鉴（2013）》《纽约经济发展局报告》《巴黎统计年鉴（2006）》《香港统计年鉴（2013）》和2019年上海市国民经济和社会发展统计公报。

纵观20世纪国际大都市产业结构演变史，可以发现，产业结构随着科技进步正逐步由技术水平低的传统技术产业向现代产业以至高新技术产业转变；由劳动密集型产业向资金密集型产业和知识密集型产业演进；从采掘业向原材料工业、初加工工业再向高加工工业演进；从主导产业先由消费资料部门向生产资料部门，再向消费资料部门和服务部门转换（见表6-2）。这些转变标志着国际大都市产业结构正不断向更高层次发展，目前已经处于产业发展的高级阶段。

表6-2　　　　　2013年世界主要城市群核心城市的主要产业

城市	主要产业
伦敦	房地产及租赁、金融与保险
芝加哥	专业、科学和技术服务、医疗保健和社会救助
纽约	专业服务、金融与保险
巴黎	专业服务、金融服务
东京	服务业、批发零售业

资料来源：欧盟统计局。

（四）高端的现代服务业

现代服务业主要是指那些依托电子信息等高技术和现代管理理念、经营方式和组织形式发展而来，主要为生产者提供服务的产业。如金融保险、商务服务、计算机和信息服务、教育和保健服务、通信服务等高增长和占主导性的服务部门；网络服务、第三方物流服务等新兴服务部门；以及一部分被新技术、新经营方式改造过的传统服务部门。随着经济全球化和资本化的不断推进，金融业的重要地位不断提高，就目前的国际大都市来看，金融服务业在服务业中的地位都排在前三位。从历次伦敦金融城GFCI国际金融中心指数排名来看，纽约、伦敦、香港与新加坡始终占据国际金融中心的前四位。

纽约的金融业异常发达，25家最大的国际银行中的20家、10家最大的证券机构中的8家、代表主要国家的219家国际银行的国外分支机构的中心设在纽约。按所持份额来看，纽约股票交易中心是世界最大的交易市场。纽约还拥有全球最大的黄金交易市场、期货交易市场、美元结算中心与世界第二大外汇市场（屠启宇等，2007）。

伦敦凭借深厚的贸易渊源、一流的专业人员、高质量的配套服务等众多优势,在证券和外汇交易、海事和航空保险、债券和保险交易、银行间拆借等国际金融市场上占重要一席。2013年,伦敦有各类银行565家,外国银行代表处有215家,同时还有87家住房信贷机构和623家信用合作机构。伦敦金融城集中了近180家国外证券公司,管理着全球的金融资产。当前,伦敦是全球最大的外汇交易市场、国际保险市场、基金管理中心、有色金属交易市场与欧洲期货交易市场。2011年,伦敦金融和专业服务业的就业人数占伦敦总就业人数的比重约为15%,该行业创造的增加值约占伦敦整个城市增加值的28.3%。[①]

(五) 重要的交通枢纽

伦敦、纽约的国际化都是以大规模工业生产、港口发展、繁荣的国际商贸联系为开端,目前,香港、新加坡和悉尼等国际大都市仍然是世界或地区的主要转口港。世界级城市群的核心城市大多是重要的交通枢纽或港口,如纽约位于大西洋海岸、哈得逊河口,有纽约港;芝加哥位于密歇根湖畔、芝加哥河口,有芝加哥港;洛杉矶濒临太平洋,有洛杉矶港;伦敦有泰晤士河和伦敦港;巴黎有塞纳河和巴黎港;广州得珠江、南海之利,有广州港;上海得长江、东海之便,有上海港。便利的区位条件,为城市发展节约交通成本,有利于城市的对外交往。

纽约有3个国际机场,其中著名的肯尼迪国际机场承担着美国50%的进口货物空运业务和35%的国际客运业务,另有纽瓦克自由机场和拉瓜迪亚机场。伦敦的航空运输业也十分发达,有希思罗和盖茨维克两大机场,其中希思罗机场是欧洲客运量最大的机场。长期以来,伦敦一直是世界上最大的航运市场,世界上主要的航运、造船和租船公司,都在这里设有代表机构。

(六) 强大的创新能力

国际化大都市的科技资源和科技产业优势明显,成为产生新思想、新技术的基地,表现为科技教育发展水平、高科技人才、有利于科技创新和产品创新的制度、对研发进行高强度投入的能力等方面的优势,造就了国际大都市作为创新先锋的影响力和作用力。每年在东京诞生的发明专利占了整个日本的42.5%。2013年,伦敦的发明专利授权量为10583项,比2012年增长了21.9%。2013年,纽约市的专利发明达到3462项,比2009年增加了83.6%。

---

① Regional Contribution of UK Financial and Professional Services, 2011.

城市是教育资源最为集中的地理空间节点，其所拥有的高度集聚的教育资源发挥着人力资源开发功能，更是集聚地区、国家乃至全球高端人才资源的金字塔尖。高等教育是高素质劳动力的供应机器，是研究开发的重要基地。高等教育的学校数量、高等教育的人口比例代表一个城市高素质劳动力的供应能力。大都市往往拥有所在国家最为集中的高等学校，不少城市高等院校招生规模达几十万人。据欧盟统计局统计，2012年东京高等院校招生71.4万人、纽约65.3万人、伦敦40.2万人。高素质人群的集聚有助于提升区域科研基础和技术创新能力（见图6-3）。

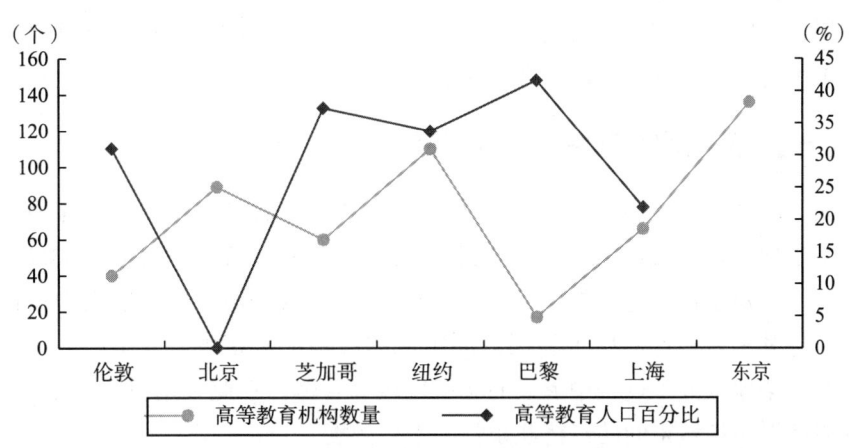

图6-3 2013年世界主要城市高等教育机构数量及高等教育人口比例

资料来源：欧盟统计局。

（七）较强的辐射能力

核心城市对周围城市具有较强的引领和带动作用，由于其作为国际枢纽和控制中心的独特地位，不仅是国内大企业和大企业总部的集聚地，也是跨国公司的首选地。根据美国《财富》杂志公布的2019年世界500强企业名单，总部设在纽约、伦敦、巴黎和东京的占到了81个，全球500强企业近1/6的总部被四大世界城市所包揽。世界城市通过向跨国公司总部提供城市内部的金融及高级服务，对世界经济结构产生重大影响。

由高科技支持的以视听出版、影视传媒、演艺娱乐、网络资讯和旅游、体育、会展服务为基础产品的文化产业，占世界城市总产值的份额不断提升，辐射深远。巴黎、伦敦、纽约、米兰等国际大都市一向引领全球时尚风气，显示出在文化产品供给上的优势和强势。纽约通过全美三大广播网络控制着2139

家电台和电视台,数百家国家级杂志的总部设立于此,通过《纽约时报》《华尔街日报》《时代周刊》等媒体影响全美国,甚至世界。作为联合国教科文组织、经济合作与发展组织等国际组织总部所在地的巴黎,拥有各种文化艺术团体2333个。

三、京津冀经济中心的选择

经济中心城市在国家与地区经济增长中起着举足轻重的作用,一方面国家和地区间的竞争往往体现为主要城市的竞争,另一方面中心城市通过集聚和扩散作用带动区域经济增长。因此,经济中心的选择主要从城市间经济联系强度和城市中心职能强度两方面综合考虑。

(一)城市间经济联系强度测量

城市联系强度模型主要采用引力模型或者改进的引力模型来计算地区联系、中心地联系、城市等级联系、经济联系等(孙久文、罗标强,2016;何利,2017;刘建朝、高素英,2013)。城市群所形成的经济区是以大中城市为核心,与其紧密相连的广大地区共同组成的经济上紧密联系、生产上互相协作、在社会地域分工过程中形成的城市地域综合体。在此采用引力模型①对京津冀城市群中各城市间的经济联系强度进行测度。

2018年,京津冀城市群经济联系的空间分布基本呈现出以北京为中心的单核放射性分布,经济联系空间分布相对稀疏,其中北京、天津、廊坊三地间的经济联系较强。将京津冀城市群按城市间经济联系强度划分为三个梯队:第一梯队包括北京、天津、廊坊,第二梯队包括保定、石家庄、唐山、沧州,第三梯队包括张家口、承德、秦皇岛、衡水、邢台、邯郸。第三梯队的城市与其他城市联系均很弱。经济中心应优先选择第一梯队的城市,其次是第二梯队的城市,因为这些城市相对更容易接触市场,而且也更易于对其他城市进行正外部性溢出。

(二)城市中心职能强度分析

德国经济地理学家克里斯泰勒首先提出了中心性的概念,且最早通过电话

---

① 引力模型公式为 $R_{ij} = (\sqrt{P_i \cdot V_i} \cdot \sqrt{P_j \cdot V_j})/D_{ij}^2$,其中,$R_{ij}$表示城市$i$与城市$j$之间的经济联系强度;$D_{ij}$表示城市$i$与城市$j$之间公路运输距离;$P_i$、$P_j$表示两个城市的年末常住人口;$V_i$、$V_j$表示两个城市的地区生产总值。

指数对中心性进行度量。但影响中心城市发展的因素众多，靠单一指标难以确定，后来诸多学者提出采用指标体系的方式进行测评，然而目前尚未有统一的指标体系，各指标体系由于研究目标、区域特点不同，各有侧重（张思锋等，2006；吴良亚，2010；高玲玲，2015；鲁金萍等，2015）。本章借鉴鲁金萍等（2015）的研究，结合世界级城市群核心城市的发展特点，选取地区生产总值（G_i）、年末总人口（P_i）、产业升级状况（R_i）、金融资产总量（F_i）、货运总量（T_i）、每万人口高等学校平均在校生数（S_i）、规模以上工业企业数（E_i）、科学技术支出（ST_i）、每百人公共图书馆藏书（册、件）数（B_i）共九项指标，分别计算其职能指数，计算公式为（6-1）。

$$K_{X_i} = \frac{X_i}{\frac{1}{n}\sum_{i=1}^{n} X_i} \quad (6-1)$$

对各职能指数加总，计算算术平均数即求得城市中心职能强度 K_{ei}，见公式（6-2）。

$$K_{ei} = \frac{K_{G_i} + K_{P_i} + K_{R_i} + K_{F_i} + K_{T_i} + K_{S_i} + K_{E_i} + K_{ST_i} + K_{B_i}}{9} \quad (6-2)$$

考虑数据的可比性、可得性，所有数据均来自《中国城市统计年鉴（2019）》。此外，为了突出核心城市的作用，统一采用市辖区数据，但鉴于数据可得性，高等学校在校生数和货运总量采用全市的数据。产业升级状况通过第三产业增加值与第二产业增加值之比来表示；由于我国目前缺乏金融资产总量的统计，受相关学者的启发（冯玥、王如渊，2007；艾洪德等，2004），用金融机构存贷款余额来代替金融资产总量，以衡量地区的金融发展程度。

根据公式（6-1）、公式（6-2），计算得出京津冀城市群内各城市中心职能强度。借鉴鲁金萍等（2015）的划分标准，即 $K_{ei} > 2$ 为一级中心城市，$2 > K_{ei} > 0.7$ 为二级中心城市，$K_{ei} < 0.7$ 为三级中心城市，将京津冀城市群内的城市进行等级划分（见表6-3）。

表6-3　　2018年京津冀城市群城市等级

城市	K_{G_i}	K_{P_i}	K_{R_i}	K_{F_i}	K_{T_i}	K_{S_i}	K_{E_i}	K_{ST_i}	K_{B_i}	K_{ei}	等级
北京	6.16	3.99	2.74	8.49	0.91	0.60	3.62	9.70	4.00	4.47	一级
天津	3.82	3.11	0.91	2.33	1.91	0.69	4.86	2.41	1.41	2.38	一级
石家庄	0.69	1.22	1.11	0.64	2.35	1.55	1.08	0.20	0.49	1.04	二级

续表

城市	K_{G_i}	K_{P_i}	K_{R_i}	K_{F_i}	K_{T_i}	K_{S_i}	K_{E_i}	K_{ST_i}	K_{B_i}	K_{ei}	等级
唐山	0.71	0.97	0.35	0.39	2.04	0.56	0.97	0.16	0.45	0.73	二级
秦皇岛	0.22	0.42	1.13	0.15	0.33	1.47	0.33	0.07	0.70	0.54	三级
邯郸	0.29	1.08	0.80	0.21	1.03	0.25	0.49	0.05	0.17	0.49	三级
邢台	0.08	0.26	1.07	0.09	1.05	0.81	0.10	0.01	0.52	0.44	三级
保定	0.27	0.83	0.59	0.15	0.57	0.88	0.51	0.10	0.05	0.44	三级
张家口	0.15	0.22	0.98	0.15	0.66	1.07	0.20	0.04	1.06	0.50	三级
承德	0.08	0.17	0.70	0.07	0.20	1.12	0.08	0.02	0.57	0.34	三级
沧州	0.20	0.17	0.58	0.09	1.19	1.69	0.23	0.09	1.59	0.65	三级
廊坊	0.23	0.25	1.15	0.17	0.51	2.06	0.24	0.08	1.75	0.71	三级
衡水	0.11	0.29	0.88	0.07	0.25	0.27	0.29	0.06	0.26	0.28	三级

资料来源：本书作者整理。

北京、天津的中心职能强度 K_{ei} 均大于2，且远远超过其他城市，将二者划分为一级中心城市，对周围区域的辐射带动能力较强；尤其是北京，作为首都其金融资产数、科学技术支出具有绝对优势。石家庄、唐山的中心职能强度 K_{ei} 大于0.7但小于2，划分为二级中心城市，其区域辐射能力小于北京、天津，但是大于河北其他城市，具有一定的辐射能力；河北其余9个地级市均为三级中心城市。

考虑到目前天津与北京尚有较大差距，近期还不具备作为京津冀城市群经济主中心的能力，因此仅选择北京作为该区域经济主中心，天津为副中心。唐山虽然按照指标计算结果，勉强划入二级经济中心，但是其距离京津太近①，在如此小的空间范围内不宜再设副中心。因此，根据城市间经济联系强度及城市中心职能强度分析，结合京津冀各城市的区位及发展现状，选择北京作为京津冀城市群的核心城市，天津、石家庄作为次级中心，其余城市作为外围地区，构建京津冀城市群的核心—外围空间结构。

---

① 根据谷歌地图在线测量，京津行政区距离约为110千米，京唐行政区距离约为150千米，津唐行政区距离约为100千米。

四、京津冀"一主两副"经济中心选择的必要性

京津冀"一主两副"经济中心的选择，更多的是基于实践的现实需求。

（一）北京独立承担经济中心面临诸多挑战

在京津冀区域，北京与周围地区相比，无论是人口规模、城镇化水平、经济发展还是信息技术水平，都显著高于周围地区，区域内发展差异比较明显。但是北京作为首都，职能包袱沉重，环境问题也严重制约了北京的发展，独立承担经济中心重担面临诸多挑战。

第一，人口规模持续膨胀带来资源环境承载压力过大。近年来，北京人口不断膨胀，2019年年末全市常住人口2153.6万人，其中外来常住人口745.6万人，占全市常住人口的比重为34.6%。人口发展还存在继续向中心城区集聚的趋势，分布极不均衡，其中78%的人口聚集在六环以内（谢高地等，2015）。人口规模持续快速大量增长，在促进经济增长、社会发展的同时，也带来对新增就业、新建住宅、交通出行、就学就医等多方面的大量需求，以及为满足这些需求所必需的资源消耗，如土地开发、房屋建设、能源消费、水源供给等。

北京作为一个自然资源并不丰富的城市，随着近年来人口增长持续加快，城市资源与环境的承载能力已达极限，人口与资源环境的矛盾成为城市未来发展的显著制约，给资源平衡、环境承载、公共服务和城市管理带来了严峻挑战。由于人口的不断增加，区域内人均耕地面积持续减少。北京是一个重度缺水的城市，2019年水资源总量24.6亿立方米，人均水资源量仅为114.2立方米/人，不足全国人均水平的5.0%。目前，北京水资源开发利用率已达92.0%，地下水位严重降低，水质恶化日趋严重（李国平等，2015）。同时北京能源资源严重匮乏，对外依存度极高，自供能源仅占能源消耗总量的6.0%，且发展仍处于粗放型模式下，资源利用效率较低，环境污染大，资源环境承载压力及环境的脆弱性持续增大，城市规模的快速扩张与资源环境承载能力之间的矛盾日益突出。

第二，资源大规模消耗及空间集聚造成人居环境质量不断降低。除水、土地、能源等自然资源和生态环境的沉重压力外，随着城市建设规模的扩张蔓延和资源的大量消耗，交通、教育、医疗等公共资源也产生了突出的供需矛盾，"大城市病"现象突出，环境污染、交通拥堵等问题也越来越严重，人居环

境、出行环境的质量不断降低,也严重影响城市健康发展。

随着人口大量增加和集聚,北京的人口密度不断增加,绿化面积和户外空间逐步减小。2019年北京人均公园绿地面积为16.4平方米/人,同时,水、电、气、热等城市各项基础设施承载能力的提升也滞后于城市快速发展的需要,居住生态环境质量的进一步提升受到较大制约。还有垃圾处理和污染问题,北京垃圾处理能力不足,处理设施普遍超负荷运转,而且垃圾处理设施建设面临选址难、建设难问题。另外,城市交通拥堵问题严重。根据高德地图发布的《2019Q2中国主要城市交通分析报告》,在中国十大拥堵城市中,从拥堵路段来看,北京的路网高峰拥堵段里程比例最高为9.51%,严重拥堵和拥堵所占比例都排在第一位;北京高峰行程延时指数为1.909,位列第3位(见表6-4);城市交通拥挤造成的额外燃料消耗、时间损失、大气污染和噪声等,加大了出行者的出行成本、降低了出行效率、影响了居民的生活质量。即使近几年北京采取了严格的限行、限号措施,但交通问题仍然存在,堵车并没有明显缓解。

表6-4　　　　　2019年中国十大交通拥堵城市高峰行程延时指数

城市	高峰行程延时指数	排名
重庆	1.964	1
哈尔滨	1.916	2
北京	1.909	3
长春	1.848	4
呼和浩特	1.827	5
大连	1.819	6
济南	1.802	7
沈阳	1.800	8
兰州	1.795	9
西宁	1.794	10

资料来源:根据高德地图发布的《2019Q2中国主要城市交通分析报告》整理。

(二)天津具备承担部分经济中心职能的区位优势

随着京津冀协同发展战略的不断深入,天津的区位优势和天津港战略地位愈加凸显,产业结构不断优化,新动能不断成长,在京津冀协同发展中发挥越来越重要的作用。2019年,天津三次产业结构为1.3∶35.2∶63.5,高技术产业和战略性新兴产业增加值占规模以上工业增加值的比重分别达到14.0%和20.8%。由于北京受到自然资源、社会条件方面的限制，由天津来承担部分经济中心职能也得到了学术界的认可。

区域经济中心既要能增强经济辐射能力，带动周边区域发展，也要能搭建对外沟通交流的桥梁，及时引进资金、技术和信息，而天津拥有中国北方最大的综合性港口和重要的对外贸易口岸天津港，具有得天独厚的区位优势。

天津港处于渤海西部，拥有遍布全球主要港口的航线和四通八达的公路、铁路网络联结，与世界160多个国家和地区的300多个港口，建立了长期通航和贸易关系。天津港是首都北京的海上门户，北京经海运外贸进出口总值的90%以上经天津港下水。天津港也是环渤海中与华北、西北等内陆地区距离最短的港口，综合运输成本最低（江曼琦，2013）。天津港还拥有较为完善的仓储、运输设施，有足够丰富的土地资源用于建设仓储设施，而且天津港通过不断地填海造陆，能够为发展现代物流提供足够土地资源，具有发展现代物流的资源优势。随着我国经济由南向北的梯次发展，天津港在北方地区的地位和作用日益突出。同时，天津港是我国较早实行信息化建设的港口，目前拥有比较完善的电子数据交换（EDI）系统，具有发展现代物流的信息技术基础；天津还是全国的科技和文化中心，研究机构和高等学校云集，科技人才众多，技术、管理人才和熟练劳动力素质较高，为天津北方国际航运中心的建设提供人才和智力支撑。

（三）石家庄副中心可以弥补京津辐射功能的不足

经济中心的扩散方式除了紧邻扩散、迁移扩散外，大部分通过等级扩散进行，需要次级的城市来进行传播，这就是经济中心的层级性。目前京津冀城镇体系结构失衡，京津两极过于"肥胖"，周边中小城市过于"瘦弱"，城市群结构存在明显的断层。同时北京与周边地区经济发展水平差距过大，区域的"核心—边缘"二元结构突出，形成了明显的"城沟"和"断裂点"，使核心区成为孤岛，中心城市的聚集效应不能有效地扩散。因此，一方面北京核心地区经济功能过密，部分第二产业亟需外移；而另一方面城市能级落差太大，周边的一些地区很难承接京津地区的辐射效应，不利于加快京津冀协同发展。面对京津巨大的"虹吸作用"，河北的各类资源不断流向发达的京津地区，河北与京津的经济水平差距越来越大。2019年河北唐山、廊坊、石家庄、秦皇岛的人均GDP分别为北京的52.8%、41.0%、32.2%、31.3%，而河北其他大部分城市的人均GDP不及北京的30%。巨大的经济落差，使河北大部分城市接受中心城市辐射的能力有限。因此，需要在京津与落后的腹地之间建立经济副中心，做好经济中心与广大腹地之间的"二传手"。

石家庄在河北地位突出，石家庄不仅是河北省会城市，而且处于河北省南部落后地区的中心位置，与其他落后城市均相连，建立以石家庄为中心的次级增长极，通过其自身的省会地位和政策倾斜，使其经济得到大力发展，复制一个在区域经济内部以中心城市优先发展，带动周边城市发展的模式，有助于对处于北京和石家庄两个增长极之间的落后地区形成辐射带动作用。

石家庄是全国重要的交通枢纽，拥有比较完善的现代工业体系，《石家庄市城市总体规划（2011—2020年）》明确了石家庄作为京津冀地区重要中心城市之一的功能定位。以石家庄为核心的冀中南地区是京津联系我国南部地区的枢纽地区，是京津两地重要的农副产品供应基地，且石家庄空间开阔、对外交通便利、产业基础较好。《河北省国民经济和社会发展第十三个五年规划纲要》提出将石家庄定位为京津冀城市群"第三极"，将省会石家庄打造成具有全国影响力的城市，从而带动河北省的传统产业转型升级和城镇化建设。石家庄围绕建成京津冀城市群南部副中心城市，正在加快推进正定新区建设，构建"一河两岸三组团"的城市发展格局；按照承接、协作、发展相结合的原则，主动承接京津产业转移，加快发展现代服务业和战略性新兴产业，增强对周边地区的辐射带动作用。

五、京津冀"一主两副"经济中心的培育

京津冀城市群要实现建设成为以首都为核心的世界级城市群的目标，就必须把提升首都北京的国际地位作为出发点和落脚点。对于北京而言，"四个中心"的定位阐明了北京未来的发展必须依靠创新驱动，走高端、高效、高辐射的发展道路（文魁、祝尔娟，2015），实现产业结构的"高精尖"。天津市应当充分利用其良好的工业基础积极承接北京的科技创新辐射，成为全国先进制造研发基地，为"中国制造2025"助力，依托区位优势加强北方国际航运中心建设。石家庄作为河北的政治、经济、科技、金融、文化和商贸物流中心，应围绕建成京津冀第三极、城市群南部副中心城市的目标，重点发展全国重要的战略性新兴产业和先进制造业基地、国家重要的综合交通枢纽，形成带动冀中南地区的综合服务平台（见表6-5）。

表 6-5 京津冀城市群经济中心定位

城市	定位
北京	经济管理控制中心（总部经济、金融中心、科技创新中心）
天津	全国先进制造研发基地、北方国际航运核心区
石家庄	京津冀第三极、京津冀城市群南部副中心城市

资料来源：本书作者根据公开信息整理。

（一）推进北京全球经济管理控制中心建设

第一，做大做强总部经济，助力构建"高精尖"的经济结构。经济总部是产业集聚力、控制力和影响力的体现，跨国公司在选择总部、地区总部布局的时候，都会关注城市的市场规模、影响力和区位优势。北京拥有中国最大的总部经济，是众多国有企业、跨国公司、民营企业的总部所在地。2019年，北京已有56家世界500强企业总部，超越东京位居全球第一；北京跨国公司总部达179家，四成以上来自境外世界500强企业。[①] 通过与雄安新区的分工协作、错位发展，积极吸引、做大符合首都功能定位的各类总部企业，大力发展高端产业的总部，建设"和谐宜居之都"，实现产业结构的"高精尖"。引入"负面清单"管理模式，在资金奖励、人才引进、服务保证等方面加大扶持力度，优化不同性质、类型总部企业的结构，提升民营和外资类总部企业的规模实力。

第二，增强科技创新能力，强化科技创新中心功能。北京要想打造成为科技创新中心，需要在创新能力、创新环境、创新收益方面不断提高。其中创新收益和创新环境是影响北京科技创新能力发展的"短板"。首先，北京应依托自身优势，加强前沿技术和基础领域的研发投入力度，加强产学研用的合作，推动产业联盟等新产业自组织发展，在新兴技术领域抢占技术制高点，推进相关高新技术产业化发展，提升北京在全球经济与新技术革命中的影响力。其次，北京应依托国家科技创新中心建设的优势条件，发挥大国首都优势和中关村国家自主创新示范区政策叠加和联动优势，率先开展人才政策突破和体制机制创新，营造良好的创新创业环境，集聚全球最优秀的人才、最优质的资源、最有影响力的市场和企业平台，打造全球科技创新高端人才和企业总部汇集

---

① 北京跨国公司总部达179家四成以上是世界500强企业，https：//news.mysteel.com/19/0529/09/7DCA71E4CC3C970E.html。

地。最后，依托雄安新区的转化空间，推进科技成果的转化和落地，强化与国际知识产权保护体系的对接，通过全球科技成果在北京的交易，提升中国科技成果的影响力，同时也为中国企业吸纳国外技术成果提供有效的途径。

第三，发挥自身优势，促进国际金融中心建设。相比京津冀其他城市，北京有着得天独厚的金融发展优势，既可满足各项金融资源的供需要求，同时也具备金融信息与科技、政策制定与监管等服务，具备较强的实力与广阔平台发展金融产业。金融业是北京经济最为重要的组成部分，拥有中国人民银行、中国银行保险监督管理委员会（银保监会）、中国证券监督管理委员会（证监会）等全国金融监管机构，金融机构数量与规模均位居全国第一。北京的信息科技、金融服务与金融市场等体系完善，金融产业的相关配套资源丰富且配置效率高，同时在国际上拥有较高的知名度，经济发展、影响力与开放程度也高于京津冀其他城市。北京应积极发挥自身优势，在吸引聚集国际金融组织、巩固提升总部金融机构的同时，壮大发展地方金融机构；支持金融控股集团多元化发展，增强混业经营能力等；借助多层次金融市场，构建全方位发展新平台，建成具有国际影响力的金融中心城市（许莎莎，2016）。

（二）加快天津先进制造基地和航运中心建设

天津要全方位拓展与北京合作的广度和深度，主动承接北京的部分城市功能，形成与北京错位发展、优势互补的新经济制高点。天津先进的制造业优势为北京发挥服务业的优势提供了广阔市场，为京津冀城市群中其他城市的制造业发展提供重要引领和支撑作用。天津的先进制造业必须和生产性服务业协同和融合发展，凸显先进技术的研究发明特别是将其转化为产业的功能，与衔接北京的科技中心作用和发挥天津的制造业优势紧密相连。瞄准世界制造业的先进水平，以认识、适应、引领经济发展新常态谋划布局，以建设京津双核驱动的世界级城市群搭设平台，加快结构升级。加快高端装备、新能源汽车、智能机器人、3D打印、大数据等新技术、新模式、新业态、新产业的发展，积极推进钢铁、石化、轻纺等传统产业的改造提升，将多个产业共同设计，协调推进。推动工业发展由要素驱动向创新驱动转变，以建设国家自主创新示范区为龙头，加大推进科技创新力度，以市场为导向、产学研相结合，攻克一批关键核心技术，实现"天津制造"和"天津创造"的双层驱动。

天津要依托天津港的区位优势，加强北方国际航运中心建设，及时从以中转型和加工增值型港口为基础的初级阶段过渡到以资源配置型港口为基础的高级阶段，明确环渤海国际航运资源配置中心的功能定位。以整合港口资源、提升资源配置能力、对接国家战略、促进地区经济发展、强化软件建设、实现功能全面升级为基本发展路径，在继续完善天津港枢纽港功能的同时，配合国家经济发展战略，重点打造高端航运服务业，充分发挥国际航运中心对国民经济发展的促进作用。

（三）积极促进石家庄第三极建设

石家庄应充分发挥河北省会城市的功能和比较优势，积极融入京津冀协同发展的国家大战略，抢抓发展机遇，承接京津科技、教育、医疗、物联网、金融等第三产业功能疏解来促进一体化协同发展，加快建设成为全省的政治中心、经济中心、科技中心、金融中心、文化中心和商贸物流中心。要持续扩大与京津高等院校和科研院所的合作，以各种方式积极引进京津的技术和人才，推动企业建立研发中心，由产学研结合推动制造业集群发展。结合交通优势，规划形成东南西北层次分明、布局合理、畅通高效的能源、商贸等综合货运枢纽体系；重点发展生物医药领域支柱产业，依托河北医科大学及其附属医院的独特优势，加强与国家、省部级重点实验室的合作，提升医药产业科技支撑和创新能力，打造全国最具影响力的高端生物医药产业基地；依托现有的文化创意产业项目和石家庄国际动漫节，吸引腾讯、美团、阿里巴巴等网络巨头落户，打造中国北方网络产业中心和动漫产业基地；做大做强北斗卫星导航、航空航天、网络运营中心等新兴产业的研发、建设和应用，刺激相关配套产业发展，打造完整产业链，争创国家战略性新兴产业示范基地；高水平建设中国（河北）自由贸易试验区正定片区，把正定片区建设成为航空产业开放发展聚集区、生物医药产业开放创新引领区、综合物流枢纽。

六、京津冀经济中心建设的对策建议

（一）完善区域合作机制

由于京津冀城市群地跨三个不同的行政区，因此首先要构建和完善区域整体高层协调机制、企业跨地区转移的利益协调机制、区域生态补偿机制、产学研合作机制等，定期对区域内产业结构调整、基础设施共建及生态环境治理等战略性的合作问题进行深入协商，共建区域统一市场体系，消除壁垒，扩大开放，创造平等有序的竞争环境，推动生产要素的自由流动，促进产业合理分工。
建立区域公共资源统一配置机制，对区域内土地资源、水资源等公共资源进行统一规划，统一开发和统一管理，使区域公共资源在合理利用的基础上取得更大效益。构建区域性公共基础设施互联互通机制，按照"谁受益、谁投资"的原则，统筹规划建设区域路网及水电气管网等基础设施；以大气污染联防联治、流域治理、水资源保护及扩大生态空间为重点，统一三省（直辖市）生态环境规划、标准、监测、执法体系，搭建区域性循环经济技术、市场、产品服务平台；探索建立京津冀区域统一的金融投资、产权交易、技术研发、创业就业政策，完善共建共享、协作配套机制，鼓励三省（直辖市）按一定比例共同出资建立协同发展基金；构建区域市场一体化的有效管理体制，充分发挥市场在区域利益调节中的决定性作用，弱化区域利益调节中的行政干预手段，共建区域性商品市场和要素市场体系，建立促进相应的区际贸易和要素市场自由流动的监督管理体制，以市场一体化为核心来推动京津冀协同发展。

（二）统筹区域产业发展

充分考虑产业发展和社会、自然的和谐统一，以区域产业整体效应最优为着眼点，在一个整体空间范围内科学、合理地引导产业集聚，以期实现最大的综合效益。按照"功能互补、区域联动、轴向集聚、节点支撑"的布局思路，形成城市群内部真正意义上的合理分工局面。根据产业区位选择原理和产业集聚规律，引导不同类型的产业在京津冀区域合理布局，避免各自配套和重复建设。

京津冀三地规划应与区域总体规划衔接，坚决克服产业同质化现象，避免京津冀各地间的无序竞争。尽快制定京津冀产业协同发展指导目录，各自按照目录合理分工、招商引资，制定产业承接和疏解指导意见；建立科学合理的跨省市投资、产业转移对接、园区共建、科技成果落地等项目的收益分配体制；研究制定京津冀协同发展产业转移对接企业税收收入分享办法；建立健全农产品产供销一体化和以销定产机制，打造京津冀农业科技创新高地和农业信息化高地。

（三）加快交通一体化建设

铁路、高速公路和高速铁路的建设缩短了交通沿线城市与中心城市的时间距离。随着城市群内城际列车的开通和频率的增强，依托中心城市的集聚效应，通过推动周边城市升级和产业功能提升，能有效提升各个周边新城的承接能力，通过中心人口、产业向周边新城的拓展，进而提升外围城市的收入水平，有助于实现沿高速铁路"点—轴—面"的不断扩散。

交通一体化是实现京津冀协同发展的基础条件，着眼于京津冀城市群的整体空间布局，适应疏解北京非首都功能和产业升级转移的需要，按照一体化的要求，构建起以轨道交通为骨干的多节点、网格化、全覆盖的交通网络，有效提升城市群内部各城市资源要素的整合，也可以促进沿线主要交通节点城镇化的开展，形成新的工业城镇，进一步提升河北沿交通干线的发展能力。加快建设京津冀轨道交通网络，构建便捷的物流网络和京津冀生活圈，促进京津冀人员的交流与往来。推进京津冀港口群的错位发展和分工发展。依托天津港的航运规模，大力发展与航运相关的金融业与专业服务业，推进天津北方国际航运中心功能的提升。推进河北港口与天津港的合理分工，不断优化完善各个港口的集疏运系统，加强津冀沿海港口规划与建设的协同，优化配置港口资源，避免重复建设。要完善北京、天津与石家庄三大国际机场的集疏运网络，构建三省（直辖市）航空枢纽协作机制，促进区域机场优势互补、协调发展。

（四）建立共享公用区域科技创新体系

充分发挥北京、天津的高校、科研院所与高端人才资源众多的优势，建立京津冀共享的区域科技创新体系，为引领产业结构由价值链低端向中高端升级提供坚实的技术支撑。建设雄安新区、中关村国家自主创新示范区、天津滨海新区等特色鲜明的研究开发和产业化基地，促进科技成果向河北周边地区扩散，形成开放式、国际化、创新型的研发－转化－科技服务基地和全国技术交易中心。

推进技术市场一体化建设，完善科技成果转化和交易信息服务平台，建立健全技术交易市场，完善信息共享、标准统一的技术交易服务体系。积极推进京津冀城市群内部科技创新资源和成果开放共享，推进科技创新资源在京津冀三地的共享共用。围绕产业升级转移、污染防治、节能减排、水资源安全等重点领域，联合开展一系列关键技术研究与示范应用，共享研发成果。依托京津科技创新资源和人才优势，建立京津冀城市群内部人力资源合理流动的体制机制，通过联合培养，培训提升城市群内部各城市的科技人才水平。依托首都地位和京津冀城市群的规模效应，积极引进国外高端科研资源，通过引进国外技术，提升自身的发展能力。

本章参考文献

[1] 艾洪德,徐明圣,郭凯. 我国区域金融发展与区域经济增长关系的实证分析 [J]. 财经问题研究, 2004 (7): 27 – 28.

[2] 冯玥,王如渊. 东北地区与三大经济中心金融发展水平比较 [J]. 统计与决策, 2007 (3): 112 – 113.

[3] 高玲玲. 中心城市与区域经济增长:理论与实证 [J]. 经济问题探索, 2015 (1): 76 – 81.

[4] 何利. 中原城市群经济引力空间格局研究 [J]. 技术经济与管理研究, 2017 (3): 119 – 122.

[5] 江曼琦. 首都经济圈与天津北方经济中心建设 [J]. 天津师范大学学报(社会科学版), 2013 (1): 7 – 12.

[6] 李国平等. 面向世界城市的北京发展趋势研究 [M]. 北京:科学出版社, 2015.

[7] 刘建朝,高素英. 基于城市联系强度与城市流的京津冀城市群空间联系研究 [J]. 地域研究与开发, 2013 (2): 57 – 61.

[8] 鲁金萍,杨振武,孙久文. 京津冀城市群经济联系测度研究 [J]. 城市发展研究, 2015 (1): 5 – 10.

[9] 申现杰. 中国世界级城市群形成研究 [D]. 北京:中国人民大学, 2016.

[10] 孙久文,罗标强. 基于修正引力模型的京津冀城市经济联系研究 [J]. 经济问题探索, 2016 (8): 71 – 75.

[11] 屠启宇等. 金字塔尖的城市:国际大都市发展报告 [M]. 上海:上海人民出版社, 2007.

[12] 文魁,祝尔娟. 京津冀发展报告(2014):城市群空间优化与质量提升 [M]. 北京:社会科学文献出版社, 2014.

[13] 吴良亚. 区域中心城市核心竞争力的评价体系及其政策因应 [J]. 改革, 2010 (4): 73 – 77.

[14] 谢高地,张彪,鲁春霞等. 北京城市扩张的资源环境效应 [J]. 资源科学, 2015, 37 (6): 1108 – 1114.

[15] 许莎莎. 北京市金融集聚及其外部效应研究 [D]. 北京:北京交通大学, 2016.

[16] 姚士谋，汤茂林，陈爽等．区域与城市发展论（第2版）[M]．合肥：中国科学技术大学出版社，2009．

[17] 张思锋，郭怀星，姜红星．基于主成分分析方法的陕西中心城市综合发展水平研究 [J]．经济体制改革，2006（3）：96–100．

第七章
优化北京的辐射带动能力

国际经验表明,世界级城市群在形成发展过程中,十分重视发挥核心城市的辐射带动作用,促使城市群形成合理的功能分工格局。京津冀地区要建设世界级城市群,也要发挥好北京的辐射带动作用,高质量推动非首都功能疏解,增强文化中心地位,打造科技创新高地,提升政务保障能力,优化国际交往环境,强化要素调控功能,优化北京城市副中心的经济功能,将北京建设成为具有广泛和重要国际影响力的全球中心城市。

一、不同空间尺度下的北京功能

世界城市网络研究者认为,20世纪70年代以来,随着全球贸易自由化进程,多国公司逐渐确立了其经济全球化主要组织载体的地位,国家决策权逐渐向城市分散,国家作为独立经济单元的重要性下降,国际竞争日渐被具体化为以城市为核心的区域间竞争;城市作为经济单元的重要性迅速上升,成为全球治理体系中的重要行动者。作为全球经济的组织节点,世界城市按其在全球生产过程中的作用与地位的不同而构成具有一定经济控制能力和社会经济联系的网络体系(马学广、李贵才,2012)。北京作为中国的首都,既属于区域性全球城市,也属于国内超大城市,在北京市域、京津冀、全国和全球四个不同空间尺度下,北京作为"城"与"都",其承担的功能存在差异(见图7-1)。

在市域层面,北京作为超大城市,着重要满足居民对美好生活的需求,为居民提供优质、便捷、高效的生活服务和宜居的生活环境。同时,北京要保证一定速度的经济增长,确保政府财政收入持续增长,为提高城市发展质量、人居环境质量和人民生活品质提供物质保障。

第七章 优化北京的辐射带动能力

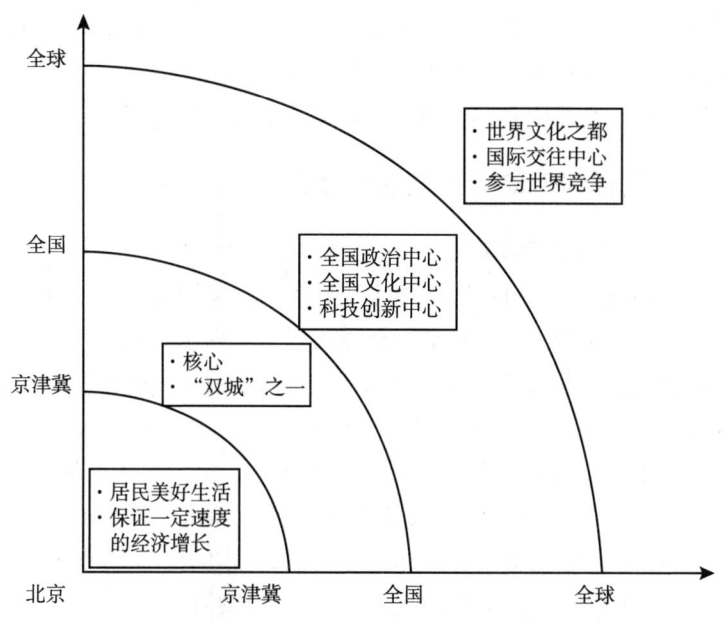

图 7-1 不同空间尺度下的北京功能

资料来源：本书作者设计。

在京津冀区域层面，北京是京津冀协同发展的核心，也是京津冀协同发展的"双引擎"之一。作为"一核"，要重点调整疏解北京非首都功能，优化提升首都核心功能，解决北京"大城市病"。其中，优化提升首都核心功能，需要在科技创新和文化两个领域进行。作为"双引擎"之一，要进一步强化京津双城联动，贯彻落实京津双城的职能分工，全方位拓展京津合作的广度和深度，加快实现同城化发展，共同发挥高端引领和辐射带动作用。

在全国层面，北京作为首都，是伟大祖国的象征，是全国各族人民向往的地方。北京要充分发挥全国政治中心、文化中心和科技创新中心功能，强化凝聚示范引领和辐射带动作用。

在全球层面，北京作为首都，是向全世界展示中国的重要窗口。北京要充分发挥文化中心和国际交往中心功能，打造世界文化之都和国际交往中心，展示首都国际形象，参与全球竞争，提升国际影响力。

二、北京辐射带动能力的现状与问题

基于北京市域、京津冀、全国和全球四个不同空间尺度下的北京功能差异,鉴于京津冀地区要打造以北京为核心的世界级城市群,本章在京津冀、全国和全球视角下,分析北京在疏解非首都功能、全国政治中心、文化中心、科技创新中心、国际交往中心等领域辐射带动能力的现状与问题。

(一)北京辐射带动能力的现状特征

1. 疏解非首都功能有序推进

(1)加快推进北京城市副中心建设。北京城市副中心位于通州区潞城镇,规划范围155平方千米,加上拓展区覆盖通州全区约906平方千米。北京城市副中心是调整优化北京城市空间格局的重大举措,也是疏解非首都功能的一项标志性工程,是推动京津冀协同发展的重要抓手。2019年以来,北京陆续公布了多个城市副中心在多规合一方面的工作成果,包括总体规划、专项规划、控制性详细规划、规划设计导则以及区域规划、镇域规划等在内的一系列规划,设立了城市副中心管委会。城市副中心以行政办公、商务服务、文化旅游为主导功能,形成配套完善的城市综合功能。2019年1月,北京市级行政中心正式迁入北京城市副中心,行政办公区二期工程启动。城市绿心完成533.3公顷绿化造林主体栽植,剧院、图书馆、博物馆三大文化设施开工建设。副中心站综合交通枢纽、东六环路入地改造等项目实现开工,7号线东延、八通线南延建成通车。环球主题公园一期建设进入设施安装阶段。制订了副中心老城双修与更新三年行动计划,分类推进老旧小区规范管理和综合改造。北京大学人民医院通州院区基本建成,黄城根小学通州校区、北京学校小学部开班招生。扎实推进与廊坊北三县协同发展,燕潮大桥建成通车,52个合作项目进展顺利。

(2)积极打造功能承接平台。加强政府支持引导,充分发挥市场机制作用,推动重点功能承接平台规划建设,增强对非首都功能的承接作用。明确京津冀三地"2+4+46"功能承接重点平台,包括北京城市副中心和河北雄安新区两个集中承载地,曹妃甸协同发展示范区、北京大兴国际机场机场临空经济区、张承生态功能区、天津滨海新区四大战略合作功能区及46个专业化、特色化承接平台,重点功能承接平台的集聚效应和示范作用逐步显现(见表7-1)。

表7-1 京津冀产业转移承接重点平台

平台类型		平台名称	承接产业类型
集中承载地（2个）		北京城市副中心	行政办公、高端商务、文化旅游等主导产业，金融创新、互联网产业、高端服务业等重点产业
		河北雄安新区	科技创新、科技金融、普惠金融、互联网金融、绿色金融等高端高新产业
战略合作功能区（4个）		曹妃甸协同发展示范区	钢铁深加工、石油化工、装备制造、新能源部件等高端制造业，金融、贸易、信息等生产性服务业
		北京大兴国际机场临空经济区	科技研发、跨境电子商务、金融服务等知识密集型、资本密集型的高端服务业，电子信息、先进制造等高新高端产业
		张承生态功能区	健康、体育、文化、旅游休闲、商务博览、数据存储等生态友好型产业
		天津滨海新区	信息技术等战略性新兴产业，精细石油化工、高端装备制造等产业
产业转移承接平台（46个）	协同创新平台（15个）	武清京津产业新城、未来科技城京津合作示范区、武清国家大学创新园区、邯郸冀南新区、邢台邢东新区、石家庄正定新区、保定-中关村创新中心、白洋淀科技城、宝坻京津中关村科技城、曹妃甸循环经济示范区、中关村科技园海淀园秦皇岛分园、北戴河生命产业创新示范区、霸州经济开发区、衡水滨湖新区、清河经济开发区	打造京津交通沿线科技研发转化、高新技术产业发展带，推进节能环保等创新资源；打造沿海产业带，支持天津建设产业创新中心和现代化研发成果转化基地；支持河北创建国家科技成果转移转化试验区
	现代制造业平台（20个）	廊坊经济技术开发区、北京亦庄永清高新技术产业开发区、天津经济技术开发区、天津滨海新区临空产业区、天津华明东丽湖片区、天津北辰高端装备制造园、天津津南海河教育园高教园、沧州渤海新区、沧州经济开发区、天津西青南站科技商务区、保定高新技术产业开发区、石家庄高新技术开发区、石家庄经济技术开发区、邯郸经济技术开发区、邢台经济技术开发区、唐山高新技术产业开发区、秦皇岛经济技术开发区、京津州科技产业园、固安经济开发区、衡水工业新区	京津方向引导电子信息、高端装备、航空航天、现代化工、生物医药、现代种业等产业转移承接；京保石方向引导汽车、生物医药、高端装备、电子信息、新材料等产业转移承接；京唐秦方向引导精品钢铁、成套重型设备、海洋工程装备、现代石油化工、汽车及零部件、生物医药、港口物流、优质农副产品加工等产业转移承接；京九方向引导食品加工、绿色食品、纺织服装、高端装备、航空航天等产业转移承接

续表

平台类型		平台名称	承接产业类型
产业转移承接平台（46个）	服务业平台（8个）	保定市白沟新城、廊坊市永清临港经济保税商贸园区、石家庄市乐城·国际贸易城、沧州市明珠商贸城、香河万通商贸物流城、邢台邢东产城融合示范区、静海团泊健康产业园、燕达国际健康城	服装、小商品、农产品等批发零售业，仓储物流业，健康养老等新型服务业
	农业合作平台（3个）	涿州国家农业高新技术产业开发区、京张坝上蔬菜生产基地、京承农业合作生产基地	原料生产、精深加工、回收利用等产业，农业高新技术产业

资料来源：北京市人民政府，天津市人民政府，河北省人民政府. 关于加强京津冀产业转移承接重点平台建设的意见［Z］.2017.

（3）加紧制定实施疏解政策意见。围绕有序疏解北京非首都功能、解决北京"大城市病"问题，研究制定了疏解北京非首都功能控增量、疏存量相关政策意见。并于2014年出台了《北京市新增产业的禁止和限制目录》，对20个产业门类中的产业大类的增量和存量提出了具体管理和限制措施，之后又两次进行修订，2018年颁布了最新版的禁限目录。研究制定了市域内项目审批规定，统一中央和地方项目审批标准，推动建立审批联动机制。出台健全非首都功能产业疏解配套政策意见，集成开展六大方面政策制定。严格执行非居民用气、用热、用水、用电等分区域差别化价格政策。落实京津冀产业转移对接企业税收收入分享办法，实施疏解功能产业税收支持政策，涉及减免税费11种。三地联合印发了《关于加强京津冀产业转移承接重点平台建设的意见》，引导非首都功能产业精准转移、集聚发展，打造优势产业集聚区。从保障中央政务功能、补充完善国家文化设施，预留重要国事活动空间、抓好"留白见绿"、更好履行"四个服务"职责和提升城市人居环境，制定非首都功能疏解腾退空间管理和使用的意见，推动建立分区分类管控机制。

（4）有序推进疏解示范项目。坚持控增量和疏存量相结合，严格执行2018年版新增产业的禁止和限制目录，加强中央和地方联动，采取市场化、法治化手段，推动一般性制造业、区域性物流基地和区域性批发市场、部分教育和医疗机构、部分行政性和事业性服务机构等有序向外疏解。2019年，退出一般制造业企业399家，疏解提升市场和物流中心66个，拆除违法建设腾退土地5706公顷，新生违建、地下空间违规住人、"散乱污"企业、占道经营等基本实现动态清零。北京口腔医院等8所医院开始建设新院区，北京电影学院等5所市属高校新校区加快建设，公共服务资源配置更加均衡。首都功能核心区背街小巷环境整治提升三年行动任务顺利收官，1255条街巷通过市级达标验收。"留白增绿"完成绿化1686公顷，建成城市休闲公园24处、城市森林21处、小微绿地和口袋公园60处，建成区公园绿地500米服务半径覆盖率达到83%。实施便民店建设提升三年行动计划，精准补建便民商业网点1190个。"回（龙观）天（通苑）地区"三年行动计划取得阶段性成效，回龙观至上地自行车专用路开通运行，中国人民大学附属中学昌平学校、清华大学附属小学天通苑校区开始招生，回龙观体育文化公园北区等3处文体设施投入使用。[①]

（5）北京市人口调控成效初显。北京市不断完善人口调控机制，制定实施居住证制度和积分落户管理办法，落实以业控人、以房管人、以证管人等措施，严格控制人口增长。2017年以来，北京集中组织开展了疏解整治促提升专项行动，把疏解功能与拆除违法建设、整治"开墙打洞"等城市管理措施结合起来，突出重点区域，落点落图推进。在专项行动的带动下，2019年末，北京市常住人口2153.6万人，比上年末减少0.6万人，为连续第三年下降。

2. 城市实力逐步提升

2008年以来，北京的城市实力逐步提升，国际影响力逐步增强。2008~2019年，伦敦、纽约、东京、巴黎的全球城市发展指数（GPCI）排名稳居前4位，北京的GPCI排名由第28位波动上升至第24位。在48个全球城市中，2019年北京的经济指数排名第三，仅次于纽约和伦敦；研发指数排名第13位，次于纽约、伦敦、东京、巴黎、新加坡、首尔等全球城市；文化交流指数排名第15位，次于伦敦、纽约、巴黎、东京、新加坡、柏林等全球城市；交通便捷性指数排名第14位，次于巴黎、伦敦、上海、纽约、香港、东京等全球城市；居住指数排名第43位；环境指数排名第47位（见表7-2）。

表7-2　　　　2019年全球城市发展指数（GPCI）排名

城市	全球城市发展指数排名						
	总排名	经济	研发	文化交流	居住	环境	交通便捷性
伦敦	1	2	2	1	9	22	2
纽约	2	1	1	2	31	27	3

---

① 陈吉宁. 政府工作报告 [Z]. 2020.

续表

城市	全球城市发展指数排名						
	总排名	经济	研发	文化交流	居住	环境	交通便捷性
东京	3	4	3	4	11	23	8
巴黎	4	21	9	3	1	24	1
新加坡	5	6	11	5	37	16	10
阿姆斯特丹	6	12	19	16	2	14	6
首尔	7	22	5	9	34	34	11
柏林	8	29	15	7	5	13	21
香港	9	9	10	13	42	35	21
悉尼	10	8	16	23	20	5	34
北京	24	3	13	15	43	47	14

资料来源：http://mori-m-foundation.or.jp/english/ius2/gpci2/index.shtml。

3. 文化竞争力处于全国前列

2017年9月，中共中央、国务院正式批复《北京城市总体规划（2016年—2035年）》，总体规划从北京城市总体布局和建设发展的战略高度规划首都文化建设和发展。总体规划提出，到2020年，全国文化中心地位要得到进一步增强，市民素质和城市文明程度要得到显著的提高；到2035年，把北京建设成为文化自信和多元包容魅力彰显的世界文化名城；到2050年，要把北京建设成为弘扬中华文明与引领时代潮流的世界文脉标志。新版北京总体规划对推进全国文化中心建设具有指导性、深远性、全局性和战略性作用，标志着北京全国文化中心建设进入新时代。

《北京文化发展报告（2018~2019）》研究分析表明，在2018年相关指数排名中，北京全球城市指数排名第九，全球城市综合实力排名中位居第22位，在"文化交流"全球城市指数排名中位居第七；在中国城市整体格局中，北京的城市综合竞争力排在香港、深圳、上海之后，位居第四，在城市创意指数、创新创业指数、城市影响力指数均处于全国第一，说明北京的城市整体竞争力处于全国前列；在中国内地一线城市中，北京的城市文化竞争力、文化影响力、形象传播影响力、文化创意和新文化创新活力均位居第一，这说明作为全国文化中心的北京具有坚实的实力和竞争力，也表明其全国文化中心的地位得到了进一步巩固和提升。总体而言，北京的文化建设发展处于全国领先地位,但作为一国的文化中心和国际交往中心,与世界城市仍有一定差距,提高北京文化的世界竞争力和国际影响力仍然是未来文化建设发展的重要任务。

4. 科技创新能力逐步增强

国际经验表明,创新能力正成为全球城市发展的新动力。2010 年以来,北京科技创新能力逐步增强。根据澳大利亚咨询机构 2Thinknow 公布的 2019 年全球"创新城市"指数报告,纽约取代东京成为全球最具创新力的城市,北京居全球第 26 名(见表 7-3)。

表 7-3　　　　　　　　2010~2019 年全球城市创新能力排名

城市	2010 年	2017 年	2018 年	2019 年
伦敦	14	1	2	3
纽约	5	2	4	1
东京	20	3	1	2
巴黎	2	9	9	6
新加坡	31	7	6	5
北京	53	30	37	26

资料来源:http://www.innovation-cities.com/。

北京的自主创新能力显著增强。2019 年北京研发投入强度达到 6%,位居全球领先水平。2019 年专利申请量与授权量分别为 22.6 万件和 13.2 万件,分别比上年增长 7.1% 和 6.7%;其中,发明专利申请量与授权量分别为 13 万件和 5.3 万件,分别增长 10.4% 和 13.1%;年末拥有有效发明专利 28.4 万件,增长 17.8%;全年共签订各类技术合同 83171 项,增长 0.8%;技术合同成交总额 5695.3 亿元,增长 14.9%。

(二)北京辐射带动能力存在的问题

1. 非首都功能疏解质量有待提升

(1)存在假疏解现象。部分公共服务机构借功能疏解的机会,在外省市或京郊建立分院、分校,但并没有腾退北京市内部用地,变相"圈地",既阻碍了有序疏解的进程,又没有实现疏解目的。

（2）利益协调机制不健全。北京非首都功能疏解涉及各区政府、中央企业、市属国企和集体农民的利益，缺乏健全的利益协调机制。一方面，在腾退大红门、"动批"等批发市场后，政府财政收入相对减少；另一方面，集体建设用地腾退之后会导致村民分红收益减少，引起潜在的社会纠纷和矛盾，增加疏解的困难。

（3）思想观念有待进一步转变。当前，北京面临新常态下经济增长规律性放缓的压力，完成年度预期经济增长目标的任务艰巨，对经济增长降速的短期忧虑一定程度上妨碍了非首都功能疏解长期任务的实施，"疏解"与"稳增长"的矛盾性大于统一性。要确保"稳增长"目标下非首都功能疏解任务的实现，应以协调平衡两者关系为着力点，打破招商引资、聚集资源和要素的传统发展模式，树立减量发展倒逼提质增效的新观念。

（4）统筹协调机制尚未建立。在北京产业疏解过程中，疏解主体之间、疏解主体内部各自为营，尚未建立协调统一的统筹机制。以中关村科技园为例，总园与其他16个区的分园均分别在津冀两省市合作建园，科技园区规划建设比较分散，缺乏统筹，存在同质化竞争的现象。

2. 文化发展质量和水平有待提高

纽约、巴黎、伦敦、东京等全球城市均将文化产业发展作为未来战略的重点，制定相关战略和政策引导提升城市文化软实力（见表7-4）。2004年以来，伦敦先后推出4份文化战略的纲领性文件，提出伦敦要建设成为"世界卓越的国际创意与文化中心"。纽约城市规划提出"城市复兴与纽约的中产化"，其中一个目标是要建立文化之都。东京也提出以文化作为都市魅力和活力源泉（上海市人民政府发展研究中心，2016）。

《北京文化发展报告（2018~2019）》研究表明，在2018年全球城市文化交流指数排名中北京位居第7位，和"全球城市"伦敦、纽约、巴黎、东京相比尚有较大差距。北京文化发展质量和水平还有待进一步提高，具有强大影响力的旗舰媒体和骨干文化企业尚未形成，具有核心竞争力的大型跨国公司还比较缺乏，体现首都水准和北京特色的文化精品力作还不够多，公共文化服务的整体效能发挥还不充分，北京历史文化名城的国际影响力和文化辐射力还不够强，制约文化发展的体制机制障碍还未完全破除。

表7-4　　　　　　　　　　四大全球城市文化产业发展概况

项目	纽约	巴黎	伦敦	东京
城市文化的发展特征	(1) 文化多元化 (2) 版权保护制度完善 (3) 高雅艺术与通俗文化的共生融合	(1) 凝萃文化灵魂——时尚 (2) 文化与旅游融合发展 (3) 民众在文化发展中的高参与度 (4) 形成文化产业同心圆格局[1]	(1) 创意产业经济贡献显著 (2) 拥有广告、电影、广播、出版、音乐和时尚等多个世界级中心 (3) 文化产业布局与分工明确 (4) 率先推进文化领域的数字技术应用	(1) 动漫行业的主导地位突出 (2) 文化产业空间格局合理 (3) 打造健康、宜居的城市软环境
文化发展的重要举措	(1) 切实提供政策保障 (2) 空前强大的教育基础设施 (3) 强大的慈善机构和金融团体 (4) 系统完整的城市价值链	(1) 重视文化遗产和民族文化特色保护 (2) 重视文化基础设施建设 (3) 发挥文化产业惠及市民的公共服务职能 (4) 包容非主流文化，引入新的文化元素	(1) 注重顶层设计，发布文化政策推动创意产业发展 (2) 产业界、学术界与金融界合作促进科技成果转化	(1) 确定"文化立国"战略 (2) 注重城市空间结构规划，形成具有特色的市中心区 (3) 实施"酷日本计划"，促进文化产业出口

注：[1] 巴黎的文化产业链可划分为三个同心圆似的圈层，核心圈层是广播电视、音乐、出版印刷等为主的文化产业；中间圈层是文化创意产业，包括建筑、广告、创意设计、摄影、表演艺术、服装等产业；最外围是相关产业，包括文化遗产、画廊、博物馆、旅游业和通信信息产业。

资料来源：作者整理。

3. 对津冀的科技辐射带动能力较弱

北京技术输出流向以服务京津冀、长江经济带、粤港澳大湾区等国家战略和落实"一带一路"倡议为主，但对津冀的技术辐射带动能力较弱。2018年，北京流向津冀技术合同4867项，成交额227.4亿元，增长11.8%；流向长江经济带各省（直辖市）技术合同20198项，成交额1526.0亿元，比上年增长50.9%，占北京流向外省（直辖市）的50.6%；流向粤港澳大湾区技术合同4412项，成交额528.9亿元，增长38.5%；流向"一带一路"18个国内沿线省（自治区、直辖市）技术合同24715项，成交额1504.5亿元，增长33.6%。北京流向长江经济带和"一带一路"沿线的技术合同分别是流向津冀技术合同数量的4.15倍和5.08倍（见表7-5）。

表7-5　　　　　　　　　　2018年北京技术输出的区域分配

区域	天津和河北	长江经济带[1]	粤港澳大湾区[2]	一带一路[3]
技术合同（项）	4867	20198	4412	24715
成交额（亿元）	227.4	1526.0	528.9	1504.5

注：[1]长江经济带包括上海、重庆、江苏、湖北、浙江、四川、湖南、江西、安徽、云南和贵州11个省份；[2]粤港澳大湾区包括香港特别行政区、澳门特别行政区和广东省广州市、深圳市、珠海市、佛山市、惠州市、东莞市、中山市、江门市和肇庆市；[3]"一带一路"沿线包括18个省（自治区、直辖市）：陕西、甘肃、青海、宁夏、新疆、重庆、上海、云南、广西、浙江、广东、福建、海南、内蒙古、黑龙江、吉林、辽宁和西藏。

资料来源：根据《2018北京技术市场统计年报》整理而得。

三、优化提升北京辐射带动能力的重点任务①

（一）深入推进非首都功能疏解

坚持央地联动、疏控并举、市场主导、政府引导，坚持质量与数量并重、疏解与提升一体、转移与承接同步，完善疏解配套政策，健全激励约束机制，推进形成"大疏解"格局，确保非首都功能疏解和人口调减持续取得新成效。严格执行新增产业禁限目录，从严治理企业超登记范围经营，确保禁限项目"零准入"。制定实施《北京市范围内项目审批暂行规定》，明确分区域、分领域投资项目审批标准，完善中央和地方审批联动机制。

进一步完善分领域疏解方案，配合国家制定的疏解单位目录，深入开展疏解整治促提升专项行动。以城市环境和秩序整治为工作重点，加快推进拆违"场清地净"，严控新生违建，推进"留白增绿"，增设便民设施，加快建筑垃圾清理，完善街巷长制，改善环境、补齐短板、提升功能，打造一批精品街区、胡同等和谐宜居示范区，增强人民群众获得感。首都功能核心区一般制造业和区域性批发市场全部清零。

（二）有效推动北京减量发展

综合运用行政、法治化、市场化手段，分类施策、多措并举、标本兼治，引导企业转移、压减过剩产能、淘汰落后产能，倒逼经济发展方式转变，旨在用较少资源与合理结构支撑经济社会可持续发展，实现高质量发展。

---

① 这一部分较多引用了《北京城市总体规划》（2016年—2035年），以及北京市人民政府和河北省人民政府（2017）《关于共同推进河北雄安新区规划建设战略合作协议》，文中不再一一注明。

（1）通过制造业转移带动部分服务业和人口转移。对北京而言，产业的转移重点应该是"基本活动"中的制造业。通过制造业的转移，可以带动为其服务的生产性服务业的转移；其次，制造业的转移也会带动一部分人口的转移，随之为其服务的生活性服务业也会转移，进而达到减量发展的要求（见图7-2）。

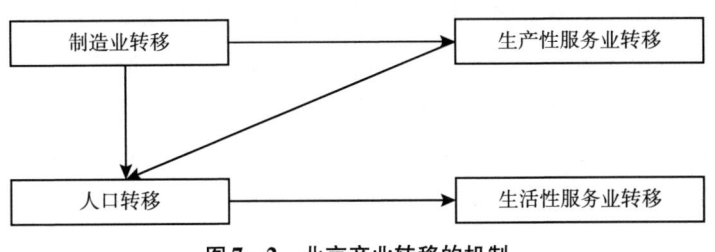

图7-2 北京产业转移的机制

资料来源：本书作者设计。

（2）依法依规倒逼落后产能加快退出。对于一些落后产能，逐步提高环保、能耗、水耗、安全、质量、技术标准，加强财税、金融、价格、土地等政策的协调配合，通过严格审批核准、严控新增融资、实施差别化水价电价等举措，依法依规倒逼其尽快退出。对工艺装备落后、产品质量不合格及污染物排放不达标的项目，重点跟踪加快淘汰。持续抓好重点行业违法违规行为专项整治，对不达标企业、设备和生产线限期整改，在规定期限内仍未达到要求的，依法依规予以关停。

（3）推进产能合作共赢。以京津冀协同发展为基础，面向全国和全世界开放协作。科学调整产业布局，引导产业转型转产、环保搬迁和梯度转移，支持企业跨地区跨所有制兼并重组，优化技术路线和产品结构，在京津冀区域内形成分工合理、优势互补、错位发展的特色经济。另一方面，北京已在全国建立产业异地配套、成果异地转化、服务异地外包等区域产业协作网络（叶振宇、叶素云，2015），应充分利用现有的产业区域协作网络使不同区域联动，共同承接北京优质产业的转出。

（三）增强文化中心地位

借鉴纽约、巴黎、伦敦、东京等全球城市的文化产业发展经验，提升文化中心的辐射带动作用，北京需要从重视文化遗产和民族文化特色保护、建设国际一流的高品质文化设施、打造京津冀文化创意产业链、构建京津冀文化传播共同体等角度入手，形成涵盖各区、辐射京津冀、服务全国、面向世界的文化中心发展格局。

1. 对北京历史文化名城实行"积极保护"与"整体创造"

北京旧城"整体保护"的原则必须坚持,特别是北京旧城的整体布局所形成的完美秩序,虽已遭破坏但原则不能放弃。过去的建筑保护往往就建筑论建筑,对维护整体性的措施(如高度分区、轮廓线、建筑体量等的控制等)虽逐渐有所认识,但措施多不具体,且无法约束。而且北京真正列入保护名单的建筑数量并不是很多,即使得到了保护也是沧海一粟。加之已有的控制性详细规划并不完善,因此,要强调"整体保护"原则,更宜重申"积极保护""有机更新",即对历史建筑及其地区的周边建筑与环境也应当积极建立缓冲区、过渡区等,保持北京特色的规划设计整体性(吴良镛、吴唯佳等,2012)。

专栏 7-1

北京中心城区的三类风貌区

北京中心城区形成古都风貌区、风貌控制区、风貌引导区三类风貌区。

(1) 古都风貌区。二环路以内,实行最为严格的建筑风貌管控,严格控制区域内建筑高度、体量、色彩与第五立面等各项要素,逐步拆除或改造与古都风貌不协调的建筑,实现对老城风貌格局的整体保护。

(2) 风貌控制区。二环路与三环路之间,按照与古都风貌协调呼应的要求,细化区域内对建筑高度、体量、立面的管控要求,加强对传统建筑文化内涵的现代表达。

(3) 风貌引导区。三环路以外,处理好继承和发展的关系,充分吸收传统建筑元素,鼓励采用现代建筑设计手法与材料,展现具有创新精神的时代特征和首都特色。

资料来源:北京市人民政府. 北京城市总体规划(2016年—2035年)[Z]. 2017.

要进一步深化北京历史文化名城保护策略,在积极保护的前提下强调"整体创造"① 的原则。北京旧城现在仅剩下 1/3,新建筑杂乱,宜在旧城区历史

---

① "整体创造"是 1851~1870 年法国豪斯曼巴黎改造、西班牙 Cerda 1859 年巴塞罗那扩建规划的城市设计,以及统一后的德国柏林改建规划中反映出来的构成城市特色的有效原则。它旨在对城市设计的整体性进行再创造,在历史文物建筑的周边通过对新建筑的协调统筹,力求新旧建筑的完整性,确保历史城市的文化精神代代传承(吴良镛、吴唯佳等,2012)。

形成的"完整秩序"基础上，总结新的设计原则，从而使北京的城市设计重新回归整体性的传统，从多方面重建首都"体形秩序"。要建立规范化、全方位的古都风貌保护政策法规执行机制，以有效维护政策法规的权威。加强文物、规划、市政、住建、公安、城管、法院等部门的联动执法机制，对破坏文物、违法拆除、私搭乱建、违法占用等行为通力查处（金良浚，2017）。

2. 重视文化遗产和民族文化特色保护

（1）建立历史文化名城保护体系。2014年2月，习近平同志在视察北京时指出："北京是世界著名古都，丰富的历史文化遗产是一张金名片，传承保护好这份宝贵的历史文化遗产是首都的职责。"《北京城市总体规划（2016年—2035年）》中也提出："更加精心保护好北京历史文化遗产这张中华文明的金名片，构建涵盖老城、中心城区、市域和京津冀的历史文化名城保护体系。"构建历史文化名城保护体系，既要保护代表皇家美学的明清皇城，又要保护象征百姓情怀的老胡同和四合院；要启动名人故居的腾退修缮工作，做到应保尽保；加强对中轴线、朝阜路沿线文物修缮和环境的整治力度，推进六大遗址片区、古城垣保护区、传统村落保护区中的文物保护及整体风貌保护和展示，稳步推进长城文化带、西山永定河文化带和大运河文化带的保护工作。做好历史文化名园腾退工作，统筹古建筑保护与历史文化资源的挖掘利用，推进衍生产品和旅游项目的综合开发。鼓励和支持社会各界参与旧城保护和名人故居、坛庙、胡同、四合院、会馆、历史宗教建筑、工业遗产等历史文化资源的修缮保护与合理利用。要健全文物法制，完善相关法律体系，加大执法力度，强化公民文物保护意识；推动跨区域的旅游服务建设，加强京津冀之间乃至京津冀与国际之间的交流互动，利用北京旅游资源带动津冀两地旅游业的发展。

（2）继承非物质文化遗产，弘扬中国传统文化。充分利用京津冀地区积累形成的传统技艺、传统美术、传统医药、民俗、文学、音乐等非物质文化遗产，积极推进非物质文化遗产的再传承。通过文化产业化的方法开发文创产品，发展相关连带产业，创造社会和经济价值。实施中华典籍整理工程，推进文化典籍资源数字化。开展优秀传统文化普及活动，挖掘和展示中华传统节日的文化内涵，推动在国民教育中增加优秀传统文化课程内容。整合博物馆资源，重点在城郊新建综合功能区及人口密集区域建设大型博物馆及博物馆群，在条件具备的乡镇（街道）、行政村（社区），加大乡村博物馆、社区博物馆建设力度，推动智慧型博物馆建设，完善全市博物馆布局。提高文化保护科技水平和安全防护能力，加强文物标准化工作。加强红色文化、革命文化遗产的保护与传承，加强对非物质文化遗产的保护、挖掘、传承和利用，提高保护传承水平。完善非物质文化遗产代表性项目及代表性传承人名录体系，建立健全非物质文化遗产保护、传承、监督检查机制。提高非物质文化遗产产品的生产创作设计水平，丰富民间民俗文化活动载体，建设一批民间文化艺术之乡和国家级文化生态保护区，保护扶持一批乡村民间传统文艺团体。加强少数民族特色文化保护。加强京津冀三地历史文化遗产的挖掘利用，形成共同保护机制，培育具有京津冀特色的文化品牌。加强与港澳台地区的文化交流（北京市人民政府，2016）。

（3）高水平建设重大功能性文化设施。以两轴为统领，完善重大功能性文化设施布局。深入挖掘核心区文化内涵，扩大金名片影响力。推进体现京津冀历史文化遗产精粹的文化带建设。协同实施历史文化遗产景观廊道、生态文化保护精品、现代文化功能区等区域重大文化工程。发挥中关村国家级文化和科技融合示范基地、国家文化产业创新实验区、国家对外文化贸易基地（北京）、中国（怀柔）影视产业示范区、2019中国北京世界园艺博览会、北京环球主题公园及度假区等文化功能区的示范引领作用，形成分工合理、各具特色的文化功能区空间发展布局。加强国家级标志性文化设施和院团建设，培育世界一流文艺院团，形成具有国际影响力的文化品牌。通过国际交流展现极具中国特色的传统文化，让世界感受到中国文化的丰富内涵。

3. 打造京津冀文化创意产业链

（1）激发北京文化创意产业创新创造活力。聚焦文化生产前端，鼓励创意、创作与创造，建设创意北京，使北京成为传统文化元素和现代时尚符号汇聚融合的时尚创意之都。优化提升文化艺术、新闻出版、广播影视等传统优势行业，发展壮大设计服务、广告会展、艺术品交易等创意交易行业，积极培育文化科技融合产业。健全文化市场体系，加大知识产权保护力度。推进文化创意和设计服务与高端制造、商务服务、信息、旅游、农业、体育、金融、教育服务产业等领域融合发展，打造北京设计、北京创造品牌。

（2）加强京津冀文化创意产业链分工协作。北京聚焦文化生产前端，鼓励津冀发展相关配套产业，形成一个集生产、服务、消费于一体的复合式文化创意产业链，由单一消费向多元消费转变。建设跨区域的合作机制，发挥京津冀距离优势，统筹推进"三个文化带"[①]建设，实现文化遗产成片保护；鼓励影视外景基地、文化艺术品交易功能区的批发集散等环节转移到更具比较优势的地方，达到地区间优势互补、资源共享，充分利用北京辐射带动和示范引领

---

① 指永定河西山文化带、长城文化带、大运河文化带。

效果，推动提升文化创意氛围，提高文化创意产业的核心竞争力，积极参与国际竞争。

4. 构建京津冀文化传播共同体

建设京畿文化圈，形成彰显大国首都文化形象的文化网络体系。与天津、河北等地签订合作协议，建立图书馆、文化馆、博物馆等公共文化服务联盟，推动三地公共文化服务、文化交流、文化产业等方面的协同发展，借助与河北共同筹办2022年北京冬奥会和冬残奥会的机会，建设高水平、高质量的场馆和基础设施，提供具有中国特色的配套设施，树立中华文化形象，打造一批展现中国文化自信和首都文化魅力的文化品牌。充分运用数字传媒、移动互联等科技手段，在京津冀地区构建立体、高效、覆盖面广、功能强大的国际传播网络，讲好中国故事，传播好中华文化，不断扩大文化竞争力、传播力和影响力。

（四）打造科技创新高地

提升北京科技创新中心的辐射带动能力，需要强化北京科技创新的高端引领作用，加快构建京津冀协同创新共同体，引领服务全国创新发展，努力打造全球科技创新中心。

1. 强化北京科技创新的高端引领作用

充分发挥北京高端人才集聚、科技基础雄厚的创新优势，统筹利用好各方面科技创新资源，积极协同央地科技资源，深入实施军民融合发展战略，完善创新体系，优化提升首都创新功能。

（1）突出"三城一区"①的科技创新空间格局。坚持提升中关村国家自主创新示范区的创新引领辐射能力，规划建设好中关村科学城、怀柔科学城、未来科学城、创新型产业集群和"中国制造2025"创新引领示范区，形成以"三城一区"为重点，辐射带动多园优化发展的科技创新中心空间格局。加强原始创新和重大技术创新，发挥对全球新技术、新经济、新业态的引领作用；以创新型产业集群和"中国制造2025"创新引领示范区为平台，促进科技创新成果转化。

（2）加强原始创新和基础前沿研究。发挥北京科教资源优势，加强与国家科技计划（专项、基金等）衔接，统筹布局重点领域原始创新，加快建设量子信息科学研究院、脑科学与类脑研究中心，积极推动网络空间安全、物质科学、空间科学等领域国家实验室和重大任务在北京布局。推动国家重大科技

---

① 指中关村科学城、怀柔科学城、未来科学城和北京经济技术开发区。

基础设施落地建设，围绕国家应用基础研究领域部署，加强对信息科学、基础材料、生物医学与人类健康、农业生物遗传、环境系统与控制、能源等领域的支撑，取得一批具有全球影响力的重大基础研究成果，引领国际产业发展方向。

（3）加强高水准研究能力建设。一是坚持高起点、高标准，建设结构合理的创新人才团队，造就一批具有国际影响力的科学大师和以青年科学家为带头人的优秀研究群体。在全球范围内吸引一批能够承接重大任务、取得尖端成果、做出卓越贡献、形成塔尖效应的顶尖人才和团队。二是建设世界一流高等学校和科研院所。推进新兴交叉学科建设，促进基础学科与应用学科、自然科学与人文社会科学交叉融合，积极推动网络数据科学、量子信息学、生物医学、纳米科学与技术、核科学与技术、航空宇航科学与技术、生物信息学等学科发展与完善，加快世界一流高等学校和科研院所建设。三是深化科教融合、产教融合，支持在京高校"双一流"建设，开展人才培养、科学研究，推进成果转化落地取得重要突破。与自然科学基金会共同选点布局，联合资助建设高水平基础科学中心。

（4）打造京津冀创新发展战略高地。聚焦"三城一区"建设，打造全国科技创新中心主平台和北京经济发展新高地。大力支持雄安新区中关村科技园、天津滨海-中关村科技园等科技园区建设，全面推广首都科技平台合作站和北京技术市场服务平台合作模式，为京津冀三地企业、科研机构提供联合研发、测试检测、技术转移等服务。

2. 加快构建京津冀协同创新共同体

（1）整合区域创新资源，打造京津冀创新发展战略高地。加强宏观指导和政策支持，结合产业链布局需要，培育具有产学研协同特征的科技企业集团，推进其在京津冀地区联动发展。以创新为纽带，促进区域产业链条贯通。突出北京（中关村）的创新产业引领地位，重点培育河北雄安新区及天津滨海新区、石家庄、保定等高新技术产业集群和创新型产业集群。

（2）完善协同创新体制机制，推动科技创新政策互动，建立统一的区域技术交易市场，实现科技资源要素互联互通。建立健全科技创新成果转化引导和激励机制，辐射带动京津冀产业梯度转移和转型升级。发挥北京的科技创新资源优势，推动区域内实验室、科学装置、试验场所的开放共享，构筑三地"政产学研用"一体的创新生态环境。完善"一站一台"①服务机制，推动三

---

① 指首都科技条件平台河北合作站和北京技术交易市场河北服务平台。

地建立相互衔接的创新券政策，促进创新资源共享和成果转移转化。在汽车、生物医药等领域试点建设联合实验室，促进三地协同创新。

（3）建设协同创新平台载体。围绕钢铁产业优化升级共建协同创新研究院，围绕大众创业万众创新共建科技孵化中心，围绕新技术新产品向技术标准转化共建国家技术标准创新基地，围绕首都创新成果转化共建科技成果转化基地等。聚焦"2+4+46"功能承接平台，更加注重区域优化布局和产业链上下游协同，推动形成联动发展的园区链。

（4）实施协同创新工程。围绕生态环境建设、新能源开发应用、废弃资源利用等重点领域开展联合攻关，围绕钢铁、建材等传统产业转型发展共同开展创新试点，围绕工业设计、科技服务、文化创意等领域共同组织新技术应用示范等。

（5）发挥中关村国家自主创新示范区主要载体作用。强化中关村战略性新兴产业策源地的地位，提升制度创新和科技创新引领功能，建设国家科技金融创新中心。加强"一区十六园"① 统筹协同，促进各分园高端化、特色化、差异化发展。延伸创新链、产业链和园区链，引领构建京津冀协同创新共同体。

3. 引领服务全国创新发展

发挥北京全国科技创新中心的辐射引领作用，搭建跨区域创新合作网络，加强与其他地区的科技创新合作。与上海、江苏、浙江、安徽等长江中下游省市重点推进基础研究和战略高技术领域合作；与广东、福建等东南沿海省份重点推进产业关键技术、创新创业等领域合作；与东北地区、中西部地区等重点推进技术转移、成果转化、产业转型升级等方面合作；加强与港澳台全方位科技交流合作。建立跨区域科技资源服务平台，推动科技人才、科研条件、金融资本、科技成果服务全国创新发展。围绕"一带一路"建设实施科技创新行动，加快国际高端创新资源汇聚流动，使其成为全球创新网络的重要枢纽。

4. 努力打造全球科技创新中心

从全球层面而言，北京要努力打造成为全球科技创新中心，需要具备全球原始创新策源地、新型产业的战略高地、世界创新文化的传播中心和全球创新资源的配置中枢四大功能。

---

① "一区"即中关村国家自主创新示范区；"十六园"即东城园、西城园、朝阳园、海淀园、丰台园、石景山园、门头沟园、房山园、通州园、顺义园、大兴-亦庄园、昌平园、平谷园、怀柔园、密云园、延庆园。

（1）成为全球原始创新策源地。北京要集聚大量世界级的科技型企业、跨国公司和风险投资公司，在知识创新的基础上产生大量新技术、新产品，并通过产品创新、市场创新和管理创新带动世界产业变革。掌握一批前沿科学研究成果和关键核心技术，涌现出一批具有国际影响力的重大科技创新成果，在众多领域达到世界领先水平。

（2）成为新兴产业的战略高地。企业作为技术创新的主体，北京要培育形成一批行业创新引擎企业和跨国公司，科技创业活跃，新的企业、新兴产业和新型业态不断涌现。科技成果与商业模式创新融合发展，战略性新兴产业和高科技产业成为经济发展的主导力量。研发服务、科技服务等知识密集型服务业充分发展。

（3）成为世界创新文化的传播中心。促进北京形成全社会创新创业意识强烈、文化氛围浓郁，形成有利于创新的社会制度。跨国性重大科技创新活动频繁，经常举办全球科技创新论坛，拥有国际一流科技期刊，具有引领全球的科学理念、产业文化和商业氛围。

（4）成为全球创新资源的配置中枢。北京要努力成为高层次科技创新人才、国内外高端研发机构和世界知名高水平大学集聚地，拥有国际一流的创新基础设施和公共平台，全球创新资本汇聚，科技金融有机融合。国际技术交易发达，形成多层次、多渠道、多方式的国内外科技合作和交流格局，具有利用全球科技创新资源的综合能力和多元渠道。

（五）提升政务保障能力

政治中心建设依托首都功能核心区和中心城区，为中央党政军领导机关提供优质服务，全力维护首都政治安全，保障国家政务活动安全、高效、有序运行。（1）要加强建筑高度控制。严格管控高层建筑审批，提升安全保障水平。（2）为中央和国家机关优化布局提供条件。有序推动核心区内市级党政机关和市属行政事业单位疏解，并带动其他非首都功能疏解。结合功能重组与传统平房区保护更新，完善工作生活配套设施，提高中央党政军领导机关服务保障水平。（3）加强综合整治。完成重点片区疏解和环境整治，优化调整用地功能，提升景观质量，创造安全、整洁、有序的政务环境。（4）以更大范围的空间布局支撑国家政务活动。首都功能核心区要推动被占用文物的腾退和功能疏解，结合历史经典建筑及园林绿地腾退、修缮和综合整治，为国事外交活动提供更多具有优美环境和文化品位的场所。海淀玉泉山片区要优化环境，打造成为服务保障中央政务功能的重要地区。

(六)优化国际交往环境

国际交往中心建设要着眼承担重大外交外事活动的重要舞台,服务国家开放大局,持续优化为国际交往服务的软硬件环境。

(1) 优化九类国际交往功能的空间布局。规划建设好重大外交外事活动区、国际会议会展区、国际体育文化交流区、国际交通枢纽、外国驻华使馆区、国际商务金融功能区、国际科技文化交流区、国际旅游区、国际组织集聚区等。

(2) 加强国际交往重点功能区建设。包括首都功能核心区、北京商务中心区和使馆区、朝阳区东部和北部地区、奥林匹克中心区、大兴区、怀柔雁栖湖等功能区,服务国家对外交往。朝阳区东部、北部地区应强化国际交往功能,建设成为国际一流的商务中心区、国际科技文化体育交流区、各类国际化社区的承载地;规范和完善多样化、国际化的城市服务功能,展现良好的对外开放形象;完善奥林匹克中心区国际交往、国家体育文化功能,依托奥林匹克森林公园、北部森林公园等增加生态空间。随着北京大兴国际机场的投运,大兴区正在成为首都国际交往的新门户。以北京商务中心区、使馆区为重点,提升国际商务、文化、国际交往功能。怀柔以燕栖湖为中心,打造服务国家对外交往的生态发展示范区。

(3) 增加国际交往平台。积极与国外城市缔结友好城市,发挥友好城市在贯彻执行国际外交政策、促进城市友好交流方面的独特作用。积极吸纳国际组织机构或有影响力的民间机构落户,积极吸引跨国公司区域总部、办事处、代表处等国际商业机构入驻,提升北京的国际影响力。

(4) 丰富国际交往活动。纽约、华盛顿等国际交往中心城市的经验表明,频繁且稳定的外交访问和友好往来活动有助于提升城市在国际交往舞台的重要位置。同时,举办大型国际会议数量是国际公认的现代国际交流的重要渠道和高级形式。2019 年度国际协会会议市场数统计显示,美国和德国分别以 934 场和 714 场牢牢占据榜单前 2 名,第 3 名法国与德国的差距高达 119 场,而中国则以 539 场位居第 7。在城市排名中,法国巴黎以 237 场会议位居首位;中国香港、北京、上海分别以 91 场、91 场和 87 场分别位列第 22 名、第 23 名和第 27 名。因此,北京要积极承接举办大型国际会议,提高举办大型国际会议的数量。

（七）强化资源整合配置功能

《北京城市总体规划（2016年—2035年）》指出，到2050年北京要建设成为具有广泛和重要国际影响力的全球中心城市。一般而言，全球城市具有四个主要特征，分别是世界经济组织高度集中的控制中心、金融机构和专业服务公司的主要集聚地、高新技术产业的生产和研发基地、产品和创新的市场。其中，全球城市的经济控制功能取决于其对全球资源的整合配置能力，这种控制能力主要源于集聚于其中的跨国公司总部。

（1）努力打造成跨国公司总部集聚地。北京要通过大力发展跨国公司、吸引国际组织设立区域总部、运营中心等，提高北京在全球资金流、信息流、商业流网络体系中的位势，使北京在全球要素资源配置中取得更大的主导权和影响力，着力打造全球资源配置的战略节点和区域枢纽。

（2）着力打造资源整合配置的北京商务中心区和金融街等重点功能区。北京商务中心区是国际金融功能和现代服务业集聚地，首都现代化和国际化大都市风貌的集中展现区域。应构建产业协同发展体系，加强信息化基础设施建设，提供国际水准的公共服务。金融街集中了国家金融政策、货币政策的管理部门和监管机构，集聚了大量金融机构总部，是国家金融管理中心。应促进金融街发展与历史文化名城保护、城市功能提升的有机结合，完善商务、生活、文化等配套服务设施，增强区域高端金融要素资源承载力。加强对金融街周边疏解腾退空间资源的有效配置，进一步优化金融聚集功能。

（八）优化提升北京城市副中心的综合功能

《北京城市总体规划（2016年—2035年）》指出，北京城市副中心作为北京"两翼"中的一"翼"，要着力打造成国际一流的和谐宜居之都示范区、新型城镇化示范区和京津冀区域协同发展示范区。推动北京城市副中心发展，一方面要提升城市的经济、环境、社会等方面的综合承载力；另一方面要通过完善城市综合功能和构建现代产业体系，提高城市的吸纳能力。

（1）提升北京城市副中心综合承载力，有效吸引北京非首都功能疏解。北京城市副中心的人口规模和开发强度要与其综合承载力相适应。未来应着力提高副中心的社会、环境和经济三大承载力，增强其承接各种要素的能力，使其成为中心城区非首都功能疏解的主要空间载体。提升副中心的社会承载力，应主要关注制度、文化、基础设施建设与公共服务供给等方面，要改善副中心的制度环境，增强其制度包容性；深入挖掘副中心的文化内涵，尤其是大运河文化，推动有特色的城市文化建设；加强副中心基础设施建设，提高公共服务供给水平。集约利用土地资源，节约利用水资源，提高能源利用效率，保护生态环境。通过采用资源节约和环境友好技术，避免和防止对资源的过度开发、低效开发和破坏性行为，同时发展副中心绿化美化系统，尤其重视居住区的绿化建设，提高副中心的宜居水平，完善区域发展环境，提升副中心的环境承载力。通过引入高端产业和促进原有产业的高端化发展，加快产业结构调整，促进产业转型升级，同时合理布局产业，扩大副中心的经济规模，提高产业生产效率，构建现代化产业发展体系，加强经济发展的可持续性。此外，在提升副中心综合承载力的过程中应注意社会、环境和经济三大承载力之间的相互协调性，促进副中心社会效益、生态环境效益和经济效益的有机统一。

（2）构建与北京城市副中心相匹配的产业发展体系。支撑城市副中心定位，要积极构建与之相匹配的产业发展体系。一要做大产业发展总体规模，达到与城市副中心定位相匹配的产业能级。二是围绕通州区产业发展定位，努力打造金融商务、文化旅游、新兴产业三大产业集群。三是不断调优产业结构，以提升第三产业比重为目标，城市副中心未来应重点发展金融、商务服务、文化旅游、现代商贸物流、高品质生活性服务业、科技创新及技术服务业六大产业，积极培育总部经济，促进副中心产业持续发展（中国社会科学院农村发展研究所，2017）。四是完善产业布局，积极推进运河商务区、宋庄文化创意产业集聚区、北京环球主题公园及度假区等的协调发展。五是强化与三河市、大厂县和香河县的产业协同发展，按照比较优势原则，合理确定各自产业定位，积极推进要素跨界流动和资源整合，率先突破京津冀协同发展的体制机制障碍，实现多方协同共赢发展（肖金成等，2017）。

（3）加快要素流动，促进产城融合。在产城融合的过程中，要促进中心城区、副中心及周边地区的要素流动，注重产业与城市融合发展。副中心的建设一方面要注重产业与人口聚集协同发展，要科学合理地确定主导产业，通过主导产业带动相关产业发展，从而促进人口快速集聚；加快发展现代服务业，促进传统产业升级和新兴产业发展，提供更多高质量的就业机会。另一方面要注重配套设施建设，满足就业人口的生活需要，完善各项生活配套体系，让副中心更加宜居，避免出现"堵城""睡城""空城"等现象。

（4）完善北京城市副中心综合功能。富有特色的多样化职能定位是增强北京城市副中心发展活力的关键，城市副中心的功能定位应以其自身的基本条件为基础，寻找发展机会，探索发展可能，明确其在较大的区域范围中承担的职能及所处的地位，与传统中心城区的功能定位形成错位，实现副中心经济、社会的全面发展。根据《北京城市总体规划（2016年—2035年）》的要求，尽快构建"一带、一轴、多组团"的城市空间结构，沿生态文明带布置运河商务区、北京城市副中心交通枢纽地区、城市绿心三个功能节点；在创新发展轴周围形成宋庄文化创意产业集聚区、行政办公区、城市绿心、北京环球主题公园及度假区四个功能节点。紧紧围绕对接中心城区功能和人口疏解，发挥对疏解非首都功能的示范带动作用，促进行政功能与其他城市功能有机结合，以行政办公、商务服务、文化旅游为主导功能，形成配套完善的城市综合功能。

（九）全力支持河北雄安新区建设

雄安新区作为北京非首都功能疏解集中承载地，与北京城市副中心形成北京新的"两翼"，要建设成为绿色生态宜居新城区、创新驱动发展引领区、协调发展示范区、开放发展先行区，努力打造贯彻落实新发展理念的创新发展示范区。北京市要统筹全市优质资源，推进全方位协同合作，全力支持河北雄安新区建设。

（1）鼓励在京企业向雄安新区转移。鼓励有意愿的在京企业有序向雄安新区转移发展，支持北京市属国有企业在市政基础设施、城市运行保障等领域为雄安新区开发建设、城市管理提供服务。支持北京市属金融机构在雄安新区设立分支机构，发展科技金融、普惠金融、互联网金融和绿色金融，为新区建设发展提供综合金融服务。发挥"北京服务"品牌影响力，推动北京高端服务业向雄安新区延伸转移。

（2）推进（北）京雄（安）综合交通网络直联直通。北京要与河北通力协作，把雄安新区打造成为京津冀交通一体化的重要节点，加快北京市与雄安新区之间的城际铁路、高速公路等交通基础设施规划建设。加快（北）京雄（安）铁路、（北）京石（家庄）城际、固（安）保（定）城际等轨道交通线路建设。

（3）建立环境准入退出机制一体化。深化区域大气污染联防联控协作，健全完善空气重污染预警会商和应急联动机制，开展大气污染协同治理。建立统一的能耗、水耗、污染物排放限值标准，形成一体化的环境准入和退出机制。共同推进京津保造林绿化工程建设，打造京津保生态过渡带森林和湿地群。规划建设区域生态绿色廊道。共同推进大清河流域综合治理，促进白洋淀水资源保护和水环境改善，构建蓝绿交织、清新明亮、水城共融的生态城市。

（4）共建雄安中关村科技园。支持中关村国家自主创新示范区与雄安新区合作共建雄安新区中关村科技园，打造高水平创新创业载体，形成联动发展的科技创新园区链。北京要积极支持雄安新区引进科技领军人才和创新团队，共同争取将中关村国家自主创新示范区政策向雄安新区延伸覆盖。双方共同设立雄安新区创新创业子基金，共同争取科技部国家科技成果转化引导基金支持，搭建科技金融合作平台。

（5）推动优质公共服务资源落地雄安新区。北京要推动优质教育、医疗卫生等资源向雄安新区布局发展，提升雄安新区公共服务水平，营造良好人居环境，有效吸引北京非首都功能和人口转移。推进中小学、幼儿园、医院等一批优质公共服务项目通过"交钥匙"的方式率先落地，通过托管、组建联合体、组团支援等方式再推进一批现有存量资源提升雄安新区服务水平。

（6）加强（北）京雄（安）人才交流。依托京冀"双百"互派干部挂职机制[1]，建立常态化人才交流合作平台，结合雄安新区需求，适时安排北京市有关部门干部和专业技术人才到新区挂职或任职，为雄安新区规划建设和发展提供智力支持和人才支撑。安排雄安新区管理人员来京培训学习，提升其管理服务能力。加强人才市场合作，支持双方人力资源资格互认和自由流动。

四、优化提升北京辐射带动能力的配套政策[2]

（一）加大资金保障力度

充分发挥市区两级财政资金、政府引导基金、政府投资平台等的引导、带动和放大作用，撬动社会投资，支持国家科技重大专项在北京落地，保障北京市级重大项目建设。充分利用京津冀三省（直辖市）现有对工业、科技等领域的资金支持政策，优先支持符合条件的产业升级转移项目。积极运用政府和社会资本合作（PPP）等模式，助推高新技术项目和产业升级转移领域PPP项目落地。鼓励和引导金融机构开发创新融资业务，丰富融资渠道，降低融资成本，充分发挥资本市场作用，发展贷款、保险、财政风险补偿捆绑的专利权质押融资新模式，降低高新技术企业融资成本。

---

[1] 为落实《京津冀协同发展规划纲要》，2015年开始，北京与河北启动互派干部挂职工作，连续5年每年轮换一批挂职干部，首批两地各选派100名。

[2] 这一部分较多引用了北京市人民政府（2017）《北京市加快技术创新发展新一代信息技术产业的指导意见》和国土资源部、发展改革委、科技部等（2015）《关于支持新产业新业态发展促进大众创业万众创新用地政策的意见》，文中不再一一注明。

（二）强化人才资源支撑

深入实施"海聚工程""高聚工程""科技北京百名领军人才""科技新星"等人才计划，健全人才引进、培养、激励机制。支持企业采用灵活的"双聘"制度，吸引海外科研人才、国内科研人才与其合作。建立健全专业型人才和复合型人才的培养、培训体系，支持高校围绕新一代信息技术产业、集成电路产业、医药健康产业、智能装备产业、节能环保产业、新能源智能汽车产业、新材料产业、人工智能产业、软件和信息服务业、文化创意产业前沿领域设立相关学科，加强科研院所与企业合作，打造人才培育和发展平台。推动科技服务和文化服务国际化人才培训基地建设，与国际知名机构联合开展人才培养。鼓励通过举办具有国际影响力的竞赛等方式选拔人才。鼓励企业开展多种形式的人员培训，培养一批优秀专业技术人才。

（三）加强土地供应保障

落实非首都功能疏解腾退空间管理和使用相关政策。针对不同业态和用地性质，根据国家政策明确"利用存量工业房产发展生产性服务业以及兴办创客空间、创新工场等众创空间的，可在5年内继续按原用途和土地权利类型使用土地，5年期满或涉及转让需办理相关用地手续的，可按新用途、新权利类型、市场价，以协议方式办理"。要落实5年过渡期政策，尽快制定过渡期实施细则。探索腾退空间土地混合使用模式，制定相关引导措施和实施细则。对列入京津冀协同发展产业升级转移规划的建设项目，在国家下达的用地计划指标中优先安排，不足部分上报自然资源部统筹安排。探索工业用地先租后让以及弹性年期出让制度。

（四）提高城市精细化管理水平

继续将网格化管理作为城市精细化管理的基础，探索"大城区、小片区"的城市管理模式，赋予各片区相应的权利，下沉管理权限和资源。健全精细管理长效机制，推进城市环境治理更加精准全面，强化对街巷胡同、社区、城乡接合部的环境治理。借鉴上海经验，研究制定发布《北京市一刻钟社区生活圈规划导则》，包括打造多样化的舒适住宅、提供更多的就近就业空间，营造低碳安全的出行条件，提供类型丰富便捷可达的社区服务，塑造绿色开放活力宜人的公共空间，建设美好和谐幸福家园。健全智慧服务管理机制，运用互联网、大数据、云计算等新一代信息技术，将北京市及各区的工商、质监、房管、税务等专网和市区联动业务系统接入数据中心，建立数据信息"市区联动、全区共享"和"一次采集、多次多方利用"机制。

（五）做好监测分析

完善文化创意服务业、科技服务业统计监测指标体系，加强统计和监测。按照国家统计分类标准，开展测算方法研究，准确把握行业发展现状。加强与智库机构的合作，开展文化创意服务业、科技服务业发展新技术、新模式、新趋势研究分析。

本章参考文献

［1］北京市人民政府．北京城市总体规划（2016 年—2035 年）［Z］．2017．

［2］北京市人民政府．北京市"十三五"时期加强全国文化中心建设规划［R］．2016．

［3］北京市人民政府．北京市加快技术创新发展新一代信息技术产业的指导意见［Z］．2017．

［4］北京市人民政府，河北省人民政府．关于共同推进河北雄安新区规划建设战略合作协议［Z］．2017．

［5］北京市人民政府，天津市人民政府，河北省人民政府．关于加强京津冀产业转移承接重点平台建设的意见［Z］．2017．

［6］国土资源部，发展改革委，科技部等．关于支持新产业新业态发展促进大众创业万众创新用地政策的意见［Z］．2015．

［7］金良浚．北京古都风貌保护机制研究［J］．当代北京研究，2017（2）：61-70．

［8］李建盛．北京文化发展报告（2017~2018）［M］．北京：社会科学文献出版社，2018．

［9］马学广，李贵才．世界城市网络研究方法论［J］．地理科学进展，2012，31（2）：255-263．

［10］上海市人民政府发展研究中心．上海2050：崛起中的全球城市［M］．上海：格致出版社，上海人民出版社，2016．

［11］上海市人民政府发展研究中心．上海2050：面向未来30年的上海发展战略研究平行报告［M］．上海：格致出版社，上海人民出版社，2016．

［12］吴良镛，吴唯佳等．"北京2049"空间发展战略研究［M］．北京：清华大学出版社，2012：34．

［13］肖金成，申现杰，马燕坤等．京津冀世界级城市群发展研究［R］．亚洲开发银行技术援助项目 TA-9042 分报告之一，2017．

［14］叶振宇，叶素云．北京市产业对外疏解的现实思考［J］．城市，2015（1）：20-25．

[15] 张少军, 刘志彪. 全球价值链与全球城市网络的交融 [J]. 经济学家, 2012, (6): 33-41.

[16] 中国社会科学院农村发展研究所. 立足更大尺度空间, 统筹城市副中心产业发展的有关思路研究 [R]. 2017.

第八章
畅通北京、天津与河北的要素流通渠道

京津冀建设世界级城市群建设需要分几步走,并设定相应的阶段性目标,其核心是处理好北京与周边其他城市之间的结构性关系,这种结构性关系的变化决定了京津冀协同发展的程度,进而影响京津冀建设世界级城市群的进度。

一、京津冀要素流动的交通基础

京津冀协同发展战略提出之前,由于缺乏统一的规划和协调,交通等基础设施建设各自为政,造成了区域内各城市在发展支撑力上的差异性越来越明显,阻滞了城市间产业和人口的梯度转移。很早就纳入规划的(天)津保(定)高速铁路直到2015年12月底才通车就是明显的例证。"十二五"时期以来,京津冀重大交通基础设施加快建设,交通基础设施条件大幅度改善,逐步形成了以渤海西岸港口为龙头、铁路为骨干、公路为基础、航空运输相配合、管道输送相辅助的综合交通运输网络体系。截至2018年底,京津冀区域铁路营业里程达到0.98万千米,基本形成了"十放射、一纵、五横"的铁路干线网格局;公路通车总里程达到23.18万千米,其中高速公路达到0.97万千米,基本构成了"九放射、四纵、八横、一滨海"的公路干道网格局(见表8-1)。

表8-1　　　　　　　　2018年京津冀运输线路长度

地区	运输线路长度(千米)		
	铁路	公路	高速公路
北京	1264	22256	1115
天津	1153	16257	1262

续表

地区	运输线路长度（千米）		
	铁路	公路	高速公路
河北	7362	193252	7280
京津冀合计	9779	231765	9657

资料来源：根据《中国统计年鉴（2019）》整理。

2014年以来，"轨道上的京津冀"加速形成，部分高速公路、港口、机场、客运专线和城际铁路等项目顺利推进。2014年成立了京津冀城际铁路投资公司，（北）京昆（明）高速公路河北涞水－北京段建成通车，（北）京沈（阳）客运专线、张（家口）承（德）高速公路等项目加快实施；2015年《京津冀城际铁路网规划》上报国家有关部门，京津城际延长线、（天）津保（定）城际铁路、张（家口）唐（山）铁路、（北）京昆（明）高速公路北京段建成通车；2016年（北）京秦（皇岛）客运专线天津段、北京大外环建成通车，（北）京唐（山）城际铁路开工建设。目前，（北）京沈（阳）、（北）京霸（州）、石（家庄）济（南）、呼（和浩特）张（家口）、（北）京张（家口）、大（同）张（家口）铁路均已开通运营。京津冀已初步建起了综合立体交通网，区域内快速铁路覆盖（除承德外）所有地级及以上城市，形成了相邻城市间"1.5小时交通圈"。2020年，轨道上的京津冀初步建成，形成以"四纵四横一环"运输通道的区域交通新格局（多节点、网格状），京津冀及周边地区铁路货运量较2017年增长40%。[①]

与此同时，京津冀城市群城市间客运专线及动车互开班次大幅增加，交通便利化程度大幅提高，显著强化了城市间的经济联系。该区域城市间的客运专线及动车线路主要集中在东部沿海和南部平原地区，京九铁路、京沪铁路和京广铁路沿线的地级及以上城市均已实现高铁及动车通车，截至2020年8月地处北部山区的承德还未实现客运专线及动车通车（见表8-2）。从空间分布来看，客运专线及动车班次主要集中在北京与周边城市之间，如北京与天津、石家庄、张家口、保定、沧州之间的高铁及动车班次较多；随着京石客运专线的竣工，与邢台、邯郸两城市间的班次有了大幅增加，从而加强了北京与冀南城市之间的联系（肖金成等，2017）。京津冀地区交通基础设施条件的完善，为

[①] https://www.360kuai.com/pc/942140879d1d56e34?cota=4&kuai_so=1&tj_url=so_rec&sign=360_57c3bbd1&refer_scene=so_1.

提高区域经济运行效率，提高中小城市的可达性，促进区域城镇的多中心发展，提供了有力支撑。

表8-2　　　　　京津冀城市群客运专线及动车班次　　　　　单位：班次

目的	出发												
	北京	天津	石家庄	唐山	秦皇岛	邯郸	邢台	保定	沧州	廊坊	张家口	衡水	承德
北京	—	161	88	16	17	22	16	44	34	15	41	2	0
天津	160	—	28	41	37	16	11	24	21	9	0	0	0
石家庄	86	28	—	16	16	49	34	68	0	0	0	21	0
唐山	18	41	16	—	38	9	6	14	5	4	0	0	0
秦皇岛	15	38	16	38	—	9	6	14	5	3	0	0	0
邯郸	33	16	60	8	8	—	30	33	0	0	0	5	0
邢台	24	10	43	6	6	10	—	28	0	0	0	4	0
保定	49	21	66	15	15	26	20	—	0	0	0	0	0
沧州	27	20	0	9	8	0	0	0	—	5	0	0	0
廊坊	19	6	0	1	1	0	0	0	4	—	0	0	0
张家口	39	0	0	0	0	0	0	0	0	0	—	0	0
衡水	3	0	22	0	0	2	4	0	0	0	0	—	0
承德	0	0	0	0	0	0	0	0	0	0	0	0	—

资料来源：根据中国铁路客户服务中心（http://www.12306.cn/mormhweb/）的相关内容整理，时间选取点是2020年8月2日。

二、北京、天津与河北要素流动的主要障碍

当前，京津冀协同发展中存在的问题，很多都与要素流动不畅有关。一方面，在有形的空间组织尤其是交通组织上，以北京为单核的星状放射结构，使得北京集聚了过多的非首都功能；另一方面，在无形的制度架构上，由于区域治理结构的不完善，导致了市场分割与公共服务的巨大差距，使得京津冀三地之间缺乏良好的产业协作。

（一）交通组织不合理

北京作为首都，在区域交通发展中一贯强化面向全国的中心枢纽地位，铁路、高速公路均体现以北京为中心的放射状布局，而外围城市间通道联络线不足，在给北京带来沉重压力的同时，导致了京津冀区域交通服务的不均衡。区

域航空客货运资源高度集中于北京,而天津、石家庄航空发展难以支撑中心城市功能提升(全波、陈莎,2016)。

1. 以北京为单核的区域运输格局,使得北京枢纽压力沉重与区域交通服务不均衡现象并存

区域高等级客货运枢纽均集中于北京中心城区,引致了大量过境交通和区域转换交通,并推动一般性制造业、区域性物流基地、区域性专业市场等"非首都功能"集聚,给北京城市交通、城市规模控制、生态环境造成不利影响。与此同时,区域城市间互联互通性不强,天津、石家庄等中心城市面向区域的网络不完善,北京、天津、石家庄三地枢纽功能存在巨大落差。京津冀协同发展将推进区域之间、城际之间、城乡之间客货运输需求的规模、结构发生巨大变化,以北京为中心的区域联系需求显著增长,未来北京枢纽将面临更大压力。结合国内外城市群经验,预测全区域人均出行次数将由目前的26.3次/年增长至2030年的46次/年左右;全社会客运量将较现状增长75%以上,至2030年达50亿人次/年以上。2015年,北京与区域其他城市间的交通流量占区域内总交通流量的51%,未来仍将保持在45%以上的比例(铁道第三勘察设计院,2015)。

区域各城市对接北京的通道需求强烈,近期将形成北京至周边区域12条放射状高速公路(不含北京至大兴国际机场高速),这一数目已远超发达国家首都(放射高速公路同样发达的伦敦为9条)。北京骨干路网系统已难以承纳更多高速公路的接入,以北京为中心的区域高速公路组织模式亟需调整。在铁路方面,北京枢纽规划形成10条铁路干线、4条客运专线(京沪、京广、京沈、京九)、4条城际铁路(京津、京张、京唐秦、京石)的放射线布局。一方面,放射状铁路线路数量仍远不及伦敦的27条,伴随区域一体化发展,未来城际铁路、市郊铁路仍有增添需求,北京枢纽面临更大的组织压力;另一方面,亟需依托区域外移各方向客运专线间的跨线运输大通道,主动疏解北京区际过境及中转组织功能(全波、陈莎,2016)。

2. 公路主导的区域运输模式,难以适应城市群和都市区的发展需求

京津冀区域客货运中,公路运输占主导地位。2018年京津冀公路客运量91969万人,占客运总量的74.3%;公路货运量281323万吨,占货运总量的87.3%(见图8-1、图8-2)。在公路及大铁路运输组织模式下,北京城市结构延续同心圆功能自组织,成长性地区(清河-上地、未来科技城等)偏离区域发展主轴线,缺乏区域间的联动。借鉴世界级城市群的经验,满足未来城际客流的显著增长,增进北京与区域间的联动发展,铁路宜逐步成为对外出行的主导方式。

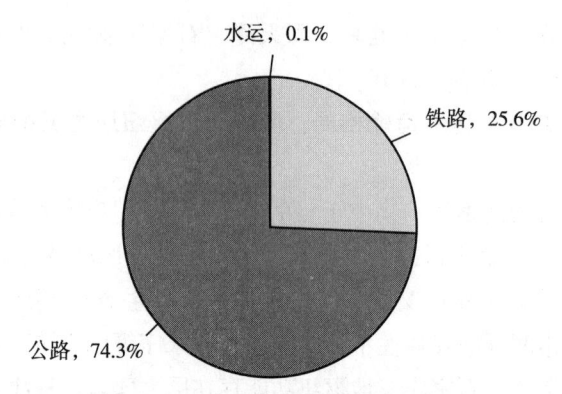

图 8-1　2018 年京津冀客运量构成

资料来源：根据《中国统计年鉴（2019）》测算。

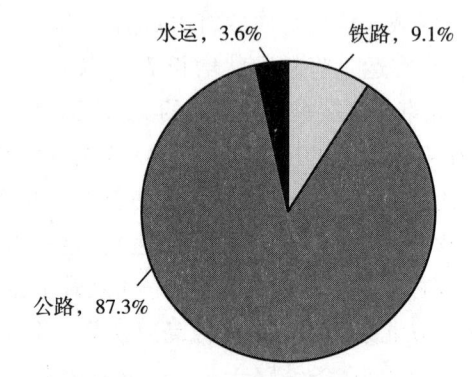

水运，0.1%
铁路，25.6%
公路，74.3%

图 8-2　2018 年京津冀货运量构成

资料来源：根据《中国统计年鉴（2019）》测算。

水运，3.6%
铁路，9.1%
公路，87.3%

目前，北京与周边地区一体化发展显著推进，部分城市职能（住房、产业基地、专业市场、科教、会议会展、休闲、医疗等）已扩散到环首都的燕郊、香河、大厂、廊坊、固安、涿州等县市，初步形成与北京功能联动的 50 千米半径圈层。以燕郊为代表的沿市界城镇已呈现一定规模的通勤交通。根据北京市城市规划设计研究院（2014）测算，燕郊聚集约 60 万人口，每天进出京交通出行总量约 25 万人次，其中公交（含班车）约 16.5 万人次。在大铁路运输模式下，环首都县市成为铁路服务的洼地。尽管北京至周边地区常规公交服务得到了较好扩展，但常规公交客运能力难以满足北京与环首都地区间的联系需求，公路主导的运输模式下主要联系通道呈现常态化的高峰拥堵，迫切需要构筑一个低碳、更有效率的都市交通体系。

在京津冀世界级城市群建设背景下，北京周边城市建设用地扩张意愿强烈，沿北京市界城镇"贴边发展"，对首都形成严峻的围堵之势，形成摊更大的饼，严重切断了区域生态廊道的连通性。由此面临的挑战是，如何加强交通基础设施和运输服务对空间、产业布局的引导，即依托铁路、轨道交通，促成城镇空间和产业轴向集聚，实现与绿色生态空间的协调发展。

3. "对外交通＋城市交通"的传统城际运输模式，形成枢纽与功能区的错位布局

北京现有的区域客运组织依然延续传统的以大型铁路客运站为主要枢纽、城际交通与城市交通换乘衔接的模式。大型客运枢纽单独承担交通运输功能，与功能区空间错位。中关村、CBD、金融街等区域性功能中心缺乏综合交通枢纽的支撑，制约面向区域的辐射广度和辐射能级提升。伴随城市群的发育，城际出行在城市客运中的比重显著提升，与功能区密切的商务出行扩展至城市群，区域性功能中心日趋成为城际出行的主要目的地，与区域轨道和枢纽的直接衔接需求更加紧迫。

北京现有枢纽布局亦难以适应都市区发展的需要，目前铁路客运站、公路客运站等对外枢纽主要集中于三环内及其附近，外围地区、新城缺乏综合交通枢纽的培育，加剧了外围地区、新城对中心城的依附关系。城市轨道延伸至近郊新城，而新城作为面向远郊、外围地区常规公交与轨道衔接转换枢纽的功能尚未建立，新城基本不具备服务组织功能。反映在出行量分布上，外围地区与北京中心城间联系紧密，而与近郊新城间联系较为松散，单中心城市结构不断强化，极端出行量不断增加。

目前北京共有北京站、北京西站、北京南站、北京北站四大铁路客运枢纽，总体能力已基本饱和。近期建设的丰台站、朝阳站在规划线路引入后，不具备承担额外负荷的能力。伴随区域一体化发展带来的城际、都市区客运需求增长，北京枢纽应对弹性不足，需要合理增添、预留承接城际、市郊铁路运输的枢纽站。随着客运专线、城际铁路、市郊铁路建设的推进，引入枢纽的不同层次系统在通道、车站资源上产生矛盾。深入中心城的通道需求强烈但扩容受限，需要统筹通道布局调整与客运枢纽增设间的关系，将部分城际、市郊铁路与干线铁路的通道和枢纽在空间上适度分离。

（二）体制机制面临的挑战多

世界级城市群形成发展的客观条件是破除行政边界分割，打破区际贸易壁垒，使得生产要素在地区之间自由流动。就京津冀而言，受发展阶段和市场经济发育不完善的局限，区域内部多数城市的发展战略和空间组织仍然是仅仅从各自的行政范围内来考虑,缺乏区域整体性的发展理念(樊杰,2008)。传统的辖区、向心型行政管理的方式和思维方式根深蒂固,缺乏本质上的区域认同,部门和地方利益在利益协调过程中的影响力依然强大,政府和微观经济主体尚未形成合力(耿云,2015)。

1. 区域合作的共识基本形成,但本质上的区域认同还需进一步深化

京津冀城市群作为一个首都城市、一个直辖市、一个省的区域组合,由于行政区划的体制性障碍,三者虽然有同一级别上的形式区别,但在实际对话过程中,北京作为首都城市,占据着政治、经济、科技、教育、人才、户籍等各个方面的天然优势,对周边城市区域发挥着巨大的虹吸效应,容易在区域合作中放大政治地位的影响,影响津冀合作的积极性和主动性。自"京津冀都市圈"的概念提出以来,总体性的发展目标和长远规划出台滞后,并未形成深层次的京津冀区域认同感。

2. 京津冀形成了自上而下和自下而上两种合作治理的诉求,但治理方式有待改进

京津冀的城市政府,严格遵循着"中央政府→省级政府→城市政府"的博弈规则,尚未自觉生成一种"城市政府→区域治理共同体←城市政府"的谈判协调制度安排(见图8-3)。京津冀的区域合作治理取得较大进展源自2004年,国家发展和改革委员会地区经济司召集京津冀三省(直辖市)发改委召开的京津冀区域经济发展战略研讨会达成了"廊坊共识",此后,国家发展和改革委员会多次牵头组织了京津冀区域政府高层的集体磋商沟通,不断调节京津冀之间的分歧,并组织了京津冀都市圈区域规划的编制。

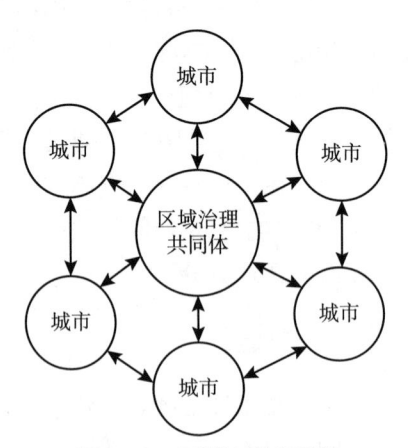

图8-3 区域治理共同体

资料来源:本书作者设计。

3. 形成了体制内外的两种推动力量，但社会力量的作用有待加强

京津冀三地政府在京津冀区域合作中起着主导作用，多元主体参与治理的网络结构尚未形成。近年来，经济界、公共管理界、规划界、企业界以及一些民间非政府组织等在全局或者自身利益的驱动下，致力于促进和推动京津冀区域的合作与协调，各种民间性的京津冀区域合作论坛、研讨会十分活跃，但从现实效果看，影响力尚待加强。

4. 区域协调机制仍处于建构阶段，尚未形成效力性的制度安排

京津冀区域协调机制目前仍是以发改委为代表的高层行政首长双边互访和多边协商的会议为主，省长、市长牵头的决策协调机制尚未启动，也较少签订具有法律约束力的合作协议。随着国家京津冀协同发展战略与京津冀建设世界级城市群的推进，区域协调将进入实质性内容阶段，制度层面的区域协调保障机制建设将更加重要。

（三）京津冀尤其是河北省的市场化程度偏低

1978年以来，我国经济体制经历了多方面的改革，基本上从传统的计划经济体制转向了市场经济体制。这些改革极大地焕发了经济活力，加速了经济增长。但客观而言，市场化改革并未完成，市场在某些方面的资源配置中并没有起到决定性作用。2008~2016年，河北省的市场化程度从全国第16位持续下降到第20位，各方面指数均处于全国中下游水平。其中，"政府与市场关系"排名上升了10位，"非国有经济发展"上升了1位，"产品市场的发育程度"下降了7位，"要素市场的发育程度"下降了12位，"市场中介组织的发育和法律制度环境"下降了1位（王小鲁、樊纲、胡李鹏，2019）。这是阻碍京津冀要素流动的重要障碍。

三、以城际交通为重点，构筑京津冀城市群全网互联型交通网络

交通运输对于经济发展具有先行功能、从属功能、引导功能和调节功能。重大的交通运输基础设施，如运输通道的主要线路走向决定了交通经济带的空间分布范围和走向；通道的运输能力影响交通经济带内部及对外联系的能力、强度及本身实力；通道内主要线路的空间组合状况影响交通经济带内部主要增长中心及城镇的形成与增长。同时，运输成本的下降为交通经济带空间服务范围的扩大和产业集聚、扩散提供了可能性，强化了交通运输基础设施沿线的空

间优势,为其发展壮大提供了有利条件(张文尝等,2002)。北京作为京津冀乃至全国的软实力中心,实施重点应放在京津冀城市群中其他城市之间的联通上,在京津冀城市群交通实现全互联的基础上,生产要素的流动才成为可能。

(一)京津冀城市群网络结构图式演变

京津冀协同发展需要经历三个阶段,反映在城市群之间的关系上,表现为三种形式,分别是传统的星状放射结构、互联型网络结构Ⅰ和互联型网络结构Ⅱ。

1. 传统京津冀城市群的星状放射结构

在传统的星状放射结构中,北京居于中心地位,这也是造成北京首都功能与其他非首都功能长期混合,且非首都功能越来越大,从而影响首都功能发挥的根本原因(见图8-4)。

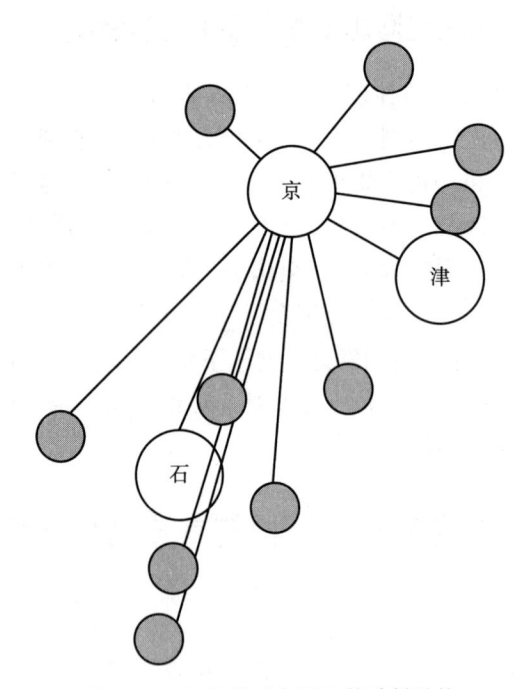

图8-4 京津冀城市群星状放射结构

资料来源:本书作者绘制。

2. 京津冀协同背景下的互联型网络结构

相较于传统的京津冀城市群的星状放射结构,京津冀协同发展背景下城市群之间的理想结构应该是互联型的网络结构（见图8-5、图8-6），在该结构中，每一个城市都和其他城市联通。进一步地，这种互联型网络结构又可根据发展阶

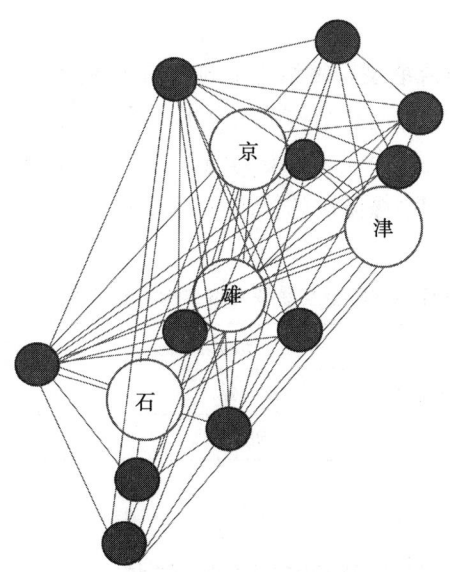

图8-5 京津冀城市群全互联型网络结构Ⅰ

资料来源：本书作者绘制。

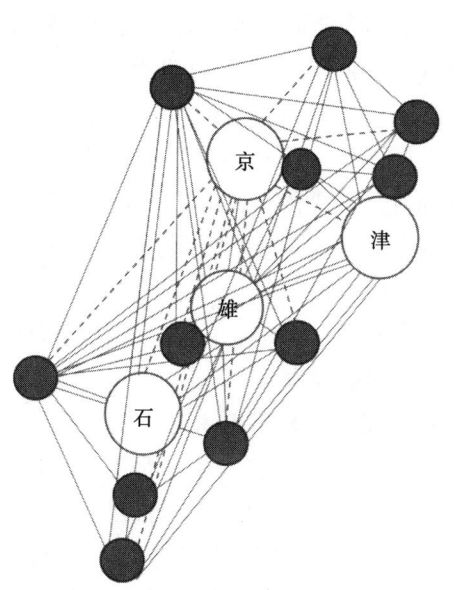

图8-6 京津冀城市群全互联型网络结构Ⅱ

资料来源：本书作者绘制。

段划分为两种形式。在互联型网络结构Ⅰ中，北京与京津冀其他所有城市一样，与其他城市之间都有强联系；在互联型网络结构Ⅱ中，得益于之前的路径依赖，北京与其他城市之间的关系成为一种弱联系，从而真正实现首都功能的独立。

3. 京津冀城市群互联型网络结构Ⅰ向结构Ⅱ转变

京津冀城市群互联型网络结构的两种形式的主要区别有两个方面：一是北京与其他城市之间的关系由强联系变为弱联系，二是表现在京津冀协同发展方面，是区分初级阶段和高级阶段的标志（见表8-3）。

表8-3　　　京津冀城市群全互联型网络结构Ⅰ与结构Ⅱ的对比

项目	全互联型网络结构Ⅰ	全互联型网络结构Ⅱ
北京与周边城市之间的联系	强	弱
京津冀协同发展的阶段	初级阶段	高级阶段

资料来源：本书作者设计。

（二）构筑京津冀互联型交通网络结构

京津冀世界级城市群建设需要疏解北京非首都功能，同时需要发挥北京的高端引领作用。交通网络作为协同发展的先行领域，在满足运输需求显著增长的同时，担负着引导区域空间结构优化的功能。北京交通发展模式需要打破"一亩三分地"思维定式，面向周边区域主动优化调整：第一，着眼于京津冀协同整体格局，统筹谋划区域交通运输格局的优化和北京枢纽功能的重新定位；第二，着眼"围绕首都形成核心区功能优化、辐射区协同发展、梯度层次合理的大首都城市群体系"，主动构建北京与周边区域一体化交通系统，优化以北京为中心的空间和交通组织；第三，将北京城市空间结构的优化与京津冀协同发展相统筹，主动转变现有城际运输组织模式，积极发挥交通对北京面向周边区域开放型空间结构的引领作用。

1. 建立区域协同的枢纽分工与组织体系

面对京津冀区域一体化运输需求增长，北京枢纽功能宜有舍有增：一方面，立足京津冀区域，疏解北京在过境及中转组织、区域性物流枢纽等方面的功能，建立区域协同的枢纽分工与组织体系；另一方面，提升国际门户地位，满足北京与周边区域间更为频繁、多元化的联动需求，发挥面向周边区域更强的辐射、带动和引领作用。推进京津冀区域交通网络化布局，促进国家及区域运输通道外移，着力推动两方面网络优化：一是强化外围运输通道布局，建设互联互通的综合交通网络，在北京以外形成多条高速公路过境廊道，畅通并加强经由天津的东北至华东、华中、华南的快速铁路通道，疏解北京跨区域运输组织功能和压力；二是完善津冀港口集疏运体系，改变过度依赖京藏高速并过境北京的现状，在北京以南、以北增添多条海陆联运大通道，并积极发展海铁联运，优化调整公铁集疏运结构，疏解北京货运交通组织压力。

建立北京、天津、石家庄三枢纽、多节点的区域交通运输格局，推动以北京为中心的单核放射结构转变为北京、天津、石家庄三枢纽结构。建设承德–石家庄综合性大通道，加强天津、石家庄与以北京为中心的全国交通系统的互联互通，使北京、天津、石家庄共同形成辐射全国的京沪、京九、京广、京张呼、京沈（经承德）、京唐秦、石太7条放射性综合运输大通道。促进北京、天津、石家庄枢纽协调分工，天津枢纽以货运为主、增强客运，石家庄发挥服务区域南部的客货运枢纽功能；依托天津、石家庄枢纽功能提升，疏解北京在国家及京津冀区域运输组织方面的功能和压力。统筹区域机场发展，形成以北京首都机场、北京大兴机场、天津滨海机场、石家庄正定机场为主的"四枢纽、多支线"机场群体系。

改变以北京为中心的区域货运格局，强化天津、石家庄货运枢纽地位，完善以天津和石家庄为中心的铁路货运系统，研究北京路网性编组站外迁至天津的方案，增强天津铁路集装箱中心站功能，把天津建设成为华北地区铁路货运中心。依托京津冀区域综合运输大通道布局的完善，推动货运枢纽型大型物流基地重点向沿海及天津、石家庄、唐山等外围中心城市布局，服务北京、促进周边产业发展的区域性物流基地由六环逐步向密（云）涿（州）高速沿线及以外转移，完善环首都物流带功能。

2. 优化调整北京枢纽功能

以零距离空间布局和时间无缝衔接为原则，优化北京的交通枢纽功能。目前我国城市交通枢纽主要按运营线路方向进行设置，这往往造成交通枢纽过度集中，尤其是铁路站场布局与城市交通的协调性比较差。北京铁路站场多布局在城市南部和西部，而人口主要集中在城市东部和北部，导致大量的客流需要跨越城市才能搭上火车，从而增加了城市交通的压力。铁路应在考虑运营路线方向的基础上，重点考虑服务范围，布局铁路枢纽，并利用铁路环线形成枢纽间的互通，缓解城市交通压力（樊杰，2008）。铁路的货运站或者编组站设置在城市内部，会对城市交通产生较大的负面影响，北京铁路货运枢纽应进行外迁，主要分布在铁路中环、外环范围内。不同的交通枢纽，尤其是公路、铁路交通枢纽和城市轨道交通枢纽间实现空间零距离布局，实现客货流的快速转运；不同区位的交通枢纽应通过直接通道或地下交通等实现衔接。[①] 北京市郊（市郊轻轨交通）和城市内部等交通运输网络间应实现有效组织和合理配合。市郊铁路是短途客运铁路网络的重要组成部分，承担着大都市地区较小规模走廊的客运交通。北京市郊铁路曾发挥过重要作用，1980年客运量曾占到北京铁路分局当年旅客发送量的33%。应充分利用原有资源，发挥市郊交通网络的衔接作用，满足顺义、大兴、亦庄、昌平、房山等新城边缘组团交通需求。并且市郊铁路的终端应伸入市区，并尽可能和区域铁路交通、轨道交通、地面公交实现便捷换乘。

3. 建设"轨道上的京津冀"，形成"圈—轴"式的网络布局

立足京津冀区域一体化格局，北京需要主动适应"城市交通区域化、区域交通城镇化"的趋势，打破封闭的自组织发展模式。借鉴国际大都市区经验，一方面，积极转变公路主导的区域运输模式，以轨道为主体不断优化区域运输结构，满足区域一体化运输需求；另一方面，适应都市区、城市群差异化的客流特征和需求，完善区域城镇轴线上多模式运输系统，形成以北京为中心的"圈—轴"式网络布局和运输服务，引导区域空间结构优化。

在高速公路网骨架基本建立的基础上，调整区域基础设施建设重点，以客运专线、城际铁路为主体，促进交通运输绿色低碳、可持续发展。以轨道交通为主体，推进首都功能区域化疏解，引导区域与城市轴向发展。发挥客运专线、城际铁路枢纽对成长性地区功能培育的引导作用，强化轨道站点周边地区的综合开发，形成以轨道交通为骨干的走廊发展模式，实现布局紧凑、集约高效的区域空间发展方式。将城际铁路细分为城际高速铁路、城际快速铁路，城际高速铁路运营站间距30～50千米，而城际快速铁路运营站间距合理缩短至5～10千米，除承担中心城市间城际运输外，兼顾开展市郊铁路运输，形成客运专线、城际高速铁路、城际快速铁路、市郊铁路、城市轨道等多模式轨道系统。在京廊津、京唐秦、京保石等区域核心发展轴线上打造与圈层空间和客流特征相适应的多层级轨道系统，形成不同服务水平的复合走廊，统筹引导以轨道交通为骨干的区域走廊发展模式。

---

① 伦敦对外铁路交通枢纽在市区的8个主要火车站是城市轨道交通系统的8个重要枢纽站，大部分有3～4条地铁线路衔接。巴黎都市地区的铁路枢纽与城市轨道交通枢纽也是如此。

专栏8-1

"十三五"时期轨道上的京津冀

发挥交通先导作用，构建以轨道为主的客运走廊，强化国家干线铁路、城际铁路、市域（郊）铁路和城市轨道的高效衔接，构建内外疏密有别、高效便捷的轨道交通网络，建设"轨道上的京津冀"，支撑京津冀城镇空间和产业布局优化调整。

强化国家干线铁路网建设。强化干线铁路建设，提升区域运输服务能力，增强京津冀对外辐射带动作用。重点推进京张城际、京沈客专、京霸铁路等干线铁路建设，同步完成朝阳站、丰台站、清河站等铁路枢纽建设。推进铁路货运环线规划建设及货运站功能外迁，优化调整铁路客货枢纽功能与分工，加强运营组织和管理调度的协同。充分利用客运专线、普通铁路富余能力开行城际铁路及市域（郊）铁路。

构建高效密集的城际铁路网。加快推进京唐、京滨（海新区）、京石等城际铁路建设，加强北京、天津、河北主要城市间轨道交通衔接。加快城际铁路联络线（S6线）建设，形成连接首都国际机场、大兴国际机场及沿线各新城的交通骨干走廊，基本形成京津冀区域城际铁路主骨架。

推动建设市域（郊）铁路网络。围绕有序疏解北京非首都功能及京津冀区域产业布局，推进市域（郊）铁路建设，加强中心城与新城及北京周边主要城镇之间快速交通联系，重点推动北京东部、南部平原地区的市域（郊）铁路建设。

资料来源：北京市交通委员会、北京市发展和改革委员会. 北京市"十三五"时期交通发展建设规划［Z］. 2016.

调控沿北京市界城镇产城人融合和职住相对平衡，根据北京市城市规划设计研究院（2014）的不完全统计，沿北京市界城镇人口规模可能达到900万~1000万人，劳动力人口达到400万~500万人。若与北京通勤交换比例达到10%，则每日通勤交通量将有可能达到90万~100万人次，对于北京交通发展有着巨大的影响。因此，基于北京交通系统承纳能力的现实性，促进沿北京市界城镇产业发展、保持职住相对平衡，宜成为空间和产业规划的基本立足点。

4. 面向区域构筑与城市功能组织耦合的多层次枢纽体系

为支撑北京首都功能高效运行，需要转变"对外交通+城市交通"的城际运输组织模式，面向京津冀区域构筑与城市功能组织耦合的多层次枢纽体系。国际经验表明，城市群地区的功能组织，已经从传统的城市体系转向"节点－网络"体系，而关键性节点更是整体竞争力提升的核心抓手与支点（中国城市规划设计研究院，2014）。依托多模式铁路、轨道系统建立，强化枢纽与城市功能中心耦合布局，促进各功能中心间联动发展，增强重要功能中心面向区域的辐射带动作用，构筑以重要功能中心为枢纽，沿铁路、轨道走廊功能有序集聚和联动发展的空间格局，推动北京形成面向京津冀区域开放型、多中心的空间结构。

以铁路、机场为主体形成5类大型交通枢纽：一是以北京首都机场、北京大兴机场为核心的国际门户综合交通枢纽；二是普速列车枢纽站，以北京站、北京西站为主体，推进枢纽压力减负和环境改善；三是以客运专线、城际（高速）铁路为主的高铁站，与城市发展方向和区域一体化联动方向相匹配，增强南部、东部枢纽布局，发挥高铁站对南城、通州北京城市副中心功能提升的带动效用；四是城际（快速）铁路、市郊铁路枢纽站，是北京枢纽增添的主要类别，其不再是单纯交通枢纽的铁路客站，而是形成与CBD、中关村等核心功能区的直接衔接，增进功能区集聚升级和区域联动；五是强化新城枢纽布局和功能，加强城际铁路、普速列车对新城的服务，摆脱新城对中心城交通枢纽的依赖。

专栏 8－2

京津冀的综合交通枢纽

根据地位和功能的不同，把京津冀的综合交通枢纽划分为四个等级。

1. 国际门户

北京首都机场、北京大兴机场、天津滨海机场、石家庄正定机场、天津港、秦皇岛港（北戴河码头）等作为国际门户枢纽，服务国际商务、旅游人口，是京津冀面向世界的窗口。整合高速铁路、城际轨道交通，张家口、承德、唐山、沧州等支线机场网络，以及大连、青岛等游轮码头的航运航线，实现高速交通的无缝对接。

2. 国家枢纽

现有北京站、北京南站、北京西站、北京北站、天津站、天津西站、石家庄站等区域综合交通枢纽，是国家干线铁路网的重要节点。在枢纽规划设计上，一方面设置便利的内部中转流线和相应服务设施，另一方面整合城市轨道交通网，使得北京、天津、石家庄三大城市出行人口能够通过枢纽迅速进入国家铁路干线网络。

3. 区域枢纽

既包括保定、唐山等地级中心城市的铁路客运站，也包括北京六环路沿线、天津外围地区，以及河北的新城、新区和新兴城市的铁路客运站，这些枢纽将整合城际铁路、市郊铁路和公路客运，既方便京津冀大部分地区城镇通过公共交通转乘城际铁路，同时也满足京津冀内部主要就业中心之间的商务和通勤出行。

4. 其他县城的客运站和换乘节点

作为城乡客运的集散中心，服务周边地区。

资料来源：吴良镛等. 京津冀地区城乡空间发展规划研究三期报告 [M]. 北京：清华大学出版社，2013：98－100.

（三）建设"一环＋X 型"的综合运输走廊

综合运输走廊是指以高效率的综合运输通道为发展主轴，以轴线上或紧密吸引区域的大中城市为依托，在沿线经济联系和生产协作的基础上，由产业、人口、信息、城镇、客（货）流等集聚而成的带状地域经济综合体。它是由多种交通方式组成的交通设施密集区，具有大流量、高效率的特征，同时也是产业和城市高度发达的经济聚集地带（樊杰，2008）。目前，京津冀已经形成了以北京为中心的综合运输网，为了加强北京与周边城市之间、周边各城市之间的联系，可以构建"一环＋X 型"的综合运输走廊（见图1）。

"一环"指保定—天津—唐山—承德—张家口—保定的环状交通网络，基本相当于以北京为中心150～200千米的产业协作圈，对于建设以首都为核心的世界级城市具有重要作用。"X 型"的综合运输通道分别为邯郸—邢台—石家庄—北京—唐山—秦皇岛的综合运输走廊，这是京津冀连接东北与华北的综合运输通道；张家口—北京—廊坊—天津—滨海新区的运输通道，这是京津冀连接西北与华北的主要运输通道，对于充分发挥天津港的作用具有非常重要的意义。

(四) 推动现代物流集约高效发展

世界平均物流成本约占总成本的9%，我国物流成本比世界平均水平高6~7个百分点。因此，设法降低物流成本，推进现代物流业集约高效发展，对于建设以首都北京为核心的世界级城市群具有重要作用。

第一，加快物流园区建设。推进传统货运场站向物流园区转型升级，引导和推进具有较强公共服务属性的物流园区发展，积极打造与产业园区相配套的物流园区，重点建设具备多式联运功能的物流园区，提升货运组织水平和衔接转换效率。"十三五"期间，重点推动京南昌达、北京大兴国际机场、马驹桥等7个物流园区（货运枢纽）新改扩建工作，推进通州物流园区前期研究工作。

第二，优化货运组织模式。大力发展货物多式联运，加快推进公铁、公水、空陆等多式联运发展。引导企业创新多式联运全程运输组织模式，推行"一单制"联运服务。加快推广公路甩挂运输，重点推进多式联运甩挂，开展多式联运试点。大力推动专业化运输，推进道路货运专业化发展，提高危险化学品、大型物件、冷藏保鲜、城市配送的专业化水平，适应特种运输需要，大力发展标准化、专业化公路货车车型。推动京津冀区域网络化甩挂运输和甩挂运输联盟发展，鼓励运输企业间加强协作，整合运力和货源资源。加快甩挂运输场站建设，对传统货运场站进行升级改造，支撑甩挂运输的发展。完善智能物流配送调配体系，加快推进货运车联网与物流园区、仓储设施、配送网点等信息互联，促进人员、货源、车源等信息高效匹配，有效降低货车空驶率，提高配送效率（北京市交通委员会、北京市发展和改革委员会，2016）。

四、以消除制度瓶颈为重点，促进各种要素自由流动

在京津冀城市群交通互联型网络形成的基础上，生产要素流动具有了物理空间上的可能，而要让生产要素真正实现自由流动，京津冀还须破解一系列制度困境，包括理清政府、市场与社会之间的关系，推进京津冀治理能力现代化；构建京津冀产业协作的有效载体，促进城市群协作网络形成；借鉴开发区成功运营模式，通过资本联系带动非首都功能疏解与产业协作关系构建。

（一）厘清政府、市场与社会之间的关系，推进京津冀治理能力现代化

现代政府是社会管理的主要责任承担者，以强制力保障法律得以执行，保

证社会秩序的正常运行。但是，政府不能代替市场配置资源，更不能用政府行为代替市场行为。市场经济作为一种经济模式，就是通过价格、供求、竞争等市场要素的相互作用来调节经济活动。市场在发展经济方面具有优势，能够使经济活动遵循价值规律，适应供求关系的变化，通过价格杠杆和竞争机制，把资源配置到效益好、有市场需求的环节和部门中去。而社会组织的作用既可以帮助减轻政府的工作压力，同时监督和参与政府决策，保障政府决策的科学性和公正性，起到凝聚社会力量、监督公共权力行使、调解社会矛盾、维护公共利益的作用。市场、政府与社会组织各有自己的优势和缺陷。只有合理确定各自的活动范围、职责权限，实现三者的良性互动，才能真正实现国家和区域治理的现代化（马振清、王勇军，2016）。

当前，京津冀地区由于政府与市场的边界不清，影响了经济发展的微观基础，特别是民间经济发展活力的释放。一方面，京津冀三地市场本身不统一，缺乏统一的监管，不同地区有各自的规定和做法；另一方面，市场参与者公平竞争的环境没有完全建立，政府干预和行政命令的色彩非常浓厚，市场主体对未来没有清晰的预期，微观经济主体与政策博弈的情形很普遍。在京津冀建设世界级城市群的背景下，必须厘清政府、市场与社会三者之间的关系，在注重发挥政府顶层设计和宏观调控作用的同时，更加重视发挥市场在资源配置中的决定性作用，以及社会组织在凝聚共识、维护公共利益方面的作用，在京津冀构建起公平透明的统一市场体系，同时强调政策的中立性和可预期性，激发经济发展的动力和民间社会的活力，避免政策失误导致新的失衡。

（二）构建京津冀产业协作的有效载体，促进城市群协作网络形成

立足京津冀三省（直辖市）功能和产业发展定位，加强京津冀承接产业转移载体的统筹规划和科学布局，聚焦打造若干优势突出、特色鲜明、配套完善、承载能力强、发展潜力大的承接平台，引导创新资源和转移产业向平台集中，促进产业转移精准化、产业承接集聚化、园区建设专业化。重点建设"2+4+46"承接平台，包括北京城市副中心和河北雄安新区两个集中承载地，曹妃甸协同发展示范区、北京大兴机场临空经济区、天津滨海新区、张（家口）承（德）生态功能区四大战略合作功能区及46个专业化、特色化承接平台。并将各类平台置于不同阶段的更替之中，形成"北京城市副中心和河北雄安新区—四大战略合作功能区—其他专业化、特色化承接平台"的接力机制，把梯次推进的"接力棒"有序传递下去。加强政府引导和支持，充分发挥市场机制作用，形成在生产性服务业、制造业、基础产业、物流产业及新兴

产业等领域的发展载体,通过集聚效应和示范作用,推动区域内相关产业转移升级。不断完善促进产业转移的税收、信贷、投资、土地供应、人才等政策,加快产业的有序转移和高效承接,确保京津冀产业协作平台高效运转。

(三) 借鉴开发区成功运营模式,通过资本联系带动产业协作

就京津冀而言,当前北京对非首都功能的疏解可谓不遗余力,河北对非首都功能的承接亦趋之若鹜,但实际效果并不尽如人意。究其原因,乃是企业之间的产业协作关系被分散疏解打散打乱,致使北京企业"疏出去、乱落地、难生存",河北各地有什么接什么,不管接住接不住和能不能长期生存并溢出。基于此,可考虑借鉴国内外成熟的产业新城运营模式,通过资本联系带动非首都功能疏解与产业协作关系构建,具体可由国家发改委牵头,联合京津冀三地,设立京津冀非首都功能疏解承接管理委员会,并在委员会下三方共同出资成立京津冀非首都功能疏解承接平台公司,京津冀三方可将各自现有的产业园区及重点企业装入平台公司,由平台公司根据企业协作关系与市场需求状况统一配置资源,一站式解决北京企业"疏出去、有地落、能生存"的问题,促进承接地河北"接什么、接得住、有溢出"(见图8-7)。

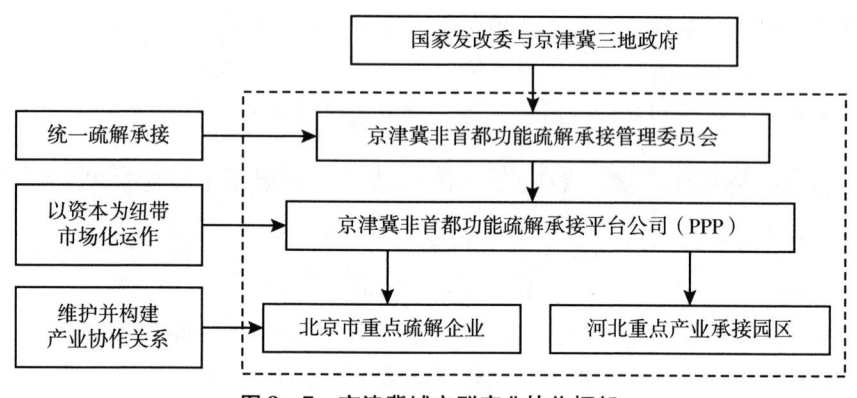

图8-7 京津冀城市群产业协作框架

资料来源:本书作者设计。

本章参考文献

[1] 安树伟. 京津冀协同发展战略实施效果与展望 [J]. 区域经济评论, 2017（6）: 48-53.

[2] 北京市城市规划设计研究院. 北京市综合交通体系规划纲要 [R]. 2014.

[3] 北京市交通委员会, 北京市发展和改革委员会. 北京市"十三五"时期交通发展建设规划 [Z]. 2016.

[4] 北京市人民政府. 北京城市总体规划（2016年—2035年）[Z]. 2017.

[5] 樊杰. 京津冀都市圈区域综合规划研究 [M]. 北京: 科学出版社, 2008: 194, 392.

[6] 耿云. 新区域主义视角下的京津冀都市圈治理结构研究 [J]. 城市发展研究, 2015（8）: 15-20.

[7] 马振清, 王勇军. 国家治理现代化与正确处理政府、市场和社会的关系 [J]. 河北学刊, 2016（2）: 194-198.

[8] 全波, 陈莎. 京津冀一体化格局下北京交通发展模式转变的思考 [J]. 城市规划学刊, 2016（2）: 60-65.

[9] 铁道第三勘察设计院. 京津冀城际铁路网规划修编研究报告 [R]. 2015.

[10] 王小鲁, 樊纲, 胡李鹏. 中国分省份市场化指数报告（2018）[M]. 北京: 社会科学文献出版社, 2019.

[11] 吴良镛等. 京津冀地区城乡空间发展规划研究三期报告 [M]. 北京: 清华大学出版社, 2013: 99-100.

[12] 肖金成, 申现杰, 马燕坤等. 京津冀世界级城市群发展研究 [R]. 亚洲开发银行技术援助项目TA-9042分报告之一, 2017.

[13] 张文尝, 金凤君, 樊杰. 交通经济带 [M]. 北京: 科学出版社, 2002: 43-44.

[14] 中国城市规划设计研究院. 世界城市发展经验借鉴 [R]. 2014.

第九章
提升河北的有效承接能力

京津冀建设以首都为核心的世界级城市群进程之所以缓慢，归根结底是河北与北京、天津的社会经济发展差距过大，河北很难对京津两地的产业实现逆向吸引。河北要以提高地区整体发展水平和竞争力为核心，对接和落实国家顶层设计，打造承接平台，充分发挥地方政府和企业的主体作用，全面缩小与京津的发展梯度，大力提高有效承接能力。

一、河北与京津区域落差巨大

（一）经济发展

京津冀地区的区域发展差距主要体现为河北与北京、天津的经济发展差距。2010 年河北人均 GDP 为 28668 元，分别为北京的 38.8%、天津的 39.3%；2019 年河北人均 GDP 为 46239 元，仅为北京的 28.2%、天津的 51.2%；与 2010 年相比较，河北与北京的差距在扩大（见图 9-1）。人均一般公共预算财政收入的差距也在不断扩大（见图 9-2）。

（二）收入水平

2010 年，河北城镇居民人均可支配收入和农村居民人均可支配收入分别相当于北京的 55.9% 和 59.1%、天津的 66.9% 和 50.5%，2019 年河北城镇居民人均可支配收入和农村居民人均可支配收入分别相当于北京的 48.4% 和 53.1%、天津的 77.5% 和 62.0%（见图 9-3、图 9-4）。可见，河北与北京的收入差距依然在扩大，而与天津的差距呈现缩小的趋势。

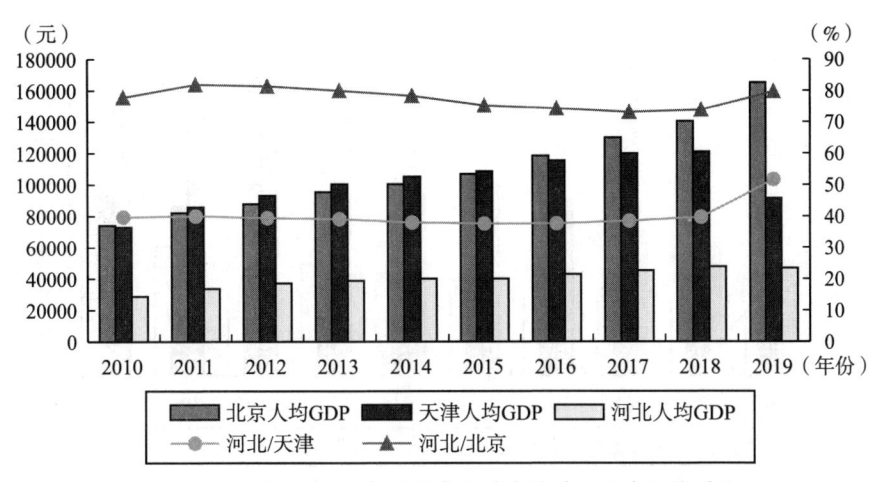

图 9-1　2010~2019 年京津冀各地人均地区生产总值对比

资料来源：根据 2011~2019 年《中国统计年鉴》《中国统计摘要（2020）》整理计算。

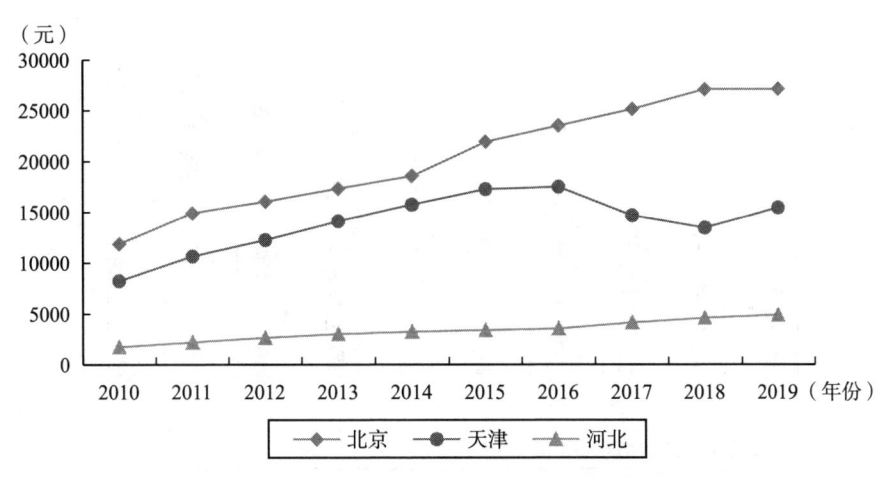

图 9-2　2010~2019 年京津冀各地人均一般公共预算财政收入

资料来源：根据 2011~2019 年《中国统计年鉴》《中国统计摘要（2020）》整理计算。

（三）创新能力

科学技术已经成为影响经济增长的决定性因素，科技创新和科技进步对经济增长的贡献已明显超过资本和劳动的作用（连季婷，2015）。然而，京津冀三地创新资源和科技投入存在着严重的不平衡。从图 9-5 可以看出，2010~2018 年，北京的 R&D（研究与试验发展）经费投入强度基本保持在 6.0% 左右，天津、河北及全国的 R&D 经费投入强度呈稳步上升的趋势；2018 年，北

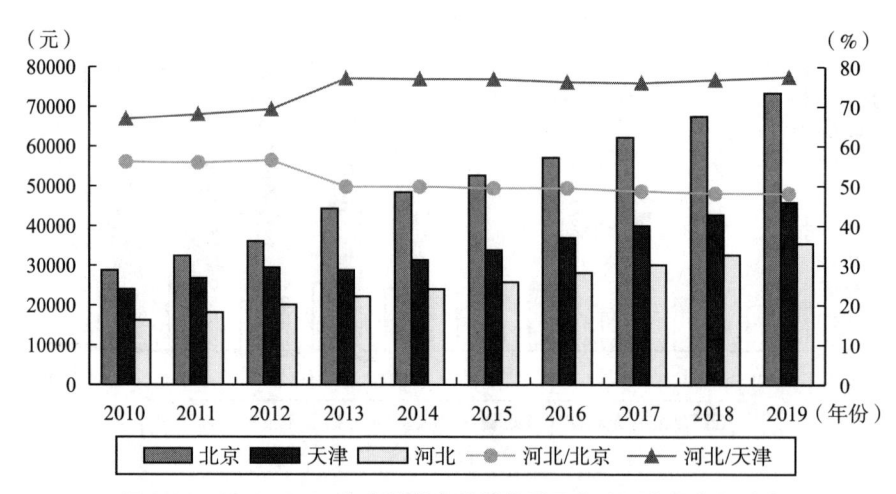

图 9-3 2010~2019 年京津冀各地城镇居民人均可支配收入对比

资料来源：根据 2011~2019 年《中国统计年鉴》《中国统计摘要（2020）》整理计算。

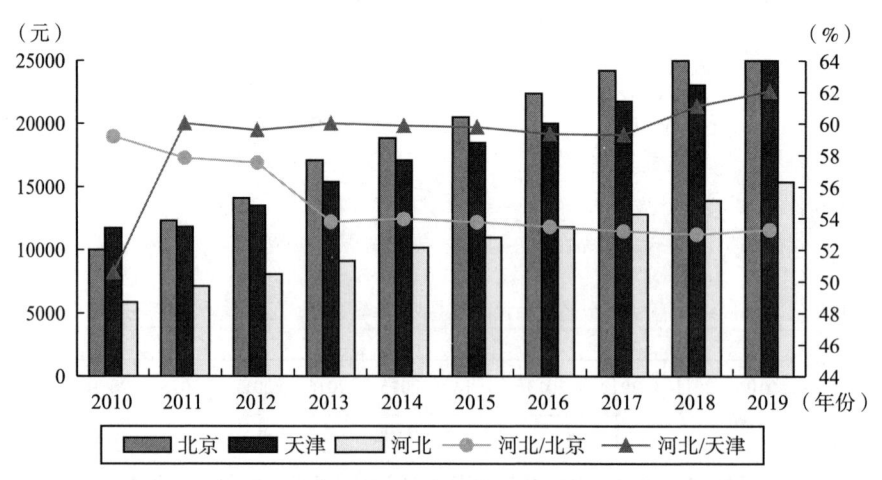

图 9-4 2010~2019 年京津冀各地农村居民人均可支配收入对比

资料来源：根据 2011~2019 年《中国统计年鉴》《中国统计摘要（2020）》整理计算。

京的 R&D 经费投入强度是全国平均水平的 2.8 倍，天津的 R&D 强度是全国平均水平的 1.2 倍，但河北的 R&D 强度却仅为全国平均水平的 63.5%。其次，从图 9-6 可以看出，2010~2018 年，北京、天津、河北的技术市场成交额均呈稳步上升的态势；2018 年，河北技术市场成交额占天津、北京的比重分别为 5.6% 和 40.3%。北京作为全国的科技创新中心，其 R&D 经费投入强度和技术市场成交额遥遥领先。诸多发达国家和地区的经验证明，R&D 投入能有效推动区域的经济发展（齐文琦，2015）。然而，京津冀三地的创新能力差异较大。2018 年北京市认定登记技术合同 82486 项、成交额 4957.8 亿元；流向津冀技术合同 4867 项、成交额 227.4 亿元，分别仅占流向外省（直辖市）的 10.3%、7.5%。京津技术成果多流向津冀之外，主要原因在于三地创新能力和政策制度方面都存在着明显的差异。北京和天津均有国家自主创新示范区；河北却既无示范区和自贸区，也缺乏国家级战略性标志性平台，难以对接国家资源和承接京津流出的科创产业（范俊生，2016）。

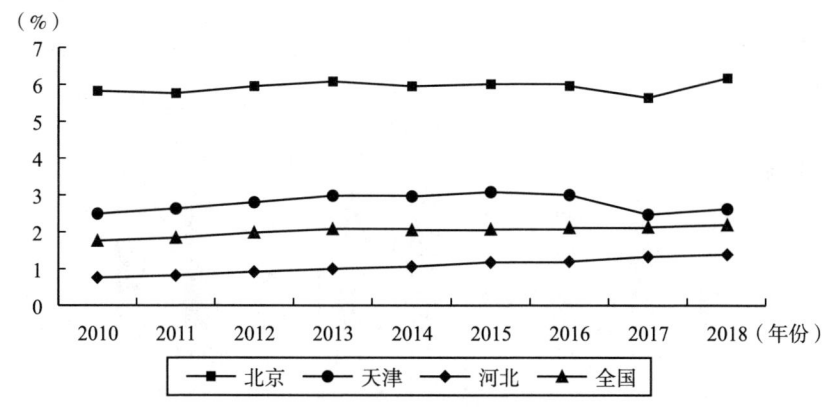

图 9-5　2010~2018 年京津冀各地 R&D 经费投入强度

资料来源：根据相关年份《全国科技经费投入统计公报》整理。

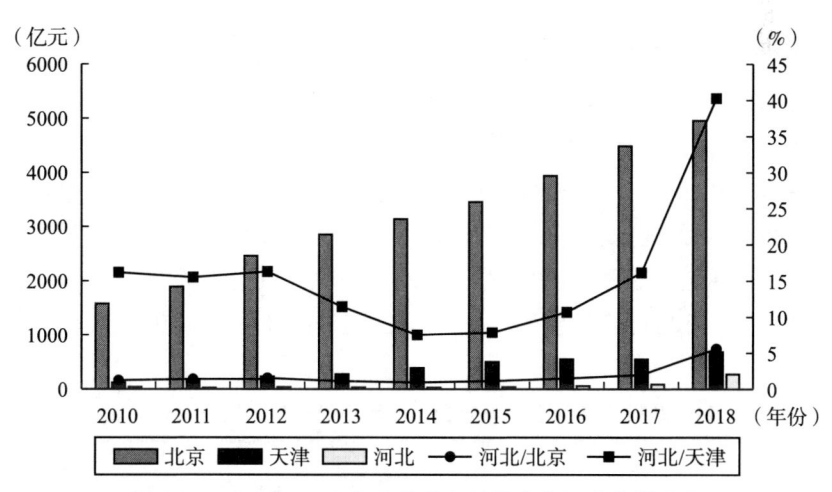

图 9-6　2010~2018 年京津冀各地技术市场成交额对比

资料来源：根据相关年份《中国统计年鉴》整理。

（四）公共服务

公共服务的巨大差距，使得生产要素特别是优质生产要素加速向条件好的区域聚集。京津冀的地域差异和劳动力质量差异，导致劳动力要素价格的差异越来越大，2010年河北与天津、北京城镇单位就业人员平均工资差距分别为20038元/人和33707元/人，2018年则扩大为32014元/人和77049元/人（见图9-7）。

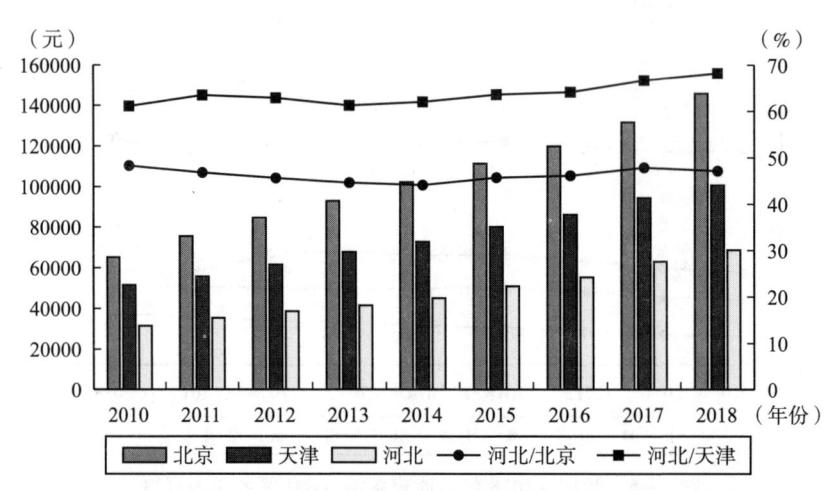

图9-7　2010~2018年京津冀各地城镇单位就业人员平均工资对比

资料来源：根据相关年份《中国统计年鉴》整理。

从教育资源配置和教育质量看，随着城镇化的发展和经济发展水平的提高，京津冀三地根据各地的人口变化趋势，不断调整完善中小学的数量、规模和布局，努力实现本地教育资源的合理配置。但是从城市群整体看，京津冀三地依然存在很大差距。从各地的师生比例看，普通中学教师每人负担学生数量较少，而小学教师每人负担学生的数量比例较大，而且河北的教师数量相对较少（见表9-1）。从高考升学率看，2013~2019年北京和天津的一本录取率均超过20%，而河北同时期的平均录取率仅为13.03%（见表9-2）。

表9-1　2011~2018年京津冀各地普通中学和小学师生之比（教师为1）

年份	北京		天津		河北	
	普通中学	小学	普通中学	小学	普通中学	小学
2011	9.90	13.38	10.13	13.84	12.47	17.09

续表

年份	北京		天津		河北	
	普通中学	小学	普通中学	小学	普通中学	小学
2012	9.83	13.70	9.85	14.09	12.95	17.74
2013	9.75	14.36	10.04	14.42	12.67	17.13
2014	9.44	14.44	10.21	14.71	13.45	16.92
2015	8.62	14.35	9.92	14.98	13.58	17.59
2016	8.02	14.05	9.63	15.19	13.59	17.66
2017	7.73	13.58	9.76	15.06	13.87	17.42
2018	7.83	13.65	10.20	15.03	14.17	17.32

资料来源：根据相关年份《中国统计年鉴》整理。

表9-2　　2013~2019年京津冀各地高考一本录取率　　单位：%

地区	高考一本录取率							平均录取率
	2013年	2014年	2015年	2016年	2017年	2018年	2019年	
北京	24.33	24.81	24.13	30.53	30.50	34.13	36.27	29.24
天津	24.52	24.25	23.39	24.09	24.10	33.64	35.89	27.13
河北	9.03	10.23	12.00	10.43	14.55	15.86	19.10	13.03
北京-河北	15.30	14.58	12.13	20.10	15.95	18.27	17.17	16.21
天津-河北	15.49	14.02	11.39	13.66	9.55	17.78	16.79	14.1

资料来源：http：//gaokao.eol.cn/zhiyuan/zhinan/201512/t20151225_1351335.shtml. http：//cs.xdf.cn/gk/gkdt/201810/118459150.html. https：//www.sohu.com/a/341937963_99907778。

从医疗卫生条件看，北京、天津和河北的医疗服务硬件条件在逐步改善。2011~2019年，河北与北京、天津相比，万人拥有卫生技术人员数的差距在缩小；河北与北京相比，万人拥有的医疗机构床位数的差距在缩小，而天津进程缓慢，与北京的差距在拉大。因此，改善津冀尤其是河北的医疗卫生条件任务艰巨（见表9-3、表9-4）。

表9-3　　2011~2019年京津冀各地每万人拥有卫生技术人员数

年份	每万人拥有卫生技术人员数				
	北京（人）	天津（人）	河北（人）	河北/北京（%）	河北/天津（%）
2011	142	73	41	28.87	56.16

续表

年份	每万人拥有卫生技术人员数				
	北京（人）	天津（人）	河北（人）	河北/北京（%）	河北/天津（%）
2012	95	55	43	45.26	78.18
2013	155	81	44	28.39	54.32
2014	99	56	48	48.48	85.71
2015	104	59	50	48.08	84.75
2016	108	61	53	49.07	86.89
2017	113	65	57	50.44	87.69
2018	119	67	61	51.26	91.04
2019	131	70	64	48.85	91.43

资料来源：根据2012~2019年《中国统计年鉴》及2019年相关省（直辖市）统计公报整理计算。

表9-4　2011~2019年京津冀各地每万人拥有医疗机构床位数

年份	每万人拥有医疗机构床位数				
	北京（张）	天津（张）	河北（张）	河北/北京（%）	河北/天津（%）
2011	73.96	49.40	36.28	49.05	73.44
2012	48.41	37.87	39.01	80.58	103.12
2013	49.18	39.22	41.39	84.16	105.53
2014	51.03	40.12	43.73	85.69	109.00
2015	51.40	41.17	46.07	89.63	111.90
2016	53.86	42.15	48.26	89.60	114.50
2017	55.60	43.90	52.50	94.42	119.59
2018	57.40	43.70	55.80	97.21	127.69
2019	58.51	43.73	56.64	96.80	129.52

资料来源：根据2012~2019年《中国统计年鉴》及2019年相关省（直辖市）统计公报整理计算。

2011~2018年，北京、天津和河北人均拥有图书馆藏书的数量都在增加，北京和天津人均拥有藏书数量不相上下，保持在人均1册以上，而河北人均拥有公共图书馆藏书量较低，2018年为人均0.36册（见表9-5）。

表 9-5　　　　　2011~2018 年京津冀各地人均拥有公共图书馆藏书量

年份	人均拥有公共图书馆藏书量				
	北京（册/人）	天津（册/人）	河北（册/人）	河北/北京（%）	河北/天津（%）
2011	0.95	1.00	0.24	25.26	24.00
2012	1.01	1.04	0.27	26.73	25.96
2013	0.98	1.00	0.26	26.53	26.53
2014	1.03	1.05	0.29	28.16	27.62
2015	1.12	1.10	0.30	26.79	27.27
2016	1.19	1.16	0.31	26.05	26.72
2017	1.27	1.07	0.34	26.77	31.78
2018	1.34	1.20	0.36	26.87	30.00

资料来源：根据 2012~2019 年《中国统计年鉴》整理。

（五）城镇化水平

京津冀地区城镇化水平差异大，2010 年北京和天津的城镇化率分别为 85.96%、79.55%，已达到中等发达国家水平，之后增长缓慢，2019 年北京和天津城镇化率分别为 86.60%、83.48%。但是，2010~2019 年河北省的城镇化率低于我国整体城镇化率，与京津相比差距明显（见图 9-8）。

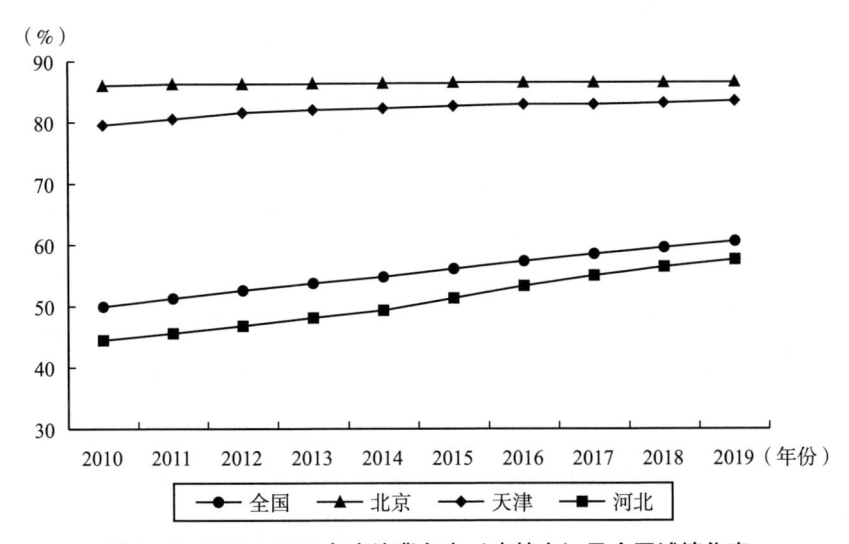

图 9-8　2010~2019 年京津冀各省（直辖市）及全国城镇化率

资料来源：根据 2011~2019 年《中国统计年鉴》《中国统计摘要（2020）》整理计算。

（六）工业化阶段

工业化是一个产业结构变化的过程，也是社会生产力的变革和经济发展水平不断提高的过程。国内学者主要从经济发展水平、产业结构、工业结构、就业结构和空间结构等方面评价工业化水平（见表9-6、表9-7）。根据这一标准，从各项指标对北京、天津和河北的工业化水平做出判断。

表9-6　　　　　　　　工业化不同阶段的标志值

基本指标	前工业化阶段	工业化实现阶段			后工业化阶段
		工业化初期	工业化中期	工业化后期	
人均GDP（2010年美元）	827~1654	1654~3308	3308~6615	6615~12398	12398以上
三次产业结构（产业结构）	A>I	A>20%，A<I	A<20%，I>S	A<10%，I<S	A<10%，I<S
第一产业就业人员占总就业的比重（就业结构）	60%以上	45%~60%	30%~45%	10%~30%	10%以下
人口城镇化率（空间结构）	30%以下	30%~50%	50%~60%	60%~75%	75%以上

注：A代表第一产业，I代表第二产业，S代表第三产业，PPP表示购买力平价。
资料来源：陈佳贵、黄群慧等．《中国工业化进程报告（1995~2010）》[M]．北京：社会科学文献出版社，2012．

表9-7　　　　　　　2019年京津冀工业化阶段判断

基本指标	北京	天津	河北
人均GDP（元）	164243	90306	46239
三次产业结构	0.3∶16.2∶83.5	1.3∶35.2∶63.5	10.0∶38.7∶51.3
第一产业就业人员占总就业的比重（%）[1]	3.7	6.7	32.49
人口城镇化率（%）	86.60	83.48	57.62

资料来源：根据相应省（直辖市）2019年国民经济和社会发展统计公报整理计算。
注：[1] 北京和天津第一产业就业人员所占比重为2018年数据，资料来源于《北京统计年鉴（2019）》《天津统计年鉴（2019）》；河北第一产业就业人员所占比重为2017年数据，资料来源于《河北经济年鉴（2018）》。

京津冀地区工业化不平衡，地区之间差异巨大。从人均 GDP 来看，2019 年，北京人均 GDP 为 164243 元，按当年平均汇率计算为 23808 美元（折合 2010 年 19419 美元）；天津人均 GDP 为 90306 元，按当年平均汇率计算为 13091 美元（折合 2010 年 10677 美元）；河北人均 GDP 为 46239 元，按当年平均汇率计算为 6703 美元（折合 2010 年 5467 美元）。基于人均 GDP 指标，北京处于后工业化阶段，天津处于工业化后期阶段，而河北处于工业化中期阶段。从三次产业构成、第一产业就业人员占总就业的比重和人口城镇化率看，河北处于工业化中期阶段；而北京和天津均已进入后工业化阶段。综合以上四个方面，可以判定：北京处于后工业化阶段，天津处于工业化后期阶段，而河北目前仍处于工业化中期阶段。

二、河北与北京、天津落差产生的原因

（一）对定位的认知偏差

《京津冀协同发展规划纲要》明确提出以解决北京"大城市病"为首要任务，河北省则提出河北在京津冀协同发展中的战略定位是"京津冀优化城市布局的支撑区、现代产业体系的支撑区、综合交通运输网络的支撑区、生态涵养保护的支撑区"。[①] 京津冀协同发展的根本难点在河北，河北在京津冀协同发展中不应仅仅充当"支撑区"的角色，更不应单纯地承接北京和天津的产业转移，而是要以提高地区整体发展水平和竞争力为核心，对接和落实国家顶层设计，强化省域统筹协调，充分发挥地方政府和企业的主体作用，全面缩小与京津的发展差距（安树伟、肖金成，2015）。

（二）市场化程度原因

区域之间市场化程度的差异在一定程度上代表着区域之间的经济体制环境差异。2008 年北京的市场化指数在全国各省（直辖市、自治区）排名第五位，2016 年北京下降到第七位，主要由于政府与市场的关系以及非国有经济的发展方面有较大幅度下滑。天津的市场化指数则从第八位上升至第四位，主要因为政府与市场的关系、非国有经济的发展方面有较明显的改善。而 2008~2016

---

① 周本顺：牢牢把握京津冀协同发展的重大机遇努力使河北形成新的经济增长极——在河北省推进京津冀协同发展工作会议上的讲话，2014 年 3 月 27 日。

年,河北的市场化排名由第 16 位下降至第 20 位,下滑明显。2008~2016 年,虽然京津冀三地在全国的排名有升有降,但三地的市场化评分都有不同程度的上升,其中天津升幅最大,上升了 3.25;北京升幅次之,为 1.91;河北升幅仅为 0.84(见表 9-8)。这说明河北的市场化进展速度明显慢于北京和天津,改革步伐迟缓,市场发育不足,民营经济发展缓慢。

表 9-8　　　　　　　　2008~2016 年京津冀市场化水平

地区	市场化指数				
	2008 年	2010 年	2012 年	2014 年	2016 年
北京	7.23(5)	7.66(5)	8.31(6)	9.08(6)	9.14(7)
天津	6.53(8)	6.98(6)	8.87(3)	9.17(5)	9.78(4)
河北	5.58(16)	5.07(19)	5.58(20)	6.19(21)	6.42(20)
全国平均	5.45	5.41	5.94	6.50	6.72

注:括号里数字为各地市场化水平在全国 31 省份(不含港澳台)中的排名。

资料来源:王小鲁,樊纲,胡李鹏. 中国分省份市场化指数报告(2018)[M]. 北京:社会科学文献出版社,2019.

(三)制度协调原因

京津冀各地方政府往往从地方利益出发,采取地方保护主义和"大而全、小而全"的发展战略。这种没有关税壁垒却胜似关税壁垒的地区间隐性壁垒给区域合作带来了较高的交易成本。第一,商品和服务市场的壁垒。除了早期较为典型的两种方式——利用行政审批手段限制外地商品或服务进入本地市场,以及采用行政手段强制规定本地消费或采购某一特定品牌的本地商品或服务外,也出现了新的地方保护主义行为,主要表现在加高与区域合作政府以外地方政府的贸易壁垒以及制订带有歧视性的地方区域规制等。此外,提高商品生产质量标准,对本地商品减免税收或进行其他补贴,利用金融杠杆为本地商品提供融资、结算等方面的金融优惠等,也是新型地方保护主义行为的常见手段。第二,要素市场的壁垒。资本要素方面,突出表现在招商引资竞争,在我国其本质在于税收竞争。一方面,地方政府会通过税收竞争吸引资本的流入,另一方面,地方政府会设定障碍限制本地资本的流出。劳动力要素方面,有的地方政府会利用户籍管理、人事档案、学历和职称、住房安置等条件制约人才的自由流动选择（陈哲，2010）；各地人才引进、人才落户和人力资源共享方面的法规差异，一定程度上也阻碍了劳动力资源的自由流动。社会保障制度方面的差异则主要表现在其本地属性上，即本地社会保障制度只适用于本地居民或工作人员，而未将跨界流动的那部分劳动者考虑在内，医疗保险、养老保险、农民工社会保障的地区差异最为突出，这无疑给劳动力资源的自由流动和优化配置带来了许多隐性障碍。在原材料方面，地方政府倾向于垄断本地企业所需要的稀缺原材料，从而限制其流出（吕翔，2014）。

三、天津和河北的主要承接平台

针对北京非首都功能疏解，天津和河北的主要承接平台有各类新区、重点承接平台和开发区。

（一）"新区"

天津和河北的新区主要包括国家级新区与省级新区。目前，天津和河北共有国家级新区2个，即天津滨海新区和河北雄安新区；省级新区6个，分别是正定新区、曹妃甸新区、渤海新区、冀南新区、北戴河新区和邢东新区，它们共同构成天津和河北的经济增长极，引领天津和河北经济发展。

其中，河北雄安新区集中承接北京非首都功能，采用现代信息、环保技术，建成绿色低碳、智能高效、环保宜居且具备优质公共服务的新型城市（中共河北省委、河北省人民政府，2018）。天津滨海新区、曹妃甸新区、渤海新区、北戴河新区将发挥沿海开放优势，主动融入环渤海合作发展大格局；冀南新区、邢东新区将推动强化先进制造业发展、科技成果产业化、高新技术产业发展功能（见表9-9）。

表9-9　　　　　　　　　天津和河北的新区基本情况

名称	基础条件	功能定位	支柱产业
河北雄安新区	成立于2017年4月，包括雄县、容城、安新三县行政辖区（含白洋淀水域），任丘市郑州镇、苟各庄镇、七间房乡和高阳县龙化乡，规划面积1770平方千米	作为北京非首都功能疏解集中承载地，要建设成为高水平社会主义现代化城市、京津冀世界级城市群的重要一极、现代化经济体系的新引擎、推动高质量发展的全国样板	新一代信息技术产业、现代生命科学和生物技术产业、新材料产业、高端现代服务业、绿色生态农业

续表

名称	基础条件	功能定位	支柱产业
天津滨海新区	成立于1994年3月,位于天津东部沿海地区,环渤海经济圈的中心地带,规划总面积为2270平方千米	依托京津冀、环渤海,辐射"三北"、面向东北亚,努力建设成我国北方对外开放门户、高水平现代制造业和研发转化基地、北方国际航运中心和国际物流中心,逐步发展成为经济繁荣、社会和谐、环境优美的宜居生态型新城区	航空航天产业、电子信息产业、装备制造产业、石油化工产业、新能源新材料产业、生物医药产业
正定新区	位于滹沱河北岸,包括正定历史文化名城及东侧建设区域,规划面积为135平方千米,起步区30平方千米	现代服务业基地、科教创新集聚区,承载未来新兴产业和省会高端服务业	以总部经济、金融服务、商务会展、文化创意、信息服务等为主的现代高端服务业,打造总部经济区、文化产业园、电子商务园、信息产业园、职教园区和华北金融后台服务中心
曹妃甸新区	成立于2008年10月,位于河北省唐山市,地处唐山南部沿海、渤海湾中心地带,规划总面积1943平方千米	中国能源、矿石等大宗货物的集疏港,新型工业化基地,商业性能源储备基地,国家级循环经济示范区,中国北方商务休闲之都和生态宜居的滨海新城	汽车及零部件、海洋工程装备、新能源、节能环保、通用航空等产业,推进高端装备、新材料、海水淡化等领域的重大科技创新成果转化,实现高端制造业集聚发展
渤海新区	成立于2007年7月,位于河北省沧州市,东临渤海,北依京津,南接齐鲁,是首都经济圈的重要节点,规划总面积2400平方千米	打造环渤海地区新型工业化基地、我国北方重要的深水枢纽大港、河北对外开放新高地和靓丽繁华、生态宜居的现代滨海新城,建设极具实力、充满活力、富有魅力的沿海强区、壮美新区	以石油化工、冶金装备、港口物流等传统产业为基础,同时,引入附加值较高的产业,如以汽车产业为支撑的临港产业体系已初步构建
冀南新区	成立于2010年10月,位于河北省邯郸市中心城区南部,规划总面积1215平方千米	全国重要的先进装备制造业基地、四省交界区域现代物流枢纽、中原经济区与环渤海等经济区域合作交流的北部门户、现代山水田园生态新区	以现代装备制造业为主导,以现代物流、休闲旅游两大关联辅助产业为支撑,信息、金融、研发等协调发展的产业体系

续表

名称	基础条件	功能定位	支柱产业
北戴河新区	成立于2006年12月,位于河北省秦皇岛市,北起戴河、南到滦河、西至沿海高速公路和京哈铁路、东到渤海,规划总面积425.8平方千米	打造亚太地区生命健康产业示范区和高端旅游目的地	努力构建两主导、两先导、四关联的产业体系,有序发展八大产业,即旅游业、高新技术产业,文化创意产业,会展业,康体疗养业,旅游制造业,绿色、有机型生态农业,总部经济
邢东新区	成立于2016年1月,位于河北省邢台市主城区东部,规划总面积370平方千米	转型升级及产城融合示范区、先进装备制造业基地、新能源产业基地和新兴业态孵化基地	重点发展"三新两特"产业,即先进装备制造、新能源产业、节能环保产业等战略性新兴产业,现代物流、电子商务及信息服务,金融及会展等现代服务业

资料来源:武建奇,母爱英等.世界大都市圈协同发展模式与京津冀协同发展路径研究[M].北京:中国社会科学出版社,2018:149-151.

(二) 重点承接平台

京津冀协同发展战略实施以来,北京需要转移疏解的项目很多,而承接园区布局相对分散,难以形成集群发展。为了找准转移承接的结合点,三地明确聚焦建设一批重点承接平台,实施动态管理,引导北京非首都功能有序疏解、精准承接、集聚发展,按照市域内和市域外梯次转移原则,加强对重点承接平台的统筹规划和布局,通过配套政策引导企业向具有专业优势的重点平台集聚,将企业转移疏解由"大水漫灌"变为"精确滴灌"。

目前,京津冀共有7个省级重点承接平台。包括天津的武清协同发展示范区,河北省的曹妃甸协同发展示范区、北戴河生命健康产业创新示范区、张家口可再生能源示范区、新机场临空经济区、白洋淀科技城、衡水工业新区(见表9-10)。

表9-10　　天津市和河北省重点承接平台基本情况

承接平台	基础条件	功能定位	产业发展方向
武清协同发展示范区	2014年4月提出，位于天津西北部，与北京和河北接壤，武清商务区和50平方千米的武清经济技术开发区是承载项目的载体	中部核心功能区、京津发展带、京津冀协同发展示范区、国家金融中心。着力打造高端制造业基地、总部楼宇经济基地、产学研创新基地	高端制造业、企业总部、地区总部、分支机构及研发中心、相关金融业务、采购中心、物流中心及创新成果的孵化和转化
曹妃甸协同发展示范区	成立于2014年7月，先行区100平方千米	京津冀协同发展先行先试试验区、先进制造业和创新成果转化基地、环渤海经济圈发展的重要增长极	石化、装备制造、钢铁、港口物流、海洋经济、节能环保产业
北戴河生命健康产业创新示范区	2016年9月批准设立，包括北戴河区、北戴河以南区域、北戴河国际机场空港区等。规划控制范围约520平方千米，核心区域40平方千米	深化健康医疗改革开放的先行先试区和我国首个国际医疗旅游服务贸易示范区	重点发展生命健康服务业、生命健康制造业和绿色健康农业，形成"医、药、养、健、游"五位一体的生命健康产业集群
张家口可再生能源示范区	2015年7月批准设立，区位优势独特，是京津向西北、东北辐射的连接点	着力打造低碳奥运专区、可再生能源科技创业城、综合商务区、高端装备制造聚集区和农村可再生能源生态示范区五大功能区	可再生能源技术研发及转化，高端装备制造业，包括高端光伏制造业、风电装备制造业、智能电网装备制造业、新能源汽车装备制造业等
新机场临空经济区	2016年10月规划获批，位于北京市大兴区和河北省廊坊市毗邻区域，总面积约150平方千米	国家对外交往功能承载区、京津冀协同发展示范区、国家临空经济创新发展引领区	以航空产业、临空高科技产业为支撑，发展国际商务服务、科技研发服务、国际创意设计、国际文化休闲四大高端产业
白洋淀科技城	2014年5月批准设立，规划面积385平方千米，其中核心区35平方千米、起步区16平方千米	保定中关村科技产业化基地，京津冀地区融科技研发、产业发展和城市服务等功能为一体的现代化科技产业新城	高端装备制造产业、新能源与智能电网产业、新一代信息技术产业、生命健康产业、文化创意产业和现代农业
衡水工业新区	位于衡水市主城区东北部，规划面积128平方千米	国家级科技研发与成果产业化基地、引进消化吸收再创新基地、京津冀功能疏解、产业转移、协同创新平台	食品、服装、医药、新型功能材料、智能装备制造五大产业

资料来源：本书作者根据公开信息整理。

(三) 开发区

根据规模等级，可以把天津和河北的开发区分为国家级开发区、省级开发区、市级开发区，本书界定开发区类承接平台主要是省级以上经济技术开发区和高新技术产业开发区。

1. 国家级开发区

本书所指国家级开发区是指由国务院批准在城市规划区内设立的国家级经济技术开发区、国家级高新技术产业开发区、国家级旅游度假区、国家级保税区等实行国家特定优惠政策的各类开发区。目前，天津和河北共有12个国家级经济技术开发区，其中天津6个、河北6个（见表9-11）。

表9-11　　　　天津和河北国家级经济技术开发区情况

省份	开发区名称	建立年份	升级为国家级开发区年份
天津	天津经济技术开发区	1984	1984
	武清经济技术开发区	1991	2010
	西青经济技术开发区	1992	2010
	子牙经济技术开发区	2012	2012
	北辰经济技术开发区	1992	2013
	东丽经济技术开发区	1992	2014
河北	秦皇岛经济技术开发区	1984	1984
	廊坊经济技术开发区	1992	2009
	沧州临港经济技术开发区	2003	2010
	石家庄经济技术开发区	1992	2013
	唐山曹妃甸经济技术开发区	2013	2013
	邯郸经济技术开发区	2000	2013

资料来源：各开发区网站。

可以看出，除天津经济技术开发区、秦皇岛经济技术开发区及唐山曹妃甸经济技术开发区建立伊始即为国家级经济技术开发区外，其他9个经济技术开发区均由省级升级而来，而从时间来看，大部分开发区是2010年后升为国家级开发区的。

天津和河北国家级经济技术开发区发展水平差距较大。2015年，全国215

家国家经济技术开发区的平均地区生产总值为 261.57 亿元，其中，天津超过全国平均水平的技术开发区有 4 个，而河北只有 1 个（见表 9-12）。且天津的国家级经济技术开发区总体发展水平远高于河北。

表 9-12　　2015 年天津和河北国家级经济技术开发区主要指标　　单位：亿元

开发区名称	地区生产总值	工业增加值	固定资产投资
天津经济技术开发区	2905.6	2139.8	910.04
西青经济技术开发区	511.38	447.63	245.62
武清经济技术开发区	467.16	365.27	246.49
子牙经济技术开发区	37.37	33.94	118.08
北辰经济技术开发区	264.78	221.05	352.85
东丽经济技术开发区	97.26	57.09	39.85
天津总计	4283.55	3264.78	1912.93
秦皇岛经济技术开发区	253.2	153.2	116.5
廊坊经济技术开发区	336	72.9	54.97
沧州临港经济技术开发区	125.76	603.65	123.4
石家庄经济技术开发区	207	102.1	92.9
唐山曹妃甸经济技术开发区	349.5	175.8	497.07
邯郸经济技术开发区	231.2	91.6	98.5
河北总计	1502.66	1199.25	983.34

资料来源：武建奇，母爱英等．世界大都市圈协同发展模式与京津冀协同发展路径研究［M］．北京：中国社会科学出版社，2018．

河北的国家级经济技术开发区作为传统工业基地，依托省内交通物流枢纽，重点发展装备制造业、钢铁加工业、现代物流业及新能源、节能环保产业，以第二产业为主，高新技术企业产值远低于天津；而天津的国家级经济技术开发区集聚了大量的高新技术企业，其投入的科技发展资金也为河北的 2 倍，经济发展方式正在由粗放式向集约式转变（见表 9-13）。

天津和河北共有 6 个国家级高新区，天津 1 个，即天津滨海高新技术产业开发区；河北 5 个，分别为石家庄高新技术产业开发区、保定高新技术产业开发区、唐山高新技术产业开发区、燕郊高新技术产业开发区和承德高新技术产业开发区。

表 9-13　2014 年天津和河北国家级经济技术开发区创新发展情况

省（市）	高新技术企业产值（亿元）	高新技术企业产值占工业总产值比重（%）	支持科技发展资金投入（亿元）
天津	1840.8	30.20	1.2
河北	960.0	27	0.6

资料来源：《中国开发区年鉴（2015）》。

天津和河北国家级高新区发展水平差距显著。2015 年天津滨海高新技术产业开发区发展水平最高，地区生产总值、高新技术产业产值及固定资产投资完成额都位居首位；河北的保定高新区和燕郊高新区发展水平较高，其地区生产总值远远高于其他 3 个高新区，这是由于保定和廊坊作为环京津核心功能区，接受来自北京高新技术产业的辐射较强，使得科技研发和成果转化水平较高。此外，承德高新区的发展水平远远低于其他高新区（见表 9-14）。

表 9-14　2015 年天津和河北国家级高新技术产业开发区发展水平　　单位：亿元

地区	名称	地区生产总值	高新技术产业产值	固定资产投资完成额
天津	天津滨海高新技术产业开发区	398.00	1572.00	450.00
河北	石家庄高新技术产业开发区	196.40	798.00	250.10
	保定高新技术产业开发区	336.07	820.00	884.00
	唐山高新技术产业开发区	113.02	155.00	78.01
	燕郊高新技术产业开发区	338.56	132.12	296.54
	承德高新技术产业开发区	45.17	118.00	33.00

资料来源：开发区调研数据以及武建奇，母爱英等. 世界大都市圈协同发展模式与京津冀协同发展路径研究［M］. 北京：中国社会科学出版社，2018.

2. 省级开发区

省级开发区一般包括经济技术开发区、高新技术产业开发区、出口加工区、保税区、边境经济合作区、旅游度假区等多种类型。在各类开发区中，经济开发区和高新区的数量最多，它们多以制造业为中心，兼顾其他产业配套。受资料获取的限制，本研究中的开发区主要侧重于河北的省级经济开发区和省级高新区，共计 180 个。

（1）省级经济技术开发区。目前，河北的省级经济技术开发区经过优化整合之后，共有144家，其中，石家庄18个、邯郸19个、承德7个、唐山14个、廊坊7个、沧州15个、秦皇岛7个、张家口12个、衡水8个、邢台16个、保定19个、辛集1个、定州1个（见表9-15）。

表9-15　　　　　　　　　河北的省级经济技术开发区

城市	开发区名称
石家庄	石家庄长安国际服务外包经济开发区、石家庄循环化工园区、藁城经济开发区、石家庄矿区工业园区、晋州经济开发区、新乐经济开发区、鹿泉经济开发区、石家庄装备制造产业园区、河北深泽经济开发区、河北无极经济开发区、河北赵县经济开发区、河北赞皇经济开发区、平山西柏坡经济开发区、灵寿经济开发区、行唐经济开发区、元氏经济开发区、高邑经济开发区、井陉经济开发区
邯郸	漳河经济开发区、邯郸马头经济开发区、邯郸峰峰经济开发区、邯郸邯山经济开发区、武安工业园、永年工业园、成安经济开发区、临漳经济开发区、大名经济开发区、肥乡经济开发区、馆陶经济开发区、广平经济开发区、邯郸工业园、鸡泽经济开发区、邱县经济开发区、曲周经济开发区、涉县经济开发区、魏县经济开发区、磁县经济开发区
承德	承德双滦经济开发区、兴隆经济开发区、平泉经济开发区、围场经济开发区、丰宁经济开发区、宽城经济开发区、隆化经济开发区
唐山	海港经济开发区、南堡经济开发区、唐山芦台经济开发区、唐山汉沽经济开发区、唐山古冶经济开发区、丰润经济开发区、丰南经济开发区、迁安经济开发区、遵化经济开发区、滦县经济开发区、滦南经济开发区、乐亭经济开发区、迁西经济开发区、玉田经济开发区
廊坊	廊坊广阳经济开发区、三河经济开发区、霸州经济开发区、香河经济开发区、永清经济开发区、文安经济开发区、大城经济开发区
沧州	沧州经济开发区、沧东经济开发区、黄骅经济开发区、任丘经济开发区、河间经济开发区、泊头经济开发区、肃宁经济开发区、献县经济开发区、吴桥经济开发区、东光经济开发区、青县经济开发区、南皮经济开发区、孟村经济开发区、盐山经济开发区、海兴经济开发区
秦皇岛	北戴河经济开发区、山海关临港经济开发区、昌黎经济开发区、秦皇岛海港经济开发区、抚宁经济开发区、卢龙经济开发区、青龙经济开发区
张家口	张家口经济开发区、张家口空港经济开发区、宣化经济开发区、沙城经济开发区、下花园经济开发区、涿鹿经济开发区、蔚县经济开发区、怀安经济开发区、赤城经济开发区、万全经济开发区、张北经济开发区、沽源经济开发区
衡水	衡水滨湖经济开发区、枣强经济开发区、武邑经济开发区、深州经济开发区、武强经济开发区、饶阳经济开发区、故城经济开发区、阜城经济开发区

续表

城市	开发区名称
邢台	邢台经济开发区、邢台县旭阳经济开发区[1]、沙河经济开发区、临城经济开发区、任县经济开发区、柏乡经济开发区、内丘工业园区、隆尧经济开发区、南宫经济开发区、宁晋经济开发区、巨鹿经济开发区、新河经济开发区、广宗经济开发区、南和经济开发区、临西轴承工业园、清河经济开发区
保定	涿州京南经济开发区、保定经济开发区、涿州松林店经济开发区、高碑店经济开发区、安国现代中药工业园区、清苑经济开发区、定兴金台经济开发区、高阳经济开发区、涞水经济开发区、涞源经济开发区、顺平经济开发区、阜平经济开发区、唐县经济开发区、徐水经济开发区、易县经济开发区、蠡县经济开发区、望都经济开发区、满城经济开发区、博野经济开发区
辛集	辛集经济开发区
定州	定州经济开发区

注：[1] 2020年6月，国务院批复同意撤销邢台县，相关行政区域并入襄都区和信都区。
资料来源：根据河北省商务厅提供资料整理。

（2）省级高新技术产业开发区。目前，经过优化整合之后，河北共有25个省级高新技术产业开发区，其中，石家庄1个、承德2个、张家口1个、秦皇岛1个、唐山2个、廊坊5个、保定1个、沧州2个、衡水5个、邢台3个、定州1个、辛集1个（见表9-16）。

表9-16　　　　　　河北的省级高新技术产业开发区

城市	高新区	城市	高新区
石家庄	正定高新技术产业开发区	保定	涿州高新技术产业开发区
定州	定州高新技术产业开发区	辛集	辛集高新技术产业开发区
张家口	张家口高新技术产业开发区	秦皇岛	秦皇岛高新技术产业开发区
承德	滦平高新技术产业开发区 承德县高新技术产业开发区	唐山	唐山开平高新技术产业开发区 迁安高新技术产业开发区
邢台	邢台滏阳高新技术产业开发区 平乡高新技术产业开发区 威县高新技术产业开发区	沧州	沧州高新技术产业开发区 沧州中捷高新技术产业开发区
廊坊	亦庄·永清高新技术产业开发区 廊坊高新技术产业开发区 廊坊龙河高新技术产业开发区 大厂高新技术产业开发区 京南·固安高新技术产业开发区	衡水	衡水高新技术产业开发区 衡水桃城高新技术产业开发区 冀州高新技术产业开发区 安平高新技术产业开发区 景县高新技术产业开发区

资料来源：根据河北省商务厅提供的资料整理。

四、河北承接产业转移中存在的问题

（一）仅关注转移项目，产业链协同重构不足

根据有关部门测算，经淘汰疏解的北京工业增加值只有3000多亿元，约为河北省的1/4，可供疏解的项目有限。河北在实际承接中，项目承接缺乏重点和战略步骤，协同发展被简单地理解为北京单向的功能和产业的转移，追求短平快，缺少从京冀定位差异化、产业一体化的高度来认识和谋划，不利于产业间协同分工及产业链互补互促，从而影响跨区域完整产业链体系的构建，妨碍错位竞争和链式发展整体格局的形成。

（二）企业搬迁成本高，影响搬迁积极性

税收、人员、土地二次开发，规划用地性质调整困难，影响企业搬迁积极性。搬迁需要投入，若无政策支持，企业难以主动搬迁。与此同时，河北的实际用工成本水涨船高，北京企业过去后，招工成本下不去，按照当地工资招不到工人，当地工人期望工资对标北京过去的工人、对标北京的工资水平，没有如预期一样降低用工成本。此外，到北京来对接的区县太多，需要整体统筹。

（三）基础设施配套不够，职工流失较大

安置原有职工负担较重，政府补贴不足，北京户籍职工多数不愿意随企业外迁，原有核心职工、一线职工大量流失。当地职工流动性强、就业稳定性差。

五、提升河北有效承接能力的重点

（一）加快河北区域性中心城市的建设

京津冀协同发展在解决思路上要将解决北京"大城市病"与促进河北发展、促进区域协同发展以及国家的战略需要相结合。很多学者把研究的重点放在河北，努力寻找河北发展的契机，提升河北在京津冀区域发展中的地位作用。在京津冀地区北京和天津双极化的情况下，推进京津冀世界级城市群建设，核心区非常关键，目前京津冀城镇体系结构失衡，京津两极过于"肥胖"，周边中小城市过于"瘦弱"，城市群结构存在明显的"断层"。同时北京

与周边地区经济发展水平差距过大,"核心-边缘"二元结构突出。因此,一方面导致北京核心地区经济功能过密,大量第二产业亟需对外转移;而另一方面城市能级落差太大,周边的一些地区很难接受京津地区的辐射效应,不利于加快京津冀的经济一体化发展。审视河北与京津之间公共服务和经济发展等方面政策的差距,坚持政策拉平和政策创新一起抓,搞好向河北倾斜政策的顶层设计,着力破解制约河北发展的公共政策瓶颈,更好更快地弥补河北发展"短板",为京津冀世界级城市群建设提供强大政策动力(宋文新,2015)。石家庄作为省会城市,其发展起到了引领带动作用,应把石家庄作为京津冀第三极来打造,使其承担起带动冀中南发展的使命。但是以石家庄目前的发展水平,无法引领该区域的发展,也影响了京津冀发展的平衡性和稳定性。此外,雄安新区的设立,对保定发挥优势、建设创新驱动的经济强市有着重要的引领作用(任俊等,2017)。因此,在河北区域性中心城市发展方面,建议石家庄、保定、唐山、邯郸应主动提高自身实力和带动力,着力打造各自的城市圈,形成自身的辐射带动作用。

(二)提升京津周边城市能级

京津冀内部缺失具有"二传手"作用的城市,发展大中城市,提升大中小城市能级是提升河北有效承接能力的重要举措。京津冀城市群内的河北省11个地级市和21个县级市,城市化水平普遍较低,石家庄、邯郸、唐山、保定、秦皇岛和张家口均为Ⅱ型大城市,邢台、沧州、衡水、廊坊、承德为中等城市,21个县级市均为小城市,整个城市群内部经济发展差异悬殊,缺乏特大城市和Ⅰ型大城市,没有形成有序的梯度。由于城市等级结构不合理,大城市缺乏,造成经济联系不强。另外,中等城市和小城市发展不足,难以形成产业集聚,对北京、天津的经济支撑力相对不足。应积极推动城市群内大中小城市的建设,加快发展Ⅱ型大城市,促进石家庄、邯郸、唐山、保定向Ⅰ型大城市转变;巩固和发展中小城市,促进潜力好的中小城市向中等城市、大城市转变,以便形成合理有序的城市规模结构。城市能级的提升,主要依赖于产业发展水平与集聚程度,河北城市产业发展要立足于自身资源优势,发挥地方性的产业集群特征,同时也要合理承接北京部分非首都功能的转移,通过提升产业集聚功能,提高地区经济发展水平,进而起到吸纳就业、人口集聚功能的作用。人口集聚功能的提升也依赖于户籍制度改革,加快推进户籍制度改革,消除农民工市民化的制度障碍。加大城市基础设施供给,提升城市公共服务功能。

（三）集中力量打造两大战略合作功能区

聚焦曹妃甸协同发展示范区、张承生态功能区，按照"政府主导、国企带动、政策集成、资源汇聚"的思路，加快产业合作和公共服务共建项目落地，形成集聚效应和示范作用。

1. 加快曹妃甸协同发展示范区建设

落实京冀曹妃甸现代产业发展试验区合作共建协议和产业发展规划，坚持产业高端、产城融合发展方向，依托曹妃甸港口优势和产业基础，引导钢铁深加工、石油化工、装备制造、新能源部件等产业及产业链上下游企业向示范区集聚，加快首钢京唐二期等项目建设，促进金融、贸易、信息等生产性服务业集聚发展，吸引医疗、养老服务、旅游开发、现代农业等企业入驻，形成高端制造业与生产性服务业互促发展的循环共生产业链。共同争取国家级综合改革创新政策落地，积极引导各类科技创新资源向曹妃甸开放共享，促进重大创新成果在曹妃甸产业化和示范应用。

2. 共建张（家口）承（德）生态功能区

以筹备2022年冬奥会为契机，大力引导体育文化、旅游休闲、会议展览等产业向张家口转移，打造京张冰雪体育休闲旅游带。突出生态屏障和水源涵养功能，推动健康、旅游、数据存储等生态友好型产业发展。积极推进京津冀大数据综合试验区建设，北京强化创新和引导，天津强化带动和支撑，河北强化承接和转化，重点建设张北云计算产业基地、承德德鸣大数据产业园和京津冀大数据综合试验区应用感知体验中心。共建张家口、承德高新技术产业开发区，支持张家口建设可再生能源示范区，支持承德创建京津冀节能环保产业基地。推动在京涉农企业在张家口、承德两地共同打造冷链蔬菜生产基地。支持在京企业与张家口开展葡萄酒上下游产业链合作，引导培育旅游观光、商务博览等新兴产业。支持绿色清洁生态产业优先向张家口、承德两市贫困县（区）转移。

（四）支持河北创建国家科技成果转移转化试验区

充分发挥京津国家自主创新示范区优势，有效对接河北要素成本比较优势和承接产业转型升级需求，重点强化科技创新成果应用和示范推广能力，建设科技成果孵化转化中心、重点产业技术研发基地、科技支撑产业结构调整和转型升级试验区。引导电子信息、智能装备、集成电路、新材料、高端制造等产业环节和创新资源向保定、廊坊、石家庄、邢台、邯郸等集聚，重点支持邯郸冀南新区、邢台邢东新区、石家庄正定新区、保定中关村创新中心、白洋淀科技城建设,打造具有先进水平的智能制造产业带。引导节能环保、高端装备制造和新材料等产业环节和创新资源向唐山、曹妃甸、秦皇岛等集聚,重点支持曹妃甸循环经济示范区、中关村海淀园秦皇岛分园建设,支持秦皇岛软件产业和创意设计业等特色产业发展,支持北戴河生命健康产业创新示范区建设,打造河北沿海产业带。引导新一代信息技术、航空航天、生物医药及高性能医疗器械等产业环节和创新资源向大广高速、京九铁路沿线集聚,重点支持衡水滨湖新区、霸州经济开发区、清河经济开发区建设,打造国家科技大动脉和战略性新兴产业聚集带。加快河北京南国家科技成果转移转化示范区建设,承接京津创新要素外溢。

(五)协力共建一批专业化产业合作平台

坚持产业转移与转型升级同步推进,打通转移和承接通道,促进产业要素在区域内合理重组、高效流动、有机衔接,共建一批特色化产业合作平台,推动产业链梯次布局。

现代制造业承接平台13个,包括:廊坊经济技术开发区、北京亦庄永清高新技术产业开发区、沧州渤海新区、沧州经济开发区、保定高新技术产业开发区、石家庄高新技术产业开发区、石家庄经济技术开发区、邯郸经济技术开发区、邢台经济技术开发区、唐山高新技术产业开发区、秦皇岛经济技术开发区、固安经济开发区、衡水工业新区。

服务业承接平台7个,包括:保定白沟新城、廊坊市永清临港经济保税商贸园区、石家庄乐城国际商贸城、沧州市明珠商贸城、香河万通商贸物流城、邢台邢东产城融合示范区、燕达国际健康城。

现代农业合作平台3个,包括:涿州国家农业高新技术产业开发区、京张坝上蔬菜生产基地、京承农业合作生产基地。

1. 合力共建一批现代制造业承接平台

沿京津方向,聚焦廊坊经济技术开发区、北京亦庄永清高新技术产业开发区、沧州渤海新区、沧州经济开发区共4个承接平台,引导电子信息、高端装备、航空航天、现代化工、生物医药、现代种业等产业转移,积极承担京津冀地区科技成果产业化功能,打造高新技术产业带。沿京保石方向,聚焦保定高新技术产业开发区、石家庄高新技术产业开发区、石家庄经济技术开发区、邯郸经济技术开发区、邢台经济技术开发区共5个承接平台,发挥制造业基础和人力资源优势,引导汽车、生物医药、高端装备、电子信息、新材料等产业转移,打造先进制造产业带,建设军民融合产业基地。沿京唐秦方向,聚焦唐山高新技术产业开发区、秦皇岛经济技术开发区2个承接平台,发挥港口资源优势,引导精品钢铁、成套重型设备、海洋工程装备、现代石油化工、汽车及零部件、生物医药、港口物流、优质农副产品加工等产业转移与承接,建设沿海临港产业集群,打造产业转型升级发展带。沿京九线方向,聚焦固安经济开发区、衡水工业新区2个承接平台,发挥沿线的土地、劳动力、农产品资源和生态环境等优势,引导承接食品加工、绿色食品、纺织服装、高端装备、航空航天等产业转移,借助北京的龙头企业、先进技术和市场通道,建设特色轻纺产业带。

2. 加快推进一批服务业承接平台

聚焦保定白沟新城、廊坊市永清临港经济保税商贸园区、石家庄乐城国际商贸城、沧州明珠商贸城、香河万通商贸物流城、邢台邢东产城融合示范区等承接平台,依托当地较好的集聚基础和市场氛围,引导和推动北京服装、小商品等区域性批发市场有序转移,支持建设环首都承接地批发市场聚集带和冀中南承接地批发市场聚集带。鼓励健康养老等部分新型服务业向燕达国际健康城等地转移。

3. 联动发展一批现代农业合作平台

围绕首都农业结构调整,推动京津冀农业对接协作,以农业科技园区为支点,联合共建环首都现代农业科技示范带,支持涿州创建国家农业高新技术产业开发区。加强北京周边地区蔬菜、畜禽、绿色食品生产加工基地建设,支持京张坝上蔬菜生产基地、京承农业合作生产基地建设,大力发展农产品冷链基础设施。

六、高标准建设雄安新区

(一)加快雄安新区与北京的对接

《河北雄安新区规划纲要》中雄安新区的发展定位是:"雄安新区作为北京非首都功能疏解集中承载地,要建设成为京津冀世界级城市群的重要一极、现代化经济体系的新引擎、推动高质量发展的全国样板。"该发展定位之高端是目前国内其他国家级新区所无法比拟的。然而,把雄安新区作为京津冀协同发展的重要突破和典型的政策区域,仅靠河北一省之力很难建成。主要难点在于,雄安新区建设的最大产业资源是中央企业、国家部委的事业单位、科研院所、高校等，其前期历史使命是承接北京非首都功能。在现有管理架构下，很难按照市场配置资源来吸纳这些产业转移到雄安新区，若以中央企业为主的非首都功能向外疏解不顺畅，将很难使雄安新区形成有效的产业支撑。建议河北雄安新区由河北与北京共建，实行税收分成。公共服务方面，北京加大投入力度，在教育、医疗等方面提升雄安新区的服务水平；创新驱动方面，合作共建雄安新区中关村科技园，共同推动在京津冀协同发展基金下设立雄安新区创新创业子基金，打造高水平创新创业载体，形成联动发展的科技创新园区链；交通基础设施方面，推动北京与雄安新区交通直连直通。支持北京市属国有企业在市政基础设施、城市运行保障等领域为雄安新区提供服务。

（二）加强雄安新区及毗邻地区管控

划定雄安新区周边一定范围为管控区，实施统一规划、严格管控，实行统一负面清单管理。划定城镇开发边界，严格控制城镇建设方向，防止贴边发展。建设雄安新区周边绿色生态屏障，加强流域生态修复、水系连通、入淀河流综合治理，开展平原植树造林和大气污染联防联治。加快腾退与生态功能相冲突的用地，防止城乡建设无序发展，抑制人口过度聚集。严格产业准入限制，新区周边严禁高水耗、高能耗及高污染项目进入。

（三）推进雄安新区与周边地区协调发展

加强与国家有关单位、京津两市经常性、制度性协商，解决好涉及区域协同发展的相关规划建设问题。按照科学规划、合理布局的原则，雄安新区着力与北京中心城区、北京城市副中心和天津在功能上优势互补，实现错位发展、互利共赢；加强雄安新区与保定、廊坊、沧州等周边地区相关规划的衔接，统筹承接北京非首都功能疏解，统筹推进新型城镇化建设，统筹安排教育、医疗、卫生、体育等功能，统筹布局生态、产业、交通和基础设施，实行协同规划、产业联动，努力打造协调发展示范区。

七、提升河北承接能力的保障措施

（一）提高京津科技成果转化能力

北京和天津集中了大量的高校和研究机构，但由于京津两地发展受资源环境制约，北京和天津需要将自己的研发成果产业化才能产生经济效益，因此，环绕京津两地的河北便可成为科研成果转化的重要载体和基地。河北应充分利用京津创新资源，与京津共建一批科技园区、基地和创新服务平台，共建成果转化基金，共建一批区域性技术交易市场和产业技术创新联盟，完善区域创新体系，推进区域创新资源互联互通和开放共享，着重提高河北的科研成果转化能力。

（二）加大人才引进力度

人才是现代经济发展的核心要素。作为京津的"后方"，河北在人才方面一直处于劣势。河北在承接北京产业转移的过程中，对相关产业的人才需求将不断增大，特别是各类管理人才和技术型、应用型人才。因此，河北要认真研究北京产业转移指导目录，弄清楚哪些产业、单位是纳入疏解范围的，在此基础上有计划、有针对性地引进相关人才，为承接首都产业转移提供有力的人力资源支撑。同时，也应把从京津引进人才和技术作为京津冀世界级城市群建设的重要支点，通过制定优惠政策，打破阻碍人才流动和人才发挥作用的各种政策壁垒和障碍，创造良好的政策环境、工作环境和生活环境，吸引京津人才来河北就业创业。

（三）大力推进金融创新

搭建金融服务创新平台，提升产权交易中心、股权交易所、金融资产交易所、环境能源交易所等平台功能，完善金融要素交易市场体系。构建金融服务新体系，加快地方金融机构管理体制机制创新，增多做优金融主体，鼓励社会资本发起设立民营银行和投资公司，推进社会信用体系建设，加快形成多层次、多元化的金融服务格局。开发金融服务新产品，大力发展融资租赁、金融租赁、互联网金融等新业态，推进股权资产证券化，加快发展各类型股权投资基金，扩展保险资金投资领域和规模。加强对小微企业发展的金融支持。积极推广政府与社会资本合作模式。

（四）探索互利共赢模式

加强对产业转移重点承接平台及转移项目的统筹管理，积极探索有利于产业落地和实现共赢的模式。目前，河北探索了5种承接模式，主要是围绕如何更好地开展横向合作和利益分配机制方面进行尝试。这5种模式具体是：中关村海淀园秦皇岛分园形成了4∶4∶2[①]的利益分配模式；保定中关村创新中心的

[①] 入驻企业产生的税收，两地政府各得40%，另有20%将作为扶持资金支持企业发展。

整体托管模式；北京·沧州渤海新区生物医药产业园的异地监管模式；秦皇岛固安孵化基地的产学研合作模式；北京亦庄·永清高新技术产业区的全产业链合作模式。这些探索，有力地促进了产业的落地和实施，河北应进一步丰富完善已有模式，同时结合需要，积极探索其他有利于产业落地和实现互利共赢的模式。

本章参考文献

[1] 安树伟. 京津冀协同发展战略实施效果与展望 [J]. 区域经济评论, 2017 (6): 48-53.

[2] 安树伟, 肖金成. 京津冀协同发展: 北京的"困境"与河北的"角色" [J]. 广东社会科学, 2015 (4): 5-11.

[3] 安树伟, 闫程莉, 王宇光. 遵循城市发展规律, 促进京津冀协同发展 [J]. 财经智库, 2017 (3): 37-47.

[4] 陈哲. 地方保护主义的成因及对策研究 [D]. 重庆: 西南大学, 2010.

[5] 范俊生. 提升承接能力, 让孔雀不再东南飞 [N]. 北京日报, 2016-12-5 (003).

[6] 连季婷. 京津冀协同发展中的河北省经济策略研究 [D]. 大连: 东北财经大学, 2015.

[7] 吕翔. 区域冲突与合作及制度创新研究——以京津冀地区为例 [D]. 天津: 南开大学, 2014.

[8] 齐文琦. 政府行为对京津冀协同发展差距影响的实证研究 [D]. 秦皇岛: 燕山大学, 2015.

[9] 任俊, 安然, 安树伟. 京津冀拓展发展新空间研究 [J]. 城市, 2017 (8): 3-10.

[10] 宋文新. 打造京津冀世界级城市群若干重大问题的思考 [J]. 经济与管理, 2015 (5): 11-14.

[11] 王小鲁, 余静文, 樊纲. 中国分省企业经营环境指数2013年报告 [J]. 国家行政学院学报, 2013 (4): 24-34.

[12] 王小鲁, 樊纲, 胡李鹏. 中国分省份市场化指数报告 (2018) [M]. 北京: 社会科学文献出版社, 2019.

[13] 武建奇, 母爱英等. 世界大都市圈协同发展模式与京津冀协同发展路径研究 [M]. 北京: 中国社会科学出版社, 2018.

[14] 杨崇勇. 政策落差是河北与京津巨大差距的主因 [EB/OL]. 人民网, 2014-11-26.

[15] 中共河北省委, 河北省人民政府. 河北雄安新区规划纲要 [Z]. 2018.

第十章
构筑以首都为核心的多圈层、多支点网络化城镇体系

京津冀的城镇体系极不合理,全面辨识北京在京津冀不同空间尺度和不同功能层次应发挥的作用和承担的角色,对于京津冀建设生态环境良好、经济文化发达、社会和谐稳定的世界级城市群,建立大中小城市协调发展、各类城市分工有序的网络化城镇体系具有不可替代的意义。

一、京津冀城镇体系规模结构不合理,城市功能分工有待增强

(一)京津两极过于"肥胖"、城市规模结构"断档"问题突出

京津冀区域城镇体系不合理,突出表现为京津两极过于"肥胖",周边河北城市过于"瘦弱"、大中城市偏少,城市规模结构"断档"问题突出。(见表10-1)。从城区常住人口在各规模等级城市的分布来看,超大城市的人口总规模占比最高,为62.5%;Ⅱ型大城市次之,为21.9%;中等城市、Ⅰ型小城市、Ⅱ型小城市的人口总规模分别占6.8%、5.6%和3.2%,说明京津冀城市群存在超大城市过大、特大城市和Ⅰ型大城市缺乏、中等城市数量过少、小城市数量过多且发展不足的问题。

表10-1   2018年京津冀城市群城市规模等级分类

城市规模等级	数量(个)	城市	人口(万人)	占总人口的比重(%)
超大城市	2	北京、天津	3160.21	62.5

续表

城市规模等级		数量（个）	城市	人口（万人）	占总人口的比重（%）
特大城市		—	—	—	—
大城市	Ⅰ型大城市	—	—	—	—
	Ⅱ型大城市	6	石家庄、邯郸、唐山、保定、秦皇岛、张家口	1106.96	21.9
中等城市		5	邢台、沧州、衡水、廊坊、承德	343.52	6.8
小城市	Ⅰ型小城市	10	定州、任丘、迁安、涿州、滦州、武安、遵化、三河、辛集、黄骅	280.90	5.6
	Ⅱ型小城市	11	深州、霸州、河间、泊头、平泉、南宫、高碑店、晋州、安国、沙河、新乐	162.10	3.2

注：本书采用城区常住人口的近似计算公式：城区常住人口≈城区户籍人口+城区暂住人口。
资料来源：《中国城市建设统计年鉴（2018）》。

京津两极过于"肥胖"、城市规模结构"断档"问题突出，使得超大型城市北京和天津与下级城市的经济技术差距过大，难以把经济增长的能量通过城市体系由上向下传递到中小城市，不仅限制了它们辐射、带动大中小城市加快发展的功能发挥，也造成经济要素进一步向特大型城市过度集聚，由此使得河北承接产业转移的能力偏低（张晋晋、安树伟，2017）。

（二）京津两个核心城市实质性合作关系尚未形成

北京和天津两大中心城市在地域功能分工上并不是很明确（樊杰，2008）。北京和天津作为京津冀城市群内的两个超大城市，在行政级别上均为中央直辖市。从计划经济时期以来，这两大城市就一直处于地域分工不明的竞争格局下，缺乏合作意识。近年来，随着经济全球化和区域一体化的推动，北京和天津在地域功能上开始有所分工，出现了若干互补的趋势，但二者之间的实质性合作关系尚未真正形成。

（三）河北在京津冀产业网络中分工格局不清晰

结合产业经济学和经济地理学相关研究（李耀新，1995；王志华，2006），从产业价值链的视角对京津冀2000年和2010年的行业细分为八大部类①，并基于对应分析法通过点聚图来展现京津冀的产业网络分工。在点聚图中，离原点较近的职能是一般化职能，离原点较远的是某一个或某几个城市的专业化职能，职能点和城市点位置接近，表示城市具有该职能特征。同时，观察不同年份点聚图的变化，可以了解产业网络中不同核心城市职能特征的变动。

从产业网络分工格局来看，京津冀表现为典型的双中心格局，北京为服务业职能，天津则主要承担资本和技术型制造业的职能，这种分工格局不断发展，极大地影响了京津冀城市群中河北11个地级市的产业分工与发展，使得这种中心－外围的落差格局不断强化（见图10－1），虽然石家庄、廊坊、唐山

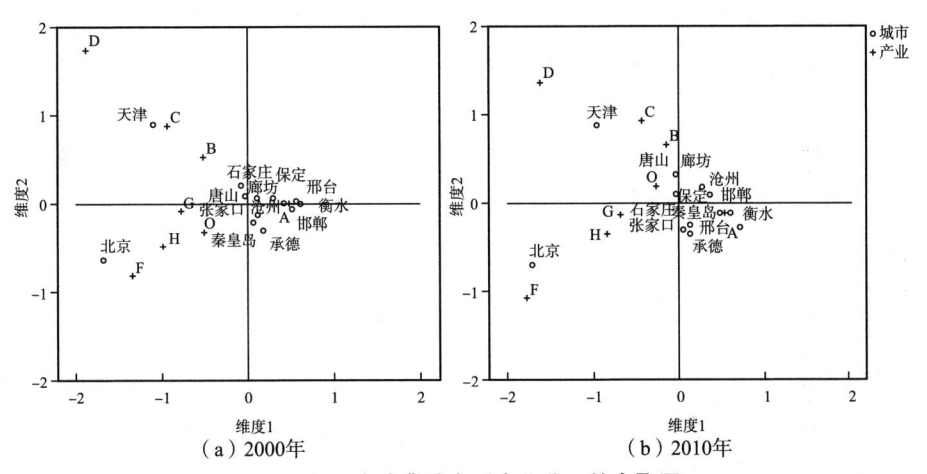

（a）2000年

（b）2010年

图10－1 京津冀城市群产业分工的点聚图

注：圈为城市节点，十字为行业部类，A、B、C、D、E、F、G、H依次代表农林牧副渔业、劳动密集型制造业、资本密集型制造业、技术密集型制造业、其他工业、高级生产性服务业、一般生产性服务业、其他服务业。

资料来源：吴康. 京津冀城市群职能分工演进与产业网络的互补性分析［J］. 经济与管理研究，2015（3）：63－72.

---

① 八大部类划分如下：A. 农林牧渔业；B. 劳动密集型制造业（农副食品加工业，食品加工业，纺织业，纺织服装、鞋帽制造，皮革、毛皮、羽毛及其制品，木材加工及木、竹、藤、棕、草制品业，家具制造，造纸及纸制品，印刷业和记录媒介的复制，文教体育用品制造，橡胶制品，塑料制品，非金属矿物制品，金属制品）；C 资本密集型制造业（饮料制造业，烟草制品业，石油加工、炼焦及核燃料加工业，化学原料及化学制品制造业，化学纤维制造业，黑色金属冶炼及压延加工业）；D 技术密集型制造业（医药制造业，通信设备、计算机及其他电子设备制造业，仪器仪表及文化、办公用机械制造业）；E 其他工业（采矿业，电力、燃气及水的生产及供应业，建筑业）；F 高级生产性服务业（金融保险业，信息传输服务业，租赁和商务服务业）；G 一般生产性服务业（交通运输、仓储和邮政通信业，批发和零售业，地质勘查和水利管理业）；H 其他服务业（房地产业，住宿和餐饮业，科学研究和综合技术服务业，居民服务和其他服务业，环境和公共设施管理业，卫生、社会保障和社会福利业，文化、体育和娱乐业，公共管理和社会组织，其他行业）。

等城市近年来劳动密集型和资本密集型制造业发展较快,但在整个网络分工体系中并不十分明显(吴康,2015)。

二、构筑以首都为核心的四圈层、多支点网络化协作体系

构筑以北京为核心的京津冀多层次、多支点的网络化协作体系是建设京津冀世界级城市群的重要一环。京津冀城市群本质上就是首都圈,其建设也应分阶段、分层次进行,李国平等(2004)把首都圈划分为狭域首都圈、中域首都圈和广域首都圈三个圈层,狭域首都圈是首都圈建设的核心地区,中域首都圈是首都圈建设的重点地区,而广域或更大空间尺度上的首都圈则可看作首都圈空间影响与辐射的地域范围(见表10-2)。

表10-2　　　　　　　　不同空间尺度的首都圈

名称	地域范围	面积(万平方千米)
狭域首都圈	北京市	1.68
中域首都圈	北京、天津、唐山、秦皇岛、廊坊、张家口、承德、保定、沧州	16.87
广域首都圈	北京、天津、河北	21.64

资料来源:李国平等. 首都圈:结构、分工与营建战略[M]. 北京:中国城市出版社,2004:131.

随着京津冀高速铁路的逐步网络化,在提升京津双城(尤其是首都北京)辐射带动能力的同时,推动河北区域性中心城市建设,增强节点城市的要素集聚能力,培育中小城市和特色小城镇,加快形成以北京为核心的京津冀多层次、多中心、多支点、网络化功能完善的空间协作体系成为关键。空间协作体系的构筑按照不同空间尺度(距离)和不同空间网络(功能)分为四个层次,即20千米核心功能圈、50千米都市功能圈、150千米协作功能圈和300千米辐射功能圈。

(一)20千米核心功能圈

20千米核心功能圈,是京津冀连接世界、发挥全球城市核心效应、引领发展的核心区域。北京是国家首都,是全国政治中心、文化中心、国际交往中心、科技创新中心。北京20千米的核心功能圈是承载北京城市战略定位、协

同京津冀、辐射全国、连接世界、发挥全球城市核心引领作用的关键。

全球化和信息化背景下的城市已不能单纯将其当作一个场所、地点的空间，更要将其视为"流动的空间"，各种社会经济与资源要素全球流动的增长，打破了国家的界限。城市之间的经济网络开始主宰全球经济命脉，越来越多的城市通过相互连接而进入全球网络，成为节点城市。北京作为全球城市、国家首都和京津冀打造世界级城市群的门户节点，具有十分显著的连接世界城市网络的优势。

20千米的核心功能圈覆盖了北京的主要建成区，在空间上包括一核（首都功能核心区）和一主（北京中心城区），是集中体现首都北京全球城市竞争力和影响力的核心地区，是北京打造国家政治、文化、国际交往和科技创新中心功能的核心空间载体。因此，需要通过优化功能、提升品质以及增强城市活力，进一步巩固北京的全球竞争力、话语权和影响力，以更好地发挥其作为大国首都和全球城市的核心引领作用，同时承载京津冀世界级城市群的核心功能区域，发挥大国首都和全球城市的"对外扇面"功能：连接世界城市网络。

（二）50千米都市功能圈

50千米都市功能圈，是京津冀促进产业转移和就业承接的融合发展区域。这样的区域是以北京大都市区为核心的通勤联系圈，主要覆盖了一核（首都功能核心区）、一主（中心城区）、一副（北京城市副中心）、位于平原地区的五个新城（昌平、顺义、大兴、亦庄和房山）和位于生态涵养区的两个新城（怀柔、门头沟）以及廊坊北三县市（三河、大厂、香河），构成都市功能圈的多支点网络化的空间治理体系。

欧美等高度城镇化国家的发展历程表明，都市区是构成巨型城市的最基本功能地域。以北京为核心的50千米都市功能圈主要依托轨道交通（地铁、轻轨）、市郊铁路、高速公路等交通线路将核心区、中心地区、边缘集团以及周边的新城等功能板块连接起来，同时以北京城市副中心为一翼、并依托北京大兴国际机场，全面对接北三县市、廊坊等毗邻的河北部分区域，加之沿线的特色小镇和微中心，形成北京大都市（功能）区。这个50千米圈层的大都市区是就业通勤的功能区，也是首都北京对接京津冀，充分发挥产业转移和就业承接功能，实现融合发展的依托空间。

与雄安构成两翼之一的北京副中心将在这一空间圈层中起到承上启下的重要作用，一方面带动相关非首都功能的产业和就业向副中心及其周边地区转移，另一方面协同整合外围的新城和廊坊北三县市、固安等节点，形成反磁力辐射，统筹整合北京都市区的空间结构，进行一体化发展。

（三）150千米协作功能圈

150千米协作功能圈，是京津冀服务国内、承载国家重要战略的联动发展区域。这一区域是以北京为核心的150千米圈层，基本覆盖了未来京津冀城际铁路交通一日往返可达的大首都生活圈。这一圈层除了一核所在的北京外，还包含了京津双城、保定、唐山、廊坊等区域中心城市和多节点城市，还包括北京城市副中心、雄安新区等两翼以及西北部的部分生态保护区。这一圈层是未来京津冀城市群高度同城化和功能协作一体化的巨型城市区域。

日本等东亚发达国家的城市区域发展经验表明，在大都市区可依托综合交通枢纽和复合化交通走廊建设将核心城市与周边节点城市相连接，进而促进圈内人流、物流、信息流的充分流动以及创新产业的协同发展，形成高度同城化和一体化的"生活圈"（功能协作圈），进而培育具有强竞争力的都市协作圈。

150千米的圈层不仅仅是环首都的一日生活圈，更是服务国内，承载京津冀国家重要战略和要求并发挥北京"对内扇面"的功能协作圈：依托京津冀产业协作以服务国内。应在充分利用北京"对外扇面"的基础上，强化金融、贸易、文化和科技创新功能，与其他节点城市尤其是中部核心功能区开展产业分工与协作，尤其要研究雄安新区和北京城市副中心的联动错位发展，并注重西北部地区的生态保育和涵养，实现圈内基础设施互通互联、公共服务设施共享共建和环境污染联防联控；协同天津、唐山和保定等城市，加快形成多中心网络化发展格局，增强竞争力，形成具有国家示范效应的城市群。

（四）300千米辐射功能圈

300千米辐射功能圈，是京津冀深入腹地、带动区域协同可持续发展的重要区域。以北京为核心的300千米为京津冀城市群的辐射发展功能圈，这一圈层在以上圈层的基础上进一步包括了南部功能拓展区部分区域和西北部生态涵养区，包括石家庄区域中心城市以及衡水、承德、张家口和秦皇岛等多个节点城市。依托京津、京保石、京唐秦三大发展轴，京津冀300千米的辐射功能圈将形成以北京为核心、双城两翼为依托、四大功能区[①]的多层次、多支点的网络化城镇空间体系。

此外，300千米的辐射功能圈深入河北腹地，是京津冀城市群经济发展水

---

① 指京津冀中部核心功能区、东部滨海发展区、南部功能拓展区和西北部生态涵养区。

平相对较低和生态环境相对脆弱的圈层，也是京津冀区域可持续发展的关键板块。这一圈层不仅仅是经济发展和产业辐射的功能圈，更是承载生态环境的功能圈。作为京津冀核心城市的北京在加快非首都功能疏解的同时，应积极考虑优先将一些具有产业梯度和互补性的制造业布局在这一圈层，如劳动密集型产业可优先向冀中南疏解，而生态休闲旅游型的产业要加强与张家口、承德和秦皇岛的联动。

三、上下并举，推动形成四圈层、多支点的城镇网络化体系

京津冀形成四圈层、多支点的城镇网络化体系，需要改变以往在政策上支持和放任超大城市、特大城市、高行政级别城市快速集聚发展的传统模式，兼顾公平与效率，实现大中小城市和农村地区的共同繁荣，促进包容性发展。通过四圈层、多支点的城镇网络化体系，改善特大城市和超大城市面临的交通、环境压力，给予中小城市更多的发展空间和机会，实现乡村地区和城市的统筹发展。

京津冀共同建设四圈层、多支点的城镇网络化体系，既要自上而下地引导部分首都政治功能、研发教育功能、天津滨海新区为龙头的现代制造业在京津冀区域的疏解与有序集中，提高北京和天津两大核心城市对区域的服务和辐射作用；又要鼓励自下而上的发展，市场主导、政府服务，促进县域经济发展，改善农村地区人居环境质量，造就更具活力的中小城市，提升中小城市产业的支撑能力（吴良镛等，2013）。

大力推进区域中心城市建设，积极发展京津冀次级中心城市，提高县域发展的自主性。在土地、资金、人才等方面放松对中小城市发展的政策性制约，均等配置教育、医疗、科技服务等公共服务资源，提高中小城市自主发展能力。继续强化发展河北石家庄、保定、唐山、邯郸等区域性中心城市，尤其是促进石家庄的快速发展。强化石家庄的区域性经济、金融、研发、教育中心作用，发挥石家庄高新技术产业基础好、新兴产业发展迅速、潜力巨大、承接转化能力强及对周围地区带动明显的优势，以战略、体制、模式和技术创新推进石家庄的转型升级，加快促进人口、产业和服务要素集聚，增强城市承载服务功能和聚集辐射能力，尽快发展成为规模较大、发展质量较高、辐射带动能力较强的现代化都市，大力提升石家庄作为京津冀地区新增长极的功能，推动京津冀地区从"两核带动"转向京津石"三足鼎立"的区域发展格局，引领河

北省实现中心突破、整体崛起（安树伟，2017）。

要因地制宜，促进河北省节点城市的崛起，并积极培育若干县级市（如冀州、任丘、定州等）的发展（吴良镛等，2013）。有序提升河北省中小节点城市的体量和规模，适当扩大河北县级市的面积，河北省县级市平均面积和人口规模均偏小，2018年平均面积为1095.5平方千米，分别相当于江苏省县级市的80.0%、浙江省县级市的74.6%、广东省县级市的46.1%；县级市平均人口为63.7万人，分别相当于江苏省县级市的64.6%、浙江省县级市的78.4%、广东省县级市的53.9%。由此导致河北省县级市建成区平均人口偏少，2018年仅有20.6万人，分别相当于江苏的64.0%、浙江的59.5%、广东的79.2%。县级市面积偏小是京津冀中小城市规模难以扩大、功能难以提升的重要原因。因此，从提高中小城市功能的角度，应该扩大河北县级市的面积，把县级市周边的县划入县级市，以扩大县级市的腹地范围（闫程莉、安树伟，2014）。

在产业网络分工方面，作为京津冀城市群核心城市的北京，同时也是本区的全球节点城市，可进一步考虑将部分创新门槛和研发门槛不高的技术密集型制造业职能向附近的廊坊和省会石家庄转移，以更好发挥全球城市的管理控制职能。天津应承担起京津冀重要的门户职能，在巩固资本和技术制造业的基础上，加快发展生产性服务业，同时与北京对接协调好高级生产性服务业的分工。石家庄、唐山、廊坊、沧州等基础和地理位置较好的城市，应积极利用协同一体化和功能疏解的发展机遇，努力提升产业层次，巩固加强技术密集型和资本密集型制造业的发展；而对于其他欠发达城市，一方面应因地制宜继续推进工业化进程，承接京津和石家庄、廊坊等地制造型产业和其他工业的转移；另一方面加快城镇化进程，培育壮大区域中心城市，转移农村剩余劳动力，带动消费性服务业和一般性生产性服务业的发展。

本章参考文献

[1] 安树伟．推动京津冀形成"三足鼎立"格局［N］．中国城市报，2017-3-6（2）．

[2] 北京市人民政府．北京城市总体规划（2016年—2035年）［Z］．2017．

[3] 樊杰．京津冀都市圈区域综合规划研究［M］．北京：科学出版社，2008：194．

[4] 李国平等．首都圈：结构、分工与营建战略［M］．北京：中国城市出版社，2004．

[5] 李耀新．生产要素密集型产业论［M］．北京：中国计划出版社，1995．

[6] 王志华，陈圻．长三角制造业结构高级化与同构的关系分析［J］．工业技术经济，2006（1）：94-97．

[7] 吴康．京津冀城市群职能分工演进与产业网络的互补性分析［J］．经济与管理研究，2015（3）：63-72．

[8] 吴良镛等．京津冀地区城乡空间发展规划研究三期报告［M］．北京：清华大学出版社，2013：86．

[9] 肖金成，申现杰，马燕坤等．京津冀世界级城市群发展研究［R］．亚洲开发银行技术援助项目TA-9042分报告之一，2017．

[10] 闫程莉，安树伟．中国首都圈中小城市功能的测度与分类研究［J］．改革与战略，2014（4）：88-95．

[11] 张晋晋，安树伟．北京城市辐射带动力的测度与提升研究［J］．领导之友，2017（3）：64-71．

第十一章
京津冀的产业协作与布局[①]

京津冀协同发展已上升为国家级战略,受到党中央及地方各级政府的高度关注,学术界也做了大量相关研究工作。目前政府规划部门和学者多以"两市一省"作为京津冀产业协作的空间规划范围,按照《京津冀协同发展规划纲要》对京津冀三地的功能定位,通过差异化互补式发展模式,推进三地的产业协作和区域协同发展。然而,这一设想存在一些问题。第一,北京是一个复杂的集合体。"首都北京"的概念不是单一的,而是"四个北京"的集合体,即作为全国政治中心的首都北京;代表中国发挥国际影响力的北京;作为京津冀城市群"双城"之一的北京;为市域范围内微观经济主体(居民、企业)提供城市服务,具备一般城市功能的北京。第二,以省级行政单位作为空间规划的基础单元无疑是过大的。当前,京津冀城市群总面积约为21.6万平方千米,大致与珠三角城市群(18.1万平方千米)和长三角城市群(21.17万平方千米)相当,但相较于长三角、珠三角,京津冀内部城市的经济发展水平差距大、经济联系不紧密的问题更为凸显,基于经济联系测度京津冀城市群,河北将有一部分地级市会被剔除。[②] 因而尽管面积相近,但空间范围无疑是过大的,规模如此宏大的城市群仅以省级行政单元作为规划的空间基础单元,是值得商榷的。虽然在规划制定上更为简便,但因忽略空间基础单元内部的社会经济发展差距使得规划落实阻碍重重。因此,对京津冀城市群所做的空间规划绝不可简单地停留于"省级行政单元",而是要进一步细化,找出发展阶段、水平相近、较易协作的"京津冀次区域",在这一空间尺度上落实京津冀产业协作的相关工作。

[①] 本章是在《沿海三大城市群产业协作》第四章的基础上,进一步充实完善的。
[②] 杨开忠教授等(2000)在《持续首都——北京新世纪发展战略》测度出首都圈范围,包括北京市、天津市、保定市、廊坊市、沧州市、唐山市、秦皇岛市、张家口市、承德市,共9个地级及以上城市,即"2+7"模式。

第十一章 京津冀的产业协作与布局

一、产业协作的基础

(一)经济发展呈现出不均衡现象

2019 年,北京和天津的人均地区生产总值分别是河北的 3.55 倍和 1.95 倍,这一巨大差距表明京津冀劳动生产力水平的非均衡性。2003~2012 年,北京人均地区生产总值与河北的比值呈现出持续缩小的趋势,但 2013~2019 年,二者差距呈现出扩大的趋势;2003~2015 年,天津人均地区生产总值与河北的比值呈现出缓慢上升的趋势,2016~2019 年,呈现出缩小趋势(见图 11-1)。

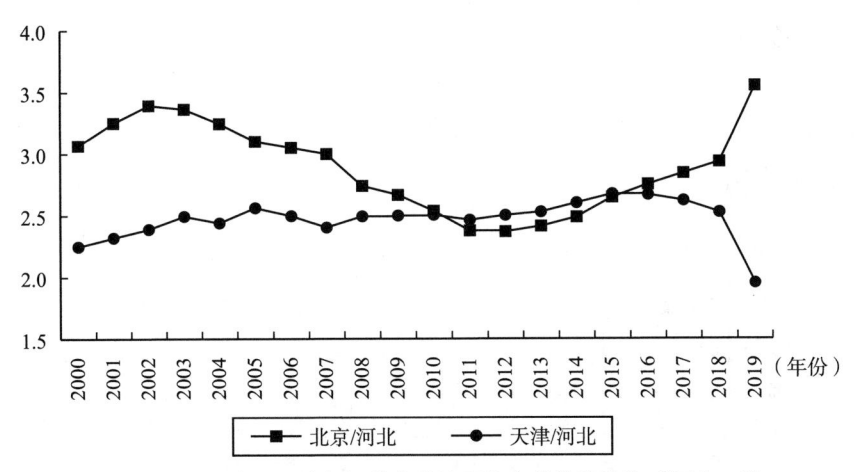

图 11-1 北京、天津与河北人均地区生产总值的比值(河北 =1)

资料来源:根据相关年份《中国统计年鉴》《中国统计摘要(2020)》整理计算。

如果将基础空间单元尺度缩小,京津各区呈现出更为悬殊的落差,京津冀地级及以上城市之间的经济发展差距也很大(见图 11-2、图 11-3)。如果将京津冀三地假想为三个国家,生产力水平的差距可以通过汇率的变动来进行调节。但现实是京津冀三地共同使用同一种货币,不独立的货币政策不仅无法刺激欠发达地区的产品输出,反而会使发达地区更加具备产品输出优势(陆铭,2016)。京津冀产业协作必须要建立于户籍制度改革基础之上,至少确保京津冀内部的人口自由迁徙,实现三地劳动生产力水平的趋同,以消除区域内部的"马太效应"。

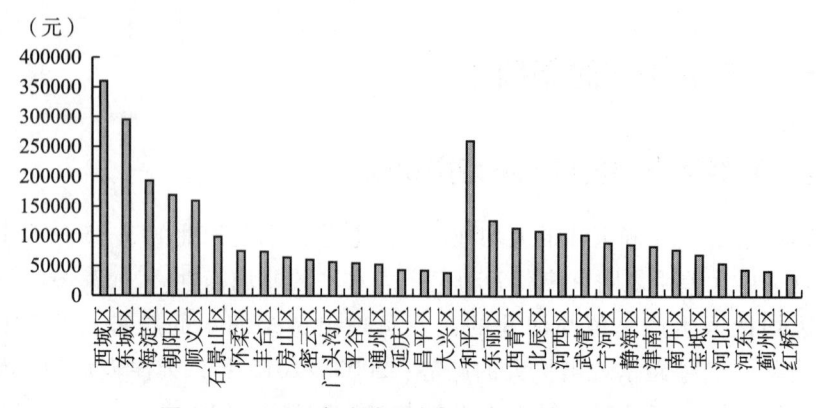

图 11-2　2018 年京津两市各区人均地区生产总值

注：由于滨海新区 2018 年 GDP 的详细数据并未公布，故在此未列出。
资料来源：根据《北京区域统计年鉴（2019）》《天津统计年鉴（2019）》整理得到。

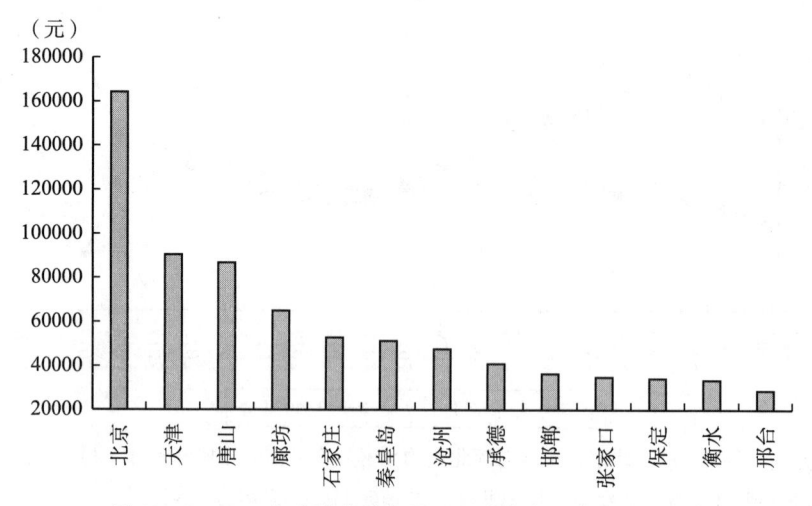

图 11-3　2019 年京津冀地级及以上城市人均地区生产总值

资料来源：根据各市的 2019 年国民经济和社会发展统计公报整理计算。

（二）要素价格存在一定空间差异

生产要素价格之间的差异是京津冀产业协作的基础，即生产要素价格较低的区域相对更加具备比较优势。产业转移的根本动力是迁移之后的利润大于迁移之前，反映在生产成本上就是相同条件下产业迁出地的生产成本更高。

1. 土地价格

京津冀各省（直辖市）的土地购置价格存在较大差异，2018年除第四类土地外，其他各类土地购置价格总体是北京＞天津＞河北，其中北京的土地购置单价远高于天津和河北（见表11-1）。

表11-1　2018年京津冀各省（直辖市）按土地等级划分的出让情况

项目	省（直辖市）	一级	二级	三级	四级	暂定	其他
土地成交价款（亿元）	北京	24.11	19.62	10.81	17.15	407.51	73.63
	天津	—	—	6.38	166.68	97.37	77.88
	河北	14.93	16.43	42.38	37.08	161.59	12.24
土地购置面积（万平方米）	北京	12.04	8.19	3.14	56.16	116.87	28.35
	天津	—	—	10.04	131.01	51.49	33.78
	河北	19.20	68.31	152.59	218.50	648.61	51.73
土地购置单价（万元/平方米）	北京	2.00	2.40	3.44	0.31	3.49	2.60
	天津	—	—	0.64	1.27	1.89	2.31
	河北	0.78	0.24	0.28	0.17	0.25	0.24

资料来源：根据《中国房地产统计年鉴（2019）》整理得到。

2. 工资水平

劳动力要素价格差距也是产业协作的有效推力，2018年京津冀城镇私营单位就业人员平均工资有较大差距（见表11-2）。劳动力要素价格之间的差异，一方面是地域差异造成的，即受到集聚效应作用的大城市工资普遍会比小城市的工资高；另一方面则是劳动力质量的差异导致的。对于前者，主要对策是加快推进户籍制度改革的步伐，消除人口自由迁徙的体制机制障碍；对于后者，最为有效的办法就是加大教育投资力度，培育出与京津两地产业相匹配的劳动力，避免出现劳动力要素价格的差异难以弥补劳动力要素培训的费用。相对于教育投入的回报周期而言，地方政府官员的任期是比较短的，基期的巨大投入换来的是下一期的丰硕产出，这种"为他人作嫁衣"的事情地方政府官员是缺乏动力去做的。这表明加强顶层机制设计，进一步完善地方政府官员的晋升考核机制，充分激发地方政府对于教育投入的积极性，对于京津冀的产业协作是有益的。

表 11-2　2018 年京津冀各省（直辖市）城镇私营单位就业人员平均工资

行业	平均工资（元/人）		
	北京	天津	河北
合计	76908	62316	39512
农、林、牧、渔业	43879	39708	33259
采矿业	57635	68541	37159
制造业	71612	65203	40363
电力、热力、燃气及水生产和供应业	64970	61804	47883
建筑业	60527	52389	41751
批发和零售业	64002	51570	37121
交通运输、仓储和邮政业	54061	56337	43724
住宿和餐饮业	51289	48171	34196
信息传输、软件和信息技术服务业	130984	99540	44156
金融业	178822	84834	45684
房地产业	90586	59620	40842
租赁和商务服务业	73766	74237	37395
科学研究和技术服务业	86722	76584	42860
水利、环境和公共设施管理业	56309	52421	37634
居民服务、修理和其他服务业	45627	48421	35881
教育	81359	62304	42262
卫生和社会工作	84725	52472	41185
文化、体育和娱乐业	70601	58991	36965

资料来源：根据《中国人口和就业统计年鉴（2019）》整理得到。

（三）科技创新能力存在失衡现象

京津冀各省（直辖市）之间科技创新存在较大差距。从技术市场成交额来看，2019 年全国技术合同成交额为 22398 亿元，北京占全国的 25.43%，天津占全国的 6.39%，而河北仅占全国的 1.71%。从专利申请数和授权数来看，也是北京＞天津＞河北，其中北京的专利申请数和授权数远高于天津和河北（见图 11-4）。从国家级高新区企业数量、从业人员、营业收入、出口总额等主要经济指标来看，北京的科技创新能力在京津冀占据了绝对的优势地位（见

表11-3）。因此，北京要在京津冀产业协作中充分发挥其科技创新的引领作用，通过辐射带动，促进京津冀三地的产业层级跃升。

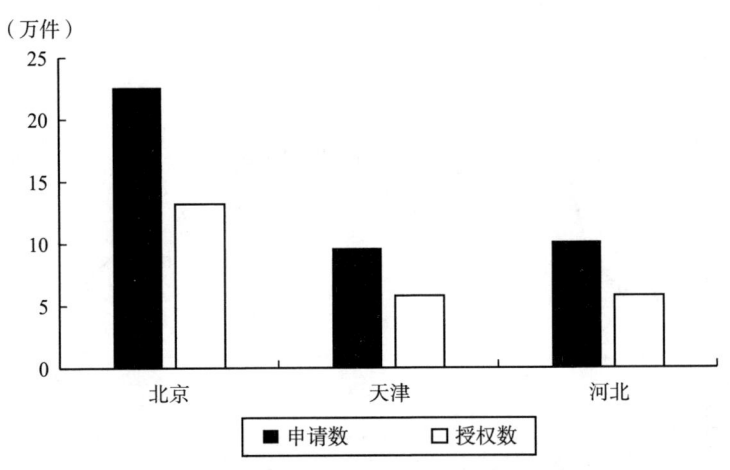

图 11-4 2019 年京津冀各省（直辖市）专利申请数和授权数

资料来源：根据各相应省（直辖市）2019年国民经济和社会发展统计公报整理。

表 11-3　　　　2018 年京津冀国家级高新区企业主要经济指标

地区	开发区	企业数（家）	从业人员（人）	营业收入（亿元）	出口总额（亿元）
北京	中关村国家自主创新示范区	22111	2719786	58830.90	2057.38
天津	天津滨海高新技术产业开发区	4251	266048	4172.39	395.94
河北	石家庄高新技术产业开发区	1305	146091	2000.31	82.19
	唐山高新技术产业开发区	235	16634	122.38	5.24
	保定高新技术产业开发区	492	116880	2103.86	53.73
	承德高新技术产业开发区	57	14551	158.84	1.68
	燕郊高新技术产业开发区	225	29240	350.95	7.75

资料来源：根据《中国统计年鉴（2019）》整理。

二、产业协作现状与特征

（一）经济总量占全国的比重持续下降，经济活动仍然向京津集聚

京津冀地区生产总值占全国的比重呈现出倒U型变动趋势（见图11-5），

2000~2005年，占全国比重持续上升；2006~2015年，占全国比重呈现波动下降，2016年略有回升，但随后又出现大幅度下滑。

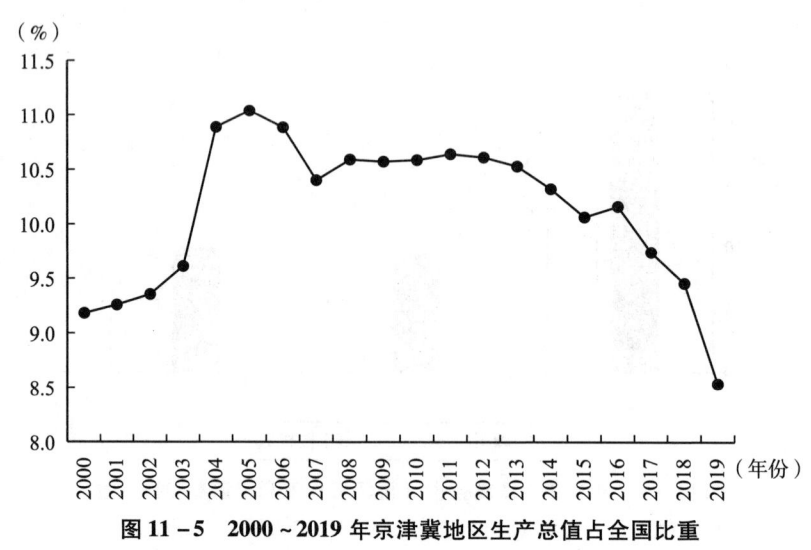

图11-5 2000~2019年京津冀地区生产总值占全国比重

资料来源：根据相关年份《中国统计年鉴》《中国统计摘要（2020）》整理。

京津冀社会经济发展水平严重失衡，人口、经济不断向京津两地集聚，为了更为直观地反映这一历史演变过程，以人口、经济分布重心作为测度指标对区域内人口、经济活动的演变进行分析。

2000~2019年，京津冀地区人口分布重心偏移过程大致可分为两个阶段。第一阶段（2000~2015年），呈现出较为明显的向东北方向偏移的趋势，2000年人口分布重心大致在河北定州市附近；2015年人口分布重心大致在河北博野县附近，此阶段，东北方向相对于其他区域而言对人口的吸引能力更强。第二阶段（2016~2019年），向东北方向偏移的趋势显著逆转，京津冀人口分布重心持续向西南方向偏移，2016年人口分布重心大致在河北博野县附近；2019年人口分布重心大致在河北安国市附近。在此阶段，西南方向相对于其他区域而言对于人口的吸引能力更强，说明疏解非首都功能取得实质性进展，人口向外疏解，致使北京的人口集聚能力有所下降（见图11-6）。

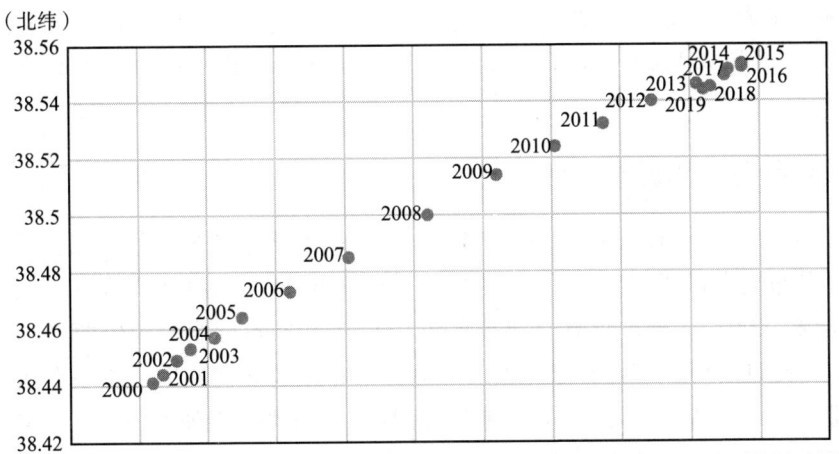

图 11-6 2000~2019年京津冀人口重心变动

资料来源：根据以下研究修改得到：安树伟，郁鹏等．沿海三大城市群产业协作[M]．北京：经济管理出版社，2019：115．

2000~2019年，京津冀经济分布重心尽管个别年份存在一定波动，但总体方向呈现出较为明显的向东北方向偏移的趋势：2000年经济分布重心在河北保定市青堡村附近；2019年经济分布重心移动到河北安新县附近（见图11-7）。

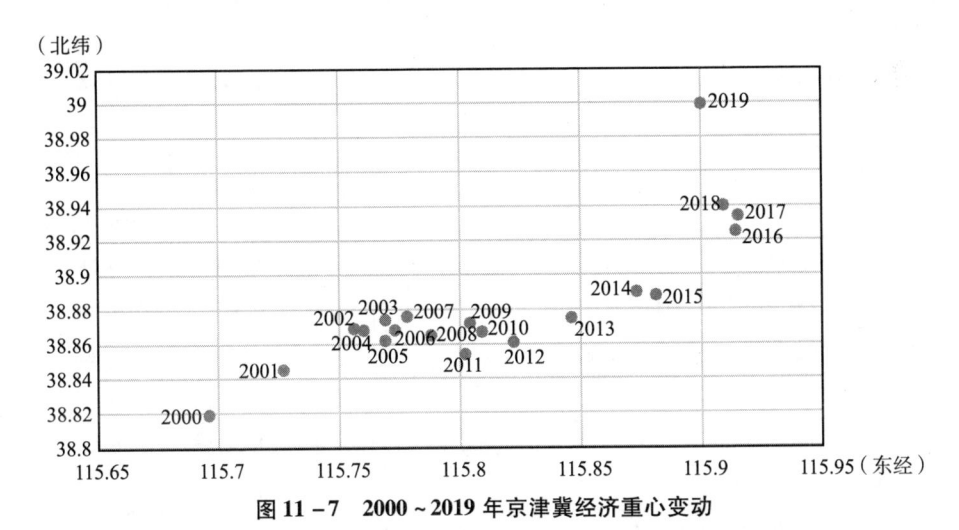

图 11-7 2000~2019年京津冀经济重心变动

资料来源：根据以下研究修改得到：安树伟，郁鹏等．沿海三大城市群产业协作[M]．北京：经济管理出版社，2019：116．

就偏移量而言，2000~2019年，京津冀人口分布重心的经纬度变动量分别为0.162°和0.110°；经济分布重心的经纬度变动量分别为0.216°和0.106°。

（二）产业同构现象突出

区位商（location quotient，LQ），考察的是国民经济中的各个行业在空间上的相对分布集中程度，是反映一个地区是否具备出口导向的重要指标（毛加强、王陪咖，2007）。通过计算京津冀各省（直辖市）各行业的区位商（见表11-4、表11-5），可以看出，2016年京津两市制造业同构突出集中在医药制造业和汽车制造业；天津和河北制造业同构主要是黑色金属冶炼和压延加工业；2017年北京、天津、河北第三产业同构主要体现在水利、环境和公共设施管理业，但由于其涉及基本民生，故必须结合各地的实际情况发展，不能不加区分地疏解；此外，信息传输、软件和信息技术业、科学研究和技术服务业是北京的优势产业，要充分吸收北京各大高校及科研院所的正外部收益，做强做大此类产业，为京津冀城市群产业层级跃升提供重要支撑。

表11-4　2016年京津冀各省（直辖市）制造业各行业区位商

行业	区位商		
	北京	天津	河北
农副食品加工	0.48	0.53	0.55
食品制造业	1.40	2.34	0.84
酒、饮料和精制茶制造业	0.98	0.68	0.46
烟草制品业	0.27	0.36	0.45
纺织业	0.05	0.24	0.74
纺织服装、服饰业	0.52	1.87	0.27
皮革、毛皮、羽毛及其制品和制鞋业	0.04	0.33	1.28
木材加工和木、竹、藤、棕、草制品业	0.08	0.17	0.29
家具制造业	0.68	1.46	0.46
造纸和纸制品业	0.26	1.22	0.61
印刷和记录媒介复制业	1.37	1.26	0.64
文教、工美、体育和娱乐用品制造业	0.16	1.10	0.42
石油加工、炼焦和核燃料加工业	0.72	2.05	1.08

续表

行业	区位商		
	北京	天津	河北
化学原料和化学制品业	0.40	1.01	0.68
医药制造业	2.02	2.10	0.68
化学纤维制造业	0.08	0.05	0.96
橡胶和塑料制品业	0.28	1.48	0.60
非金属矿物制品业	0.48	0.53	0.74
黑色金属冶炼和压延加工业	0.09	3.14	3.09
有色金属冶炼和压延加工业	0.17	0.88	0.27
金属制品业	0.57	2.17	0.96
通用设备制造业	0.73	1.72	0.58
专用设备制造业	1.14	1.87	0.78
汽车制造业	2.00	2.41	0.78
铁路、船舶、航空航天和其他运输设备制造业	1.31	3.57	0.61
电气机械和器材制造业	0.48	0.80	0.49
计算机、通信和其他电子设备制造业	0.76	1.28	0.17
仪器仪表制造业	1.86	0.92	0.27
其他制造业	0.99	2.72	0.40
废弃资源综合利用业	0.28	2.59	0.54
金属制品、机械和设备修理业	5.15	1.97	0.85

资料来源：根据《中国工业经济统计年鉴（2017）》整理计算，其中区位商采用"就业人数"计算。

表11–5　2017年京津冀各省（直辖市）第三产业各行业区位商

行业	区位商		
	北京	天津	河北
批发和零售业	0.94	1.31	0.88
交通运输、仓储和邮政业	0.95	0.93	1.62
住宿和餐饮业	0.83	0.93	0.81
信息传输、软件和信息技术服务业	3.58	0.83	0.64
金融业	2.09	1.32	0.76
房地产业	0.96	0.64	0.76

续表

行业	区位商		
	北京	天津	河北
租赁和商务服务业	2.59	2.02	0.54
科学研究和技术服务业	5.17	2.72	0.69
水利、环境和公共设施管理业	1.39	1.93	1.01
居民服务、修理和其他服务业	0.34	1.71	1.59
教育	1.31	0.71	0.52
卫生和社会工作	1.07	0.69	0.81
文化、体育和娱乐业	2.64	1.08	0.54
公共管理、社会保障和社会组织	0.77	0.55	0.73

资料来源：根据《中国统计年鉴（2019）》《北京统计年鉴（2019）》《天津统计年鉴（2019）》《河北经济年鉴（2018）》整理计算，其中，区位商采用"增加值"计算。

（三）北京城市流强度一支独大

根据安树伟、郁鹏等（2019）的研究，2005~2014年，京津冀外向功能量呈现明显的增长趋势，其中北京的外向功能量始终居于京津冀的首位，而且远远大于其他城市（见表11-6），这主要由于北京"四个中心"功能定位所决定的。北京经济发展中外向功能量较强的产业有如下几类：信息传输、计算机服务和软件业；租赁和商业服务业；科学研究、技术服务和地质勘查业；文化、体育、娱乐用房屋以及房地产业等，这为北京产业朝"高精尖"方向发展奠定了基础。

表11-6　　　　京津冀第三产业内部城市流强度

城市	2005年			2014年		
	E	F	K	E	F	K
北京	161.36	1280.80	0.18	220.89	3347.10	0.16
天津	15.69	298.87	0.08	10.36	304.72	0.02
石家庄	2.93	59.80	0.03	15.30	500.62	0.10
唐山	7.34	200.93	0.10	3.23	136.01	0.02
秦皇岛	1.76	30.91	0.06	5.94	132.27	0.11

续表

城市	2005 年			2014 年		
	E	F	K	E	F	K
邯郸	4.03	80.36	0.07	11.17	318.98	0.10
邢台	2.31	48.53	0.07	10.57	293.14	0.18
保定	4.56	77.34	0.07	14.92	345.79	0.11
张家口	1.56	18.34	0.04	10.00	256.61	0.19
承德	1.49	22.80	0.06	7.86	258.99	0.19
沧州	3.50	85.27	0.08	13.88	653.82	0.21
廊坊	1.79	45.93	0.07	6.44	226.28	0.10
衡水	1.31	31.42	0.06	8.05	245.48	0.21
京津冀合计	209.61	2281.30	—	338.62	7019.81	—

注：F 表示城市流强度；E 表示城市外向功能；K 表示城市总功能量的外向程度，即城市流倾向度。

资料来源：安树伟，郁鹏等. 沿海三大城市群产业协作 [M]. 北京：经济管理出版社，2019：125.

三、产业协作面临的主要问题

（一）行政干预问题

相较于长三角和珠三角而言，京津冀的行政干预色彩较为浓厚。黄志基和贺灿飞（2013）认为，可以通过地方财政支出占 GDP 的比重来测度地方政府对市场的干预能力。从表 11-7 可以看出 2000~2019 年，京津冀财政支出占地区生产总值的比重高于长三角和珠三角；且京津冀、长三角和珠三角地方财政支出占地区生产总值的比重分别增长了 12.19 个百分点、7.36 个百分点和 6.02 个百分点，京津冀增幅最大。党的十八届三中全会指出，使市场在资源配置中起决定性作用和更好地发挥政府作用。因此，京津冀产业协作必须要充分激发市场活力，塑造"政府搭台、企业唱戏"的产业协作模式，让市场真正在京津冀产业协作中发挥决定性作用。

表 11-7　2000~2019 年地方财政一般预算支出占地区生产总值的比重　　单位：%

年份	京津冀	长三角	珠三角
2000	10.55	8.74	10.06

续表

年份	京津冀	长三角	珠三角
2001	11.74	9.83	10.98
2002	11.78	10.51	11.27
2003	11.67	10.81	10.70
2004	11.68	11.04	9.82
2005	11.87	11.37	10.15
2006	12.56	11.49	9.60
2007	13.34	12.05	9.94
2008	13.91	12.87	10.27
2009	15.69	14.30	10.98
2010	15.81	14.20	11.78
2011	16.47	14.91	12.61
2012	17.28	15.33	12.95
2013	17.76	15.45	13.46
2014	18.18	15.51	13.50
2015	21.05	17.34	17.62
2016	21.36	16.59	16.63
2017	20.78	16.34	16.76
2018	21.49	16.65	16.17
2019	22.74	16.10	16.08

注：长三角以上海市、江苏省、浙江省、安徽省测算；珠三角以广东省测算。
资料来源：根据相关年份《中国统计年鉴》《中国统计摘要（2020）》整理。

（二）河北难以与京津有效对接

经济发展水平的差距过大，导致了在疏解北京非首都功能背景下，北京与河北之间的产业协作更多是被动承接，而非主动合作。这是制约京津冀产业协作的关键，也是京津冀协同发展这一国家战略难以回避的问题。京津冀协同发展的重点是北京，而难点却在河北（安树伟、肖金成，2015），需要下大气力提升河北的城市功能，逐步缩小与京津两地之间的经济鸿沟和公共服务水平差距（张长，2016）。北京疏解落后产业给河北，客观上北京产业结构会进一步优化，而河北却因产能落后而进一步扩大了区际之间的发展差距。但也需要认识到，过于落后的产业在疏解之前也根本无法在北京存活，即这类产业的数量并不多；此外，这类产业也绝不会是河北各地招商引资的重点，河北所承接的产业至少也是与当前水平相当的产业。同时，与北京的"强身健体"不同，河北要做得更多的是如何把经济这块"蛋糕"做大，只有当经济达到一定体量的时候，才有产业结构升级优化的可能。

（三）"选择性产业政策"过多

就京津冀的产业协作而言，产业政策无疑会起到积极的作用，但也值得警惕，产业政策的制定应当更加宏观，更加关注那些市场失灵的地方，而不是在那些市场仍然保持着较高活力的地方。推动京津冀产业协作应着力引入"竞争性产业政策"而不是"选择性产业政策"[1]；由于京津冀三地经济发展水平相差过于悬殊，过分依靠市场则会使河北陷入缪尔达尔（1957）提出的循环累积因果之中，因而产业政策的重点应放在市场失灵的地方，着力提升河北的经济发展水平。

四、产业协作的模式选择

（一）京津冀产业协作模式的演变

就京津冀产业协作的主导模式而言，大致可以分为以下四类（见图11-8）。Ⅰ、Ⅱ两类主导模式所作用的客体以微观层面为主；Ⅲ、Ⅳ两类主导模式则是以中观层面及宏观层面为主。由此可以对我国沿海三大城市群按主导模式进行划分：现阶段长三角、珠三角隶属于第Ⅲ类，而京津冀则属于第Ⅳ类。从综合发展水平的角度对城市群发展现状进行分析，长三角、珠三角无疑是优于京津冀的。京津冀未来发展应致力于消除政府的不必要干预，充分发挥市场在资源配置中的决定性作用，逐步推动主导模式由第Ⅳ类向第Ⅲ类转变（安树伟、郁鹏等，2019）。

---

[1] 选择性产业政策是指日本式的产业政策，其政策功能是主动扶持战略产业和新兴产业，缩短产业结构的演进过程，以实现经济赶超目标。

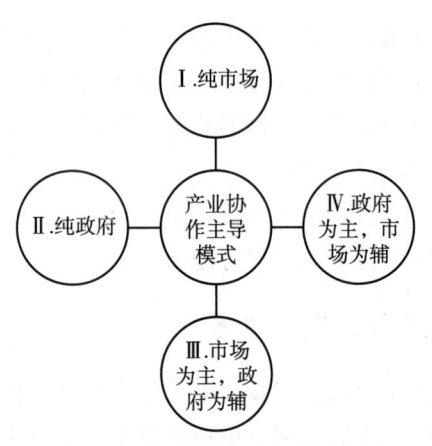

图 11-8　产业协作主导模式划分

资料来源：安树伟，郁鹏等. 沿海三大城市群产业协作 [M]. 北京：经济管理出版社，2019：131.

京津冀产业协作从宏观尺度上大致经历了以下三个阶段（见图 11-9）：第Ⅰ阶段（改革开放以前），京津冀的产业协作以中央政府为主导，企业是中央计划指令的被动承担者；第Ⅱ阶段（改革开放以后到 20 世纪 90 年代），中央政府着眼于放权让利，承认微观主体的利益诉求，极大地调动了地方政府发展地方经济的积极性，产业协作的推动主体也因此由中央政府演变为地方政府；第Ⅲ阶段（20 世纪 90 年代至今），随着社会主义市场经济体制的逐步确立和完善，区际之间的联系也日益密切，初步形成了以政府为主导，辅之以市场的产业协作局面（马海龙，2014）。未来京津冀产业协作要着眼于消除行政干预对产业的影响，充分激发市场机制的主动性，逐步完成向第Ⅳ阶段的转变，形成以市场为主导，辅之以政府的产业协作模式。

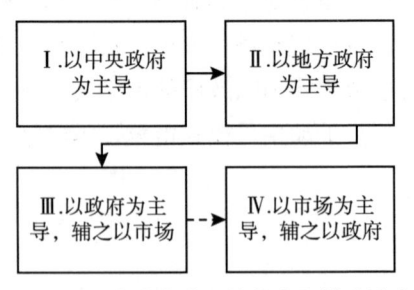

图 11-9　京津冀产业协作主导模式演变

资料来源：安树伟，郁鹏等. 沿海三大城市群产业协作 [M]. 北京：经济管理出版社，2019：132.

（二）未来京津冀产业协作模式

1. 区际产业协作模式

区际之间的产业协作模式大致可分为以下三类（见图11-10）。一是协作双方的经济发展水平相近且皆处于较高水平，由此可以实现强强协作；二是协作双方的经济发展水平相近，其经济发展具有明显的互补关系，因而可以凭借各自的比较优势实现互补协作；三是协作双方的经济发展水平存在一定差距，则可以通过链条协作的方式贯通形成上下游产业链，推动协作主体共同发展。

图11-10 区际产业协作模式

资料来源：安树伟，郁鹏等. 沿海三大城市群产业协作 [M]. 北京：经济管理出版社，2019：132.

2. 产业链分工

亚当·斯密（2004）认为劳动生产力的增进是分工的结果。随着交通、通信技术的迅速发展以及经济全球化的快速推进，企业更加注重核心能力和核心业务的构建，而把其他环节外包给市场来组织分工（杨蕙馨等，2007）。程李梅等（2013）也认为现代经济是分工经济。当前的产业分工是以产业链上下游关联为基础的，破解京津冀产业协作这一难题的突破口就是构建京津冀内部产业链网络体系，在产业链的作用下实现产业协作。对于产业链协作而言，最基础的协作是区域内部的纵向协作，即产业链的上下游协作；在此之上就是区域内部的横向产业链协作，即通过桥梁产业将区域内部的两类不相关的产业链串联在一起；更为高级的就是区际的横向产业链协作，使不同地区的产业链彼此相互作用；最为高级的就是产业链网模式，联通区际产业链条，从而实现区际的最佳协作模式（见表11-8）。

表 11-8　　　　　　　　　　　产业链空间动态演化模式

演化模式	产业形态	主要内容
区域内纵向延伸模式	点发散形态	使产业链从一个企业内部转向区域内的企业之间（唐浩、蒋永穆，2008）
	线连接形态	接通分散在不同区域的产业链功能环节，使产业链趋于完整（张辉，2006）
区域内横向拓展模式	线连接形态	通过某一新的产业链或者产业链片段将区域内两条本来没有交集的产业链"连"在一起，从而形成一种产业共生关系（程李梅等，2013）
区域间横向拓展模式	线连接形态	由于存在某种关系（比如互补性），而使得不同区域的不同产业链发生"联接"，进而形成新的市场需求的产业融合现象（白永秀、惠宁，2008）
产业链网模式	网结构形态	由于原产业链中某一占据特定价值段的节点企业不断聚集，从而形成新的产业链，也就是产业链蘖生现象。从母产业的视角看，纵向上在产业链的价值段形成互补关系，横向上形成替代关系（芮明杰、李想，2009）

资料来源：根据相关文献整理。

在产业链空间动态演化模式的基础之上探索欠发达地区承接产业转移的路径，以此来破解京津冀内部经济发展失衡所导致的产业困境。承接产业转移的路径是基于区域产业基础条件和区域要素禀赋状况两个纬度进行分析的（见图 11-11）：对于第 Ⅰ 类区域而言，引进桥梁企业联通区际之间的产业链条，促成产业链在区域间延伸与拓展；对于第 Ⅱ 类区域而言，作为欠发达地区中最具潜力的区域，借助关键节点企业嵌入产业链网络之中，参与更大范围的区际产业分工；对于第 Ⅲ 类区域而言，作为欠发达地区中的欠发达地区，仅凭借自身的发展很难有所改观，因而只能根据其自身的比较优势去承接发达地区丧失比较优势的产业集群；对于第 Ⅳ 类区域而言，要素禀赋虽好但缺乏产业承接基础，因而导致产业链延伸困难，可以通过引进关键节点企业迅速在承接地区内部形成产业链，如果关键节点企业还具备产业链边缘性质，则更加有利于与其他地区的产业链相串联，进而有助于转变当地产业基础差的问题。

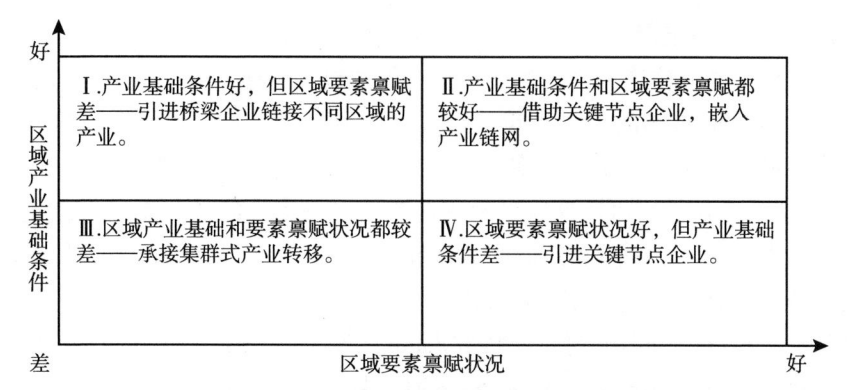

```
好
 ↑
 │  Ⅰ.产业基础条件好,但区域要素禀赋   Ⅱ.产业基础条件和区域要素禀赋都
区│    差——引进桥梁企业链接不同区域的     较好——借助关键节点企业,嵌入
域│    产业。                              产业链网。
产│
业│
基│
础│  Ⅲ.区域产业基础和要素禀赋状况都较   Ⅳ.区域要素禀赋状况好,但产业基础
条│    差——承接集群式产业转移。          条件差——引进关键节点企业。
件│
 │
差└─────────────区域要素禀赋状况──────────────→好
```

图 11-11　欠发达地区承接产业转移路径分析矩阵

资料来源:程李梅,庄晋财,李楚等.产业链空间演化与西部承接产业转移的陷阱突破[J].中国工业经济,2013(8):135-147.

3. 产业转移

学术界对于产业转移概念的界定主要有以下三种观点:一是认为这是一种新的经济运动过程(卢根鑫,1994);二是认为这是衰退型产业退出的重要方式(王先庆,1997);三是认为是产业由一个区域向另一个区域的转移(李新春,2000)。从比较优势的角度看,产业转移是发达地区向落后地区不断转移已丧失比较优势的产业(陈计旺,1999);从产业分工的角度看,产业转移是推动迁入地和迁出地产业升级的重要途径(朱宜林,2005);从资源配置的角度看,产业转移是资源优化配置的过程(王文成、杨树旺,2004);从微观企业的角度看,产业转移是由于比较优势发生变动,在市场机制作用下产业由发达地区向欠发达地区转移的过程(郑燕伟,2000)。因此,产业转移是指经济发展到一定阶段后,由于比较优势发生变动而导致的产业在空间尺度上的移动,是一种时间和空间维度上的动态演进过程(陈建军,2002;顾朝林,2003;陈刚、刘珊珊,2006)。

产业转移的代表性理论有赤松要(Akamatsu,1962)的雁行模式理论,普雷维什(Prebisch,1962)的中心-外围理论,刘易斯(1984)的劳动密集型产业转移理论等,这些理论对于京津冀产业协作布局而言有着很强的指导意义。一个区域的经济活动不可能是均衡分布的,因而,产业协作也会集中于某些城市而不是所有城市。

空间经济的集聚与扩散是集聚力和分散力共同作用的结果,集聚力主要包括产业的前后向关联效应(Ottaviano,2011)、溢出效应(Puga,2010)和劳动力池效应;分散力主要包括拥挤效应、资源要素的不完全流动性(李国平

等，2016）。产业集聚会引起工人的工资水平不断提高，为了降低生产成本，企业在市场机制的作用下会向工资水平较低的地区转移，即工资水平的不断提高成为推动产业转移的重要力量（Puga、Venables，1996）；同时，产业集聚还会推动拥挤成本的上升，促使集聚的企业由中心区转向外围区（Hanson，1998）；诸如住房等不可贸易要素的价格会随市场规模的扩大而提高，使企业的生产成本提高，从而推动产业扩散（Markusen、Venables，2000）。外部环境和发展条件变化使得企业盈利空间和最优区位发生变动，从而使得企业为了提高盈利水平和竞争力实施空间迁移（Smith，1971）。迁出地和迁入地的规模、区域间距离，以及各自的比较优势是两区域之间移动的主要因素（安虎森，2004）。集聚经济和市场规模是发达地区向欠发达地区转移的主要决定因素（Wheeler、Mody，1992）。企业区域转移的行为方式和区域选择存在明显的相关关系（陈建军，2002）；产业转移是企业在技术手段之外通过对市场的重组和集成实现经济性的结果（戴宏伟，2006）。产业区域转移存在两种力的作用：一种是推力，另一种是拉力（张弢，李松志，2008）；产业转移会受到迁出地的阻力，包括产业集聚的"黏性"（黄建清、郑胜利，2002）、迁出地本身所蕴含的政策支持（李国平等，2016）、制度创新（邱成利，2001）和科技创新等，同时也会受到迁入地的斥力，包括相对落后的基础设施建设（吴晓军、赵东海，2004）、对新观念接受较为迟缓（李松志、刘叶飚，2005）、要素市场不健全等，因此产业集聚和产业转移是向心力和离心力动态均衡的结果（李娟、郑平，2011）。朱英明（2004）认为，集聚与扩散是城市群地域结构形成与演化的重要动力机制，并塑造着城市之间的联系。就京津冀产业协作而言，应当充分利用经济的集聚与分散效应，利用好市场这只"看不见的手"的作用，引导产业在空间上的合理布局。政府则需要搭建好产业承接平台即可，而不要过度干预企业的运行。

产业转移是企业成长的空间表现（Dicken，1992）；产业转移可以使产业迁出地和迁入地同时获得收益，而并非基于牺牲发达地区经济利益的基础之上（荒山裕行，1995）；产业转移会引起企业的空间重新布局，应当有相关的产业空间政策作为支撑（Kemper、Pellenbarg，1997）。产业转移对欠发达地区而言，一方面促进了生产要素转移、生产结构调整、就业结构优化、社会资本有机构成提高，但另一方面也会引起环境污染等问题（卢根鑫，1997）。产业转移对产业结构具有整合升级的效应，不仅可以使迁出地结构优化，也会促使迁入地产业结构优化，实现"双赢"，是一种"非零和博弈"（王先庆，1998）。产业转移对迁入地而言，对产业层次提升有优化效应、就业有扩大效应、产业有发展效应（陈刚、张解放，2001），但也会使区域投资利润率平均化，引发环境保护、劳动保护和游移性产业问题（魏后凯，2003）；产业转移会使产业迁入地处于垂直分工的低端位置，拉大与迁入地的经济差距（余慧倩，2004）；产业转移既有资源流入、技术流程、关联带动和分工协作等正面效应，也有资源流失、阻碍创新和污染转移等负面效应（陈娇，2011）。

京津冀产业协作当前主要是以产业转移为主，因而对于产业转移的时间问题应当给予一定的重视。北京向河北转移的企业大体可分为两类：其一是生产效率低的产业，这类产业会自然向欠发达地区转移，完全可以凭借市场的力量解决；其二是可以在北京生存但与北京城市发展战略并不相符合的企业，也就是"非首都功能"。这类产业一旦转移到了河北，由于其本身较高的技术生产率会在短时间内挤占大量的市场份额，使本来有盈利空间的河北企业出现亏损甚至破产，使得产业转移不仅无益于河北本地经济的发展，反而使其变得愈加困难。对于此类产业转移应分批次地进行转移。转型升级的阵痛期必定是要经历的，通过低效率企业的破产或高效企业的重组，从微观基础层面实现企业劳动生产力水平的提升，缩小京津冀内部的技术水平差距，实现京津冀产业协作的良性循环。对于京津冀产业协作而言，从长远来讲是谋求三地的共赢，而不是零和博弈。

夏禹龙等（1983）认为产业发展应优先开发技术水平高、发展条件比较好的区域，再发展相对落后的区域；而石东平和夏华龙（1998）则认为应"逆梯度"进行产业发展，主动获取最新技术，防止落入"引进—落后—再引进—再落后"的陷阱之中，产业转移包含扩张型产业转移和撤退性产业转移（陈秀莲，2006）。就京津冀产业协作而言，优先发展具有潜力的城市无疑是最有效率的，同时河北各地级市也应积极承接京津两地的智力输出，加大教育科研投入，主动获取最新技术，形成外部承接产业转移、内部提升科技研发水平的内外兼修发展模式，助推京津冀产业协作（见图11-12）。

4. 产业集群

迈克尔·波特（2012）指出产业集群可以使集群内部的企业形成互助关系，使信息流通的速度加快，产生外溢效应，从而使产业集群的竞争力大于各个成员简单相加的总和。京津冀的产业集群数量远远小于长三角、珠三角，产业发展的集群程度明显不足，因而要把产业集群化作为推进京津冀产业协作的重要突破口。必须注意产业集群不是产业扎堆，集群内部的产业应当是彼此相互关联的，把无关的产业放在一起不仅无助于产业规模经济的溢出，反而还会对其他产业产生消极作用。因此，京津冀产业协作重点是产业链之间的分工和产业集群。

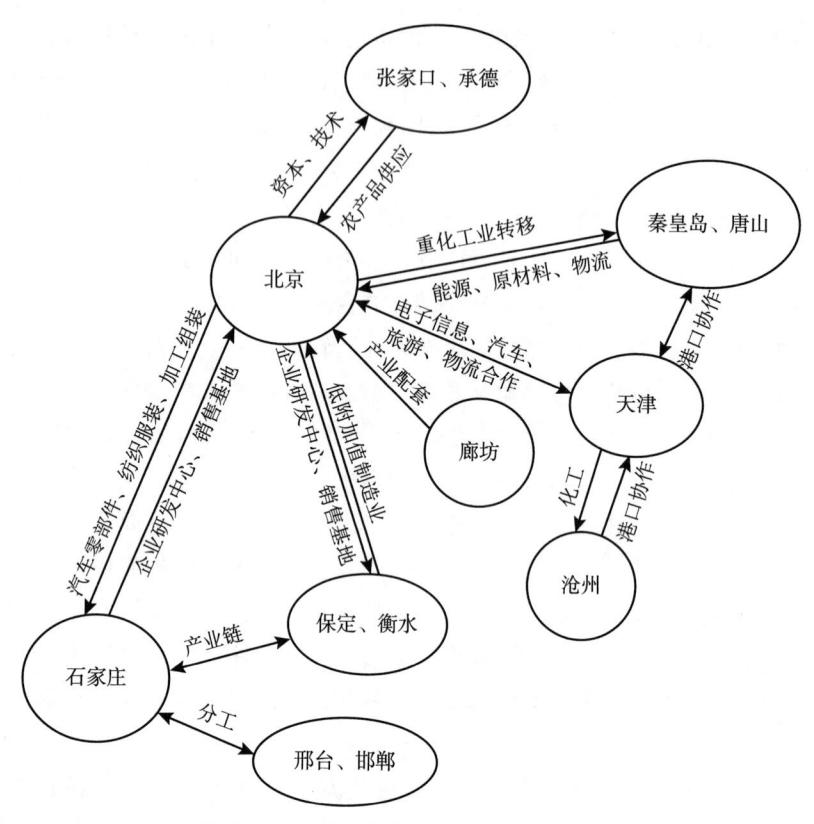

图 11-12 京津冀产业的分工与合作关系

资料来源：安树伟，郁鹏. 沿海三大城市群产业协作 [M]. 北京：经济管理出版社，2019：136.

五、京津冀的产业布局

（一）京津冀城市群产业布局思路

1. 北京的产业布局

据泰勒的观点，全球城市具有"全球性"和"地方性"两种属性。世界级城市群的中心城市往往是世界城市，或者是国际性城市，对此，北京应致力于"内外转换中枢"的建设工作，引领京津冀城市群对接全球资源。北京对内需要支持和服务腹地的先进制造业发展；对外则需要吸引和利用全球资源服务城市群的产业发展，进而实现京津冀建设世界级城市群的既定目标。

城市群的核心城市是城市群发展的源动力和增长极，是城市群创新、引擎功能的重要承担者，是城市与区域高效运转的重要推手。1983年之后，北京不再提经济中心，但北京实际上是京津冀三地协调发展的主导者和组织者。因而北京在京津冀城市群中的龙头地位必须要明确，按照《京津冀协同发展规划纲要》对三地的功能定位要求，形成京津冀城市群梯次分工协作的格局。

2. 天津的产业布局

世界级城市群的中心城市往往具备国际航运中心的职能，但北京地处内陆，缺乏天然良港，航运发展受到制约。此外，生产要素价格偏高致使制造业发展空间受到一定制约，与之互补的是，天津有着优良的港口和交通运输条件，以及先进的制造业基础和研发优势。对此，在京津冀产业协作中天津应充分利用现有的港口、制造业和研发优势，增强其辐射和扩散效应，成为引领京津冀城市群制造业转型升级和区域空间整合的增长极和龙头。

疏解北京非首都功能是京津冀协同发展的"牛鼻子"，在疏解过程中，天津和河北是非首都功能的主要承接者，存在一定的竞争关系。基于产业链的角度，天津具备先进制造业的技术和研发优势，而河北主要为传统的制造业、能源和原材料产业，二者之间的产业链协作水平较低。目前，北京是京津冀协同发展的主要推动者，天津的作用还尚未显现出来。因而，在未来京津冀协同发展中，天津应当主动承担责任，成为制造业发展的增长极，与北京一道推动河北产业技术升级，构建京津冀城市群战略产业链。

3. 河北的产业布局

河北产业承载空间较为充裕、生产要素价格相对较低，基于产业链协作的角度，河北要着重致力于空间载体的建设，为京津冀产业链的生产制造环节提供必要的服务。此外，河北社会经济发展滞后于京津两地，产业类型较为简单，主要集中于能源和原材料产业，其他产业的配套能力相对不足，因而是京津冀产业协同发展的主要障碍。为此，在京津冀产业协同发展中，河北应当更为积极主动，加快新型工业化进程，缩小与京津之间的差距；积极承接京津产业转移，同时提升产业配套能力，构建区域产业链条；对接京津科技资源，实现现有产业技术的改良升级。

（二）规划"次区域"地理空间单元

京津冀空间范围过于宏大，对区域的划分多集中于"2+1"或是"2+11"，就京津冀复杂的经济环境而言显然是不够细致的。因而，京津冀产业协作的空间规划范围应充分尊重地域空间上的差异，缩小地理空间单元，在次区域层面进行合理定位，制定出能够发挥各自优势和特点的区域总体规划。

"京津冀次区域"是指将京津冀城市群视作一个有机整体,弱化其内部的行政区划边界,根据各自的地域分异特点,划分若干空间尺度相对较小的区域,使每个次区域都具有一定的独立性且具备各自特征,是区域政策、产业政策得以落实的实体地域空间。依据当前各区域生态承载力、区位特点、产业发展等现实情况,将京津冀城市群划分为六大次区域(见表11-9)。

表11-9 京津冀次区域空间范围及定位

次区域名称	空间范围	功能定位
北京核心区	北京主城区	国际交往中心、科技中心、文化中心、高端服务业中心和管理控制中心
天津核心区	天津主城区	现代服务业中心、科技中心
东部滨海发展区	天津滨海新区;河北东部沿海地区,主要包括唐山、秦皇岛和沧州等地区	现代制造业和研发转化基地、国际航运中心
京津郊区	北京主城区以外地区、北京南部和东部的河北环京县(市),天津除城市核心区和滨海新区以外地区	轻型高技术产业区、现代农业区、休闲产业区、先进制造业基地、现代农业
冀中南地区	保定、石家庄、衡水、邢台、邯郸等地区	先进制造业基地、现代农业区
西北部山区	燕山—太行山生态涵养区和坝上高原生态防护区,主要包括张家口、承德,以及保定、石家庄、邢台、邯郸西部山区	生态保护区、生态产业区

资料来源:本书作者根据公开信息整理。

(三)实现京津冀错位互补式发展

京津冀城市群是我国重要的政治、经济、文化与科技中心,拥有完备的现代产业体系,也是国家自主创新战略的重要承载地,有条件打造成为中国具有国际影响力的世界级城市群。京津冀应协作完善城市群形态,优化生产力布局和空间结构,打造具有较强竞争力的世界级城市群。

从京津协作的角度,北京作为国家金融管理中心,集中了大量金融资产,汇集了大量国际、国内金融机构总部;滨海新区作为国家综合配套改革试验区,在金融改革方面具有"先行先试"的政策优势,因而在金融业产业布局方面应各有分工,实现错位发展,努力把北京、天津建设成为国际金融管理中心和国际金融运营中心。世界级城市群往往是国际贸易中心,北京作为一座内陆城市，尽管是全国铁路、公路和航空枢纽，但由于缺少天然海港作支撑，国际贸易受到一定制约，而天津港作为中国北方最大的综合性大港，应着力加强二者之间的合作，着力打造海港、空港、铁路和道路建设为基础的京津物流一体化体系。

河北雄安新区的建设必须突出融合发展和错位发展理念，加强同北京、天津、石家庄、保定等城市的融合发展，同北京中心城区、北京城市副中心在功能上有所分工，实现错位发展。

六、京津冀产业协作的对策

（一）分阶段打造京津冀的经济中心

当前学术界所公认的国外五大世界级城市群均有各自的核心城市，美国东北部大西洋沿岸城市群是以纽约为核心的，美国西南部太平洋沿岸城市群是以洛杉矶为核心的，日本太平洋沿岸城市群是以东京为核心的，英国伦敦城市群是以伦敦为核心的，欧洲西北部城市群是以巴黎为核心的（程必定等，2015）。长三角是以上海为核心的，粤港澳大湾区是以香港为核心的。可见，有影响力的城市群皆是以一个城市为核心进而带动其所在的城市群发展。

1983年《北京市建设总体规划方案》将北京定位为"全国的政治中心和文化中心"，不再提"经济中心"。虽然2006年《国务院关于天津市城市总体规划的批复》明确提出努力把天津建设成为国际港口城市、北方经济中心和生态城市。自2000年以来，天津的经济快速发展，经济实力也日益增强，但天津作为京津冀的经济中心尚需时日。根据京津冀的实际情况，从长期来看，京津冀的产业协作要加快天津、石家庄次级中心的培育，最终形成"一主（北京）两副（天津和石家庄）"经济中心的格局，有效推动京津冀产业协作。

（二）构建北京及周边地区新型产业分工格局

目前，处于后工业化阶段的北京，更加注重研发和技术创新，产业发展的重点是现代服务业和高端制造业，传统制造业已向周边地区转移和扩散；而正在迈向工业化后期的天津拥有先进的技术和完备的制造业基础，处于产业链的中端；处于工业化中期的河北具有低价商务成本和基础制造业优势，处于产业链的低端。因此，要着力构建京津冀地区新型产业分工格局，突出产品专业化和功能专业化，形成错位竞争、链式发展的整体优势，更充分地发挥北京对区域的辐射带动作用。中心城市北京应着重发展公司总部、研发、设计、培训以及营销、批发零售、商标广告管理、技术服务等环节；区域内其他大中城市侧重发展高新技术产业和先进制造业；周边其他城市和小城镇则专门发展一般制造业和零部件生产。在这种新型区域分工格局下，北京因公司总部、研发和设计中心、营运中心等的集聚而逐步发展成为管理控制中心（安树伟等，2017）。即北京的经营管理职能不断加强，而中小城市的生产制造功能逐步强化。

（三）建立京津冀利益共享机制

京津冀的产业协作，不论是合作共建产业园区还是"飞地经济"园区，都要在利益分享机制方面加快改革实验步伐，推动跨区域产业合作的有效开展。具体而言，通过建立跨区域项目财税利益分配机制，推进跨区域项目合作共建；通过完善园区合作共建财税利益分配机制，支持各方共建，促进地区间加强合作，推进产业转移；通过建立"飞地经济"财税利益分配机制，促进飞地经济有序发展，缓解落后地区的发展瓶颈；通过建立企业迁建财税利益分配机制，理顺迁入地、迁出地之间的利益关系，优化产业布局。

（四）更加重视发挥市场机制的作用

京津冀的产业协作不仅是政府层面的架构和合作，更应是市场主体在市场机制作用下的重组，政策设计要更加重视发挥市场机制在促进产业协作中的作用。尊重企业的市场主体地位，以鼓励和支持企业合作为重点，夯实京津冀产业协作的根基。加快构建规范透明的法治环境，用法律厘清政府与市场、社会的权力边界，为营造高效市场环境提供良好的制度保障。注重发挥行业协会的作用，通过产业研究会、行业协会、商会等社会组织，开展沟通协调，推动工作落实。

（五）加快构建京津冀城际铁路网络

适应京津冀协同发展的战略要求，加快构建京津冀城际铁路网络，强化城际铁路网络与城市轨道交通的高效衔接，促进区域间要素流动和产业内外分工，有效支撑和引导区域空间布局调整和产业转型升级。优化站点布局，在城际高铁线路上增加县一级停靠站，通过城际高铁网络激活中小城市，进一步提升其在京津冀产业分工网络中的作用。

（六）加强与其他区域的联系和合作

京津冀产业协作要跳出京津冀"一亩三分地"的范围，从补短板、增动能的需要出发，利用北京的科技创新优势和京津冀乃至环渤海的广阔区域，吸引包括长三角和珠三角在内的发达地区制造企业到河北进行科技成果转化，以此提升京津冀的先进制造水平和科技成果转化能力，增强京津冀的发展动能。加快建设以首都为核心的世界级城市群，辐射带动环渤海地区和北方腹地发展，最终促进我国南北经济的协调发展。

本章参考文献

[1] 安虎森. 区域经济学通论 [M]. 北京: 经济科学出版社, 2004.

[2] 安树伟, 肖金成. 京津冀协同发展: 北京的"困境"与河北的"角色" [J]. 广东社会科学, 2015 (4): 5-11.

[3] 安树伟, 郁鹏等. 沿海三大城市群产业协作 [M]. 北京: 经济管理出版社, 2019.

[4] 白永秀, 惠宁. 产业经济学基本问题研究 [M]. 北京: 中国经济出版社, 2008.

[5] 陈刚, 刘珊珊. 产业转移理论研究: 现状与展望 [J]. 当代财经, 2006 (10): 91-96.

[6] 陈刚, 张解放. 区域产业转移的效应分析及相应政策建议 [J]. 华东经济管理, 2001 (2): 24-26.

[7] 陈计旺. 地域分工与区域经济协调发展 [M]. 北京: 经济管理出版社, 2001.

[8] 陈建军. 中国现阶段的产业区域转移及其动力机制 [J]. 中国工业经济, 2002 (8): 37-44.

[9] 陈娇. 区域产业转移促进产业升级研究 [M]. 西安: 西北大学, 2011.

[10] 陈秀莲. 中国-东盟自由贸易区对产业转移的影响 [J]. 开放导报, 2006 (5): 93-93.

[11] 程必定等. 安徽与长三角: "双城战略" [M]. 合肥: 安徽人民出版社, 2015.

[12] 程李梅, 庄晋财, 李楚等. 产业链空间演化与西部承接产业转移的"陷阱"突破 [J]. 中国工业经济, 2013 (8): 135-147.

[13] 戴宏伟. 产业梯度产业双向转移与中国制造业发展 [J]. 经济理论与经济管理, 2006 (12): 45-70.

[14] 付承伟. 大都市经济区内政府间竞争与合作研究——以京津冀为例 [M]. 南京: 东南大学出版社, 2012.

[15] 顾朝林. 产业结构重构与转移——长江三角洲地区及主要城市比较研究 [M]. 南京: 江苏人民出版社, 2003.

[16] 黄志基, 贺灿飞. 制造业创新投入与中国城市经济增长质量研究

[J]. 中国软科学, 2013 (3): 89-100.

[17] [日] 荒山裕行. 三次产业部门两地区模式中的所得转移 [J]. 日本问题研究, 1995 (1): 24-30.

[18] 黄建清, 郑胜利. 国内集群研究论述 [J]. 学术论坛, 2002 (6): 55-58.

[19] 李国平等. 产业转移与中国区域空间结构优化 [M]. 北京: 科学出版社, 2016.

[20] 李娟, 郑平. 东莞外资主导型产业集聚与产业转移——基于新经济地理的分析 [J]. 华东经济管理, 2011 (1): 62-65.

[21] 李松志, 刘叶飚. 欠发达地区县域经济可持续发展障碍与对策 [J]. 资源开发与市场, 2005 (2): 124-125, 158.

[22] 李新春. 企业联盟与网络 [M]. 广州: 广东人民出版社, 2000.

[23] 陆铭. 大国大城 [M]. 上海: 上海人民出版社, 2016.

[24] 刘易斯. 国际经济秩序的演变 [M]. 北京: 商务印书馆, 1984.

[25] 卢根鑫. 国际产业转移论 [M]. 上海: 上海人民出版社, 1997.

[26] 卢根鑫. 试论国际产业转移的经济动因及其效应 [J]. 上海社会科学院学术季刊, 1994 (8): 33-42.

[27] 马海龙. 京津冀区域治理——协调机制与模式 [M]. 南京: 东南大学出版社, 2014.

[28] [美] 迈克尔·波特. 国家竞争优势 [M]. 北京: 中信出版社, 2012.

[29] 毛加强, 王陪咖. 基于区位商方法的陕西产业集群识别与检验 [J]. 兰州大学学报 (社会科学版), 2007 (11): 134-137.

[30] 邱成利. 制度创新与产业集聚的关系研究 [J]. 中国软科学, 2001 (9): 100-103.

[31] 芮明杰, 李想. 网络状产业链构造与运行 [M]. 上海: 格致出版社、上海人民出版社, 2009.

[32] 石东平, 夏华龙. 国际产业转移与发展中国家产业升级 [J]. 亚太经济, 1998 (10): 5-9.

[33] 唐浩, 蒋永穆. 基于转变经济发展方式的产业链动态演进 [J]. 中国工业经济, 2008 (5): 14-24.

[34] 王文成, 杨树旺. 中国产业转移问题研究: 基于产业集聚效应 [J]. 中国经济评论, 2004 (8): 16-20.

[35] 王先庆. 产业扩张 [M]. 广州: 广东经济出版社, 1998.

[36] 王先庆. 跨世纪整合: 粤港产业升级与产业转移 [J]. 广东商学院学报, 1997 (2): 31-36.

[37] 魏后凯. 产业转移的发展趋势及其对竞争力的影响 [J]. 福建论坛 (经济社会版), 2003 (4): 11-15.

[38] 吴晓军, 赵东海. 产业转移与欠发达地区经济发展 [J]. 当代财经, 2004 (6): 95-99.

[39] 夏禹龙, 刘吉, 冯之浚. 梯度理论和区域经济 [J]. 科学学与科学技术管理, 1983 (2): 5-6.

[40] [英] 亚当·斯密. 国富论 [M]. 北京: 商务印书馆, 2004.

[41] 杨蕙馨, 纪玉俊, 吕萍. 产业链纵向关系与分工制度安排的选择及整合 [J]. 中国工业经济, 2007 (9): 14-22.

[42] 杨开忠等. 持续首都——北京新世纪发展战略 [M]. 广州: 广东教育出版社, 2000.

[43] 余慧倩. 长三角需审慎对待国际产业转移 [J]. 江南论坛, 2004 (6): 9-11.

[44] 张长. 疏解北京 "非首都功能" 的再思考 [J]. 城市, 2016 (8): 26-33.

[45] 张辉. 全球价值链动力机制与产业发展策略 [J]. 中国工业经济, 2006 (1): 40-48.

[46] 张弢, 李松志. 产业区域转移形成的影响因素及模型探讨 [J]. 经济问题探索, 2008 (1): 49-53.

[47] 郑燕伟. 产业转移理论初探 [J]. 中共浙江省委党校学报, 2000 (3): 19-22.

[48] 周黎安. 中国地方官员的晋升锦标赛模式研究 [J]. 经济研究, 2007 (7): 36-50.

[49] 朱宜林. 我国地区产业转移问题研究综述 [J]. 生产力研究, 2005 (9): 228-230.

[50] 朱英明. 城市群经济空间分析 [M]. 北京: 科学出版社, 2004.

[51] Akamatsu. A historical pattern of economic growth in developing countries [J]. Developing Economies, 1962 (1): 3-25.

[52] Dicken. Global transfer: The internationalization of economic activity [M]. New York: Guilford Press, 1992.

[53] Hanson. Regional adjustment to trade liberalization [J]. Regional Science and Urban Economics, 1998 (4): 419 –444.

[54] Kemper Pellenbarg. De randstadeen hogedrukpak [J]. Economisch Statistische Berichten, 1997 (82): 508 –512.

[55] Li H, L Zhou. Political turnover and economic performance: The incentive role of personnel control in China [J]. Journal of Public Economics, 2005 (89): 1743 –1762.

[56] Markusen Venables. The theory of endowment, intra-industry and multinational trade [J]. Journal of International Economics, 2000 (2): 209 –234.

[57] Ottaviano. New economic geography: Firm heterogeneity and agglomeration economies [J]. Journal of Economy Geography, 2011 (3): 231 –240.

[58] Prebisch. The Economic Development of Latin America and Its Principal Problems [J]. Geographical Review, 2010 (1): 171 –173.

[59] Puga Venables. The spread of industry: Spatial agglomeration in economic development [J]. Journal of the Japanese and International Economies, 1996 (4): 440 –464.

[60] Puga. The magnitude and causes of agglomeration economics [J]. Journal of Regional Science, 2010 (50): 203 –219.

[61] Smith. Industrial location: An economic analysis [M]. New York: John Wiley & Sons, 1971.

[62] Wheeler, Mody. International investment location decision: The case of U. S. [J]. Journal of International Economics, 1992 (33): 57 –76.

第十二章
京津冀区域利益协调与互动合作机制

随着城市群冲突的负外部性和合作共赢性的凸显,城市群利益协调的研究受到学术界的高度关注。弗里斯和普利姆斯(Vries and Priemus, 2003)在《西北欧大型廊道:跨空间管治》一文中指出:连接西北欧主要城市的大型廊道面临空间管治的挑战,集体行为的变革影响着这些地区的发展,而成功与否强烈地取决于部门之间、政府与私人、国家与地方的跨界协调。霍尔和佩因(Hall and Pain, 2006)对西北欧八大城市群的跨界治理从企业的角度做了深入分析。纳恩和罗森特伯(Nunn and Rosentraub, 1997)等构建了跨界合作的多维评价框架。一些学者从交通通信和基础设施的整合、社会公共机构的能力开发、政策设计、制度体系重构等方面对区域利益协调机制构建进行了探讨(Iainand Benito, 2003; Dai, 2003)。另外,对本章研究有较大借鉴意义的相关文献还有穆拉维斯克(Moravcsik, 1993, 2000)对区域一体化过程中政府间关系的研究。国内学术界围绕地方政府行为与利益冲突、城市与区域管治、跨界协作等议题展开了深入研究,对促进城市群利益协调提出了建设性的设想和安排(宁越敏等,1998;周振华,2002;张京祥等,2005;王爱民等,2007;施源、邹兵,2004)。值得指出的是王爱民等(2010)在纳恩和罗森特伯模型的基础上,提出了修正后的跨界冲突-协调多维分析模型,尝试把各种具体的协调模式纳入一个整合的多维分析框架,并据此分析了珠三角地区的跨界冲突-协调问题。

一、现实困境与理念转变

与区域特有的地理基础、体制环境、经济发展水平以及社会习俗等因素相对应,京津冀在区域利益冲突-协调方面有着独有的特点,面临着自身的现实困境。经过多年探索发展,目前正面临着区域利益协调与互动合作的最佳机遇，区域发展的种种重大问题、冲突和矛盾有望在协同发展的背景下得到较好的解决。

（一）现实困境

1. 问题导向下利益协调的被动性

目前京津冀利益协调活动以解决当前北京的大城市病问题为主要目的，没有系统性地认识到北京自身可持续发展与京津冀协同发展是两个既密切相关又有所不同的同等重要的问题。两个问题的联系之处体现在北京目前的发展现状是导致京津冀协同发展不力的原因之一，京津冀地区发展失衡反过来又加重了北京自身发展的问题。两个问题的不同之处则体现在导致北京出现发展问题的原因不一定是导致京津冀地区发展失衡的原因，如北京城市规划与管理能力有欠缺可能是北京城市病出现的原因之一，但与京津冀地区发展失衡并无太多关系。因此，这两大问题的交集在于北京，但重点和难点是河北（安树伟、肖金成，2015）。河北更应得到中央政府的扶持，这是因为对于一个期望达到协同发展状态的区域而言，加快区域内欠发达地区的发展，比保持区域内部发达地区健康发展难度更大，意义也更为重要。

2. 目标导向下利益协调的有限性

目前，作为京津冀协同发展战略的细化和实化，京津冀建设以北京为核心的世界级城市群相对而言目标比较单一，但即使是这样，不同地区面临的约束也大为不同，目标的优先次序也不相同，而且不同主体的目标本身可能还是相互冲突的。以产业发展为例，通常区域合作的主要途径是不同地区产业间的相互配套，欠发达地区通过发展与发达地区产业相配套的产业，进而形成联系紧密的产业链，最终实现赶超和发展趋同（杨德才，2009）。但对京津冀而言，由于首都属性的特殊影响，产业结构的演化速率和路径并没有可借鉴的规律，河北无法像江苏、浙江两省那样通过发展与上海相关配套产业获取发展契机，这直接影响了河北的发展和京津冀地区的协同发展（张可云、蔡之兵，2015）。

3. 参与主体的地位呈现不对称性

一方面，尽管在涉及城市群利益协调方面，政府尤其是中央政府无疑是协调的主导力量，但是由于京津冀市场化程度比较低，在各参与主体中以政府机构为主导的行政化特征十分明显，市场作用的空间还很有限。另一方面，即使在政府层面各主体亦呈现出极大的不对称性，京津冀涉及主体包括中央政府、两个直辖市（其中还有一个是首都）和河北省，主体之间的地位差距很大，导致京津冀三地地位不平等，区域合作难以进行。

4. 制度运用策略上缺乏可持续性

在京津冀协同发展过程中，政府主导程度强，以行政和财政手段为主，市场在资源配置中作用有限。尽管目前京津冀市场化程度比较低，在一定的条件和限度内，行政和财政手段仍是实现利益协调的一种有效手段。然而，寄希望于通过行政力量推动北京和天津产业向河北的转移，并不能促进三地的持续发展，过分强调行政和财政手段，而忽视市场的积极作用，就会导致资源配置的不合理与极大浪费。建设京津冀世界级城市群根本的出路还在于市场力量的积蓄，在此过程中政府要充分尊重市场经济规律，坚持有所为有所不为，界定好政府与市场的边界，应市场需要协调好政府之间的关系，为市场力量发挥作用拓展更大空间。

（二）理念转变

1. 从局部问题视角向全局战略格局转变

京津冀建设世界级城市群，不仅是促进京津冀协同发展的需要，更是培育支撑中国经济持续增长的新战略区的需要。改革开放以来，中国东部沿海地区形成了一批城市群，有力推动了东部地区快速发展，支撑了国民经济持续增长。但在经历了起飞阶段的高速增长后，东部地区总体上已经处于工业化后期阶段，大部分省份不能继续担当中国经济区域领跑者的角色。京津冀城市群是我国北方最具活力、开放程度最高、创新能力最强、吸纳外来人口最多的地区，未来将继续在制度创新、科技进步、产业升级、绿色发展等方面走在全国前列，在更高层次参与国际合作和竞争。其中，河北作为京津冀的重要组成部分，与北京、天津的发展有较大梯度，是国家工业化和城镇化的重点承载区域，也是我国新一轮区域经济调整和经济总量扩张的主要区域。参照长三角和珠三角的发展历程，这些新战略区域在今后保持十余年的快速增长具有非常大的可能性，有希望成为支撑中国经济持续增长的新战略区（安树伟、肖金成，2015）。

2. 从核心区域自我封闭向开放包容转变

仅仅通过严格的人口控制及相关政策解决城市病问题，长期来看，有很多负面影响。因此，京津冀世界级城市群建设必须构建开放包容的政策和体制环境，这就要求政府必须从对经济活动和区域运行的结构性干预中腾出手来，打破要素自由流动的壁垒，致力于完善基本公共服务以促进创新要素的勃发。

3. 区域主体从被动应对向主动参与转变

在京津冀世界级城市群建设过程中，三个主体首先体现在京津冀三地都是地位平等的主体，各自利益同等重要，三地间的绝大部分经济活动必须依据市场规则来进行，坚持平等自由的交易原则。即使在特殊情况下需要不同省（直辖市）做出一定的让步或配合，也要按照市场规则给予足额补偿。只有始终坚持三地平等的主体地位，才能使得其真正从被动应对向主动参与转变，京津冀世界级城市群建设才能顺利推进，协同发展的最终目标才有可能实现。

4. 从行政主导向市场和行政互促共进转变

在很多情况下，城市群利益协调的策略选择并非单一的，而是一套综合性的组合拳。行政与财政手段并不是解决问题的唯一策略，而是要综合运用空间规划整合、区域对话平台、项目合作推动、契约治理和自由市场运作等手段，积极发挥市场机制在利益协调中的重要作用。纵观全世界任何一个大的城市区域，单纯依靠行政力量推动的合作是无法持续的，必须启动微观市场的力量。在此过程中，政府的作用主要是提供稳定的制度框架，打破不同地区的行政壁垒，做好基础设施、公共服务以及区域市场的一体化，其余的则交给市场。

二、区域利益主体及其行为分析

京津冀区域内部利益主体层级较多，各利益主体的利益诉求各有侧重、不尽相同。

（一）区域利益主体及其面临约束

1. 个人利益

个人利益主要表现为个人经济需求的满足。个人经济需求主要是指由个人独立支配，属于个人所有的生活资料和生产资料。在现实生活中，属于个人利益范畴的主要为个人参与社会经济活动中自我生存、发展和完善的需要。主要包括就业机会、劳动报酬、劳动条件、自我提升机会、公共福利等物质和精神需求的满足。由于其他利益主体均由个人有机组合而成，因此个人利益成为其他区域利益实现的基础，是区域利益的基本组成单元。

个人通过自身努力，满足其经济需求的行为就是个人谋利行为。经济利益的实现是个人从事谋利行为的直接动机，个人谋利行为在经济活动中具体表现为个人寻求更好的就业机会、获得更高的劳动报酬、积极参加各种专业培训等。随着个人对基本物质需求的逐渐满足，人们对优良的公共服务水平如追求人居环境的改善、便捷的交通条件、社会福利、医疗卫生条件等方面的需求不断增加，个人的谋利行为不再仅仅局限于经济需求。

个人的谋利行为基于一定的谋利成本和约束条件。只有个人谋利的收益大于谋利成本，谋利行为才会发生。个人谋利行为的成本主要指个人从事社会经济活动的准备成本和发生成本。准备成本包括个人受教育和职业技能培训的成本，发生成本主要包括从事社会经济活动时所付出的智力与体力成本。

个人的经济行动往往受到客观条件的制约。如宏观层面的经济环境、市场化程度制约，中观层面的区域资源、区域产业布局、交通因素和人口能否自由流动政策的制约，以及微观层面个人自身能力的制约。此外，个人利益的获得一般是在其居住或工作的区域中取得。如果个人无法在所处的区域和工作单位中获得应有的个人利益，或者获得的利益不充分，他就有可能转移到其他工作单位或其他地区中去谋取自己所追求的利益。

2. 企业利益

企业经济利益的存在，是企业从事经济活动的内在需求，也是企业扩大再生产和社会再生产过程的客观要求。企业利益主要包括三个方面：首先是生产资料补偿和增值的满足，其次是企业职工个人需要的满足，再次是企业要求社会提供服务的满足。企业利益在经济活动中主要表现为：企业生产管理和企业利润分配的自主权、企业市场竞争的公平待遇权、企业合法财产和正当经济行为的法律保护权等方面。根据企业利益的分类，企业谋利行为可以分为三类（见表12-1）。企业对利润的追求是企业谋利的最主要动机，这主要是由市场经济和企业的经济性质决定的。

表12-1　　　　　　　　　　企业谋利行为的表现

角度	表现形式	所处地位
企业角度	企业对生产资料的补偿与增值，即对企业管理和利润的追求行为	核心地位
职工角度	企业满足职工正当需求的行为，如职工工资的发放、五险一金的缴存、职工培训等行为	重要地位
社会角度	企业要求社会提供的保护，如企业获得公平的市场竞争权利、正当权益受法律保护等行为	重要地位

资料来源：本书作者整理。

企业谋利行为的成本主要包括要素成本、日常运营成本、制度成本三大类。其中要素成本指企业所需的劳动力、资金和技术；日常运营成本指企业日常办公成本、交通差旅费、公关、购买第三方服务的费用等；制度成本指企业上缴的税费。在市场经济要素自由流动的背景下，一个企业如果在其所在的区域内部不能充分获得自身的经济利益，生产力水平受到制约，该企业就可能迁移或投资到其他区域。如果企业的谋利行为涉及企业地址的迁移，则会发生企业迁移成本以及文化的兼容性等问题。企业谋利行为受到外部环境和内部环境的双重约束。宏观经济环境、地方性法律法规和行政管制是影响企业谋利行为的外部约束条件；企业制度的优劣性、员工素质和企业家精神是影响企业谋利行为的内部约束条件。

3. 地方政府利益

我国地方政府具有较强的宏观调控能力，能直接对本地区内经济活动进行调节，地方政府真正成为实现地区利益的重要主体和地方利益的代言人。

地方政府利益主要包括地方利益、地方部门利益（涂晓芳，2008）。地方利益具体表现为：地区生产总值和地方财政收入的增加、人均 GDP 和城乡居民人均可支配收入的增加、公共服务的改善等与当地居民、企业生产生活密切相关的部分。地方部门利益具体表现为政府部门的正常运行、部门预算的增加、部门规模的扩大，是地方政府组织本身生存和发展的客观需要。

行政成本是地方政府谋利行为的主要成本。具体包括日常行政开支、行政人员的工资和福利待遇、地方性法律法规制定和实施的成本。地方政府在谋利的过程中，会受到当地居民、企业和中央政府的约束和监督。1994 年分税制改革之后，地方政府在财政、行政等方面的各项权力迅速扩大。

在这种背景下，地方政府的谋利行为可能发生异化。在地方利益方面，忽视当地居民生活水平和公共服务提升需求，以地区生产总值增长为单一目标。在地方部门利益方面，忽视企业的正当利益需求，对扩大地方财政收入盲目追求；政府部门扩张，部门预算最大化等，这些政府谋利行为带来的附加产品偏离了地方政府提供优质公共服务的本质需求，严重影响地区经济的持续健康发展。

4. 中央政府利益

中央政府承担着宏观经济调控的重大责任。理论和实践表明，在市场经济条件下，企业和个人按照利益最大化原则实施经济行为，既给区域经济发展注入了动力和活力，也是导致经济周期循环的根源；当经济发展水平达到某一高度后，地区之间发展水平差异过大的矛盾就会突显出来，就需要中央政府实施对低水平地区倾斜的政策，推动区域经济协调发展。

区域利益中的中央政府利益是指国家利益在特定区域中的体现，与促进区域协调发展紧密相关。因此，将这种成本定义为协调成本，具体包括中央政府日常行政成本，为协调地方利益所做出的财政转移支付、财政补贴等经济成本，监督地方政府行政所付出的监督成本，制定法律法规的立法成本和促进科教文卫发展的公共服务成本。区域利益不同层次的内涵如表 12-2 所示。

表 12-2　　　　　　　　区域利益不同层次的内涵

构成类型	利益表现	谋利行为	谋利成本	约束条件
个人利益	就业机会、劳动报酬、劳动条件、自我提升机会、良好的人居环境	寻求更好的就业机会、获得更高的劳动报酬和公共服务	准备成本：教育成本和职业培训成本 发生成本：智力与体力成本	宏观：经济环境、市场化程度 中观：区域资源、区域产业布局、交通因素和人口能否自由流动政策 微观：个人能力
企业利益	生产经营自主权、公平的市场竞争机会、利润分配权、合法财产和正当经济行为受法律保护	追求利润，满足职工合理需求，要求社会提供的法律保护等	要素成本：劳动力、资金和技术 日常运营成本：日常办公成本、交通差旅费、购买第三方服务、公关等 制度成本：企业上缴的税费	外部：宏观经济环境、地方性法律法规和行政管制 内部：企业制度的优劣性、员工素质和企业家精神
地方政府利益	地方经济增长、地方财政收入	推动地区生产总值的和人民收入的持续增加，增加地方财政收入	日常行政开支；行政人员的工资和福利待遇支出；地方性法律法规制定和实施的成本	主要受到中央政府的约束
中央政府利益	宏观经济调控与区域经济内部协调发展	对区域内各利益主体行为进行矫正，促使其从事符合国家利益，不影响其他区域经济正常发展	日常行政成本，财政转移支付、财政补贴等经济成本，监督地方政府行政所付出的监督成本，制定法律法规的立法成本	中央财政资金的充裕度

资料来源：本书作者归纳。

（二）区域利益主体的行为分析

在京津冀区域内部，各利益主体基于自身利益开展各类经济活动，即产生区域谋利行为。下面将从区域利益视角，分析京津冀各区域利益主体的谋利行为。

1. 政府谋利行为

中央政府对京津冀协同发展扮演发挥顶层设计者的角色，在微观运行层面不进行过多干预，因此以下主要讨论地方政府的谋利行为。

（1）以谋求GDP持续增长为主要目标。改革开放以来，在中央政府下放经济权利的背景下，各地政府积极推动经济增长，1990~2018年京津冀地区生产总值总体呈现增长趋势，但2019年略有下降。其中，第一产业增加值平稳增长，第二产业增加值个别年份略有下降且增长缓慢，第三产业增加值持续快速增长（见图12-1）。在地区生产总值增速方面，2001~2016年天津一直保持最高，2010年三地增速都开始下降，北京和河北下降稍平稳，2017~2019年天津增速垫底（见图12-2）。显而易见，政府对GDP的追求促进了地方经济的快速发展，但如果一味追求GDP增长，忽视居民收入提升和公共服务改善，就会诱发地方保护主义发生，加剧市场的不正当竞争，从而不利于京津冀地区经济的健康平稳发展。

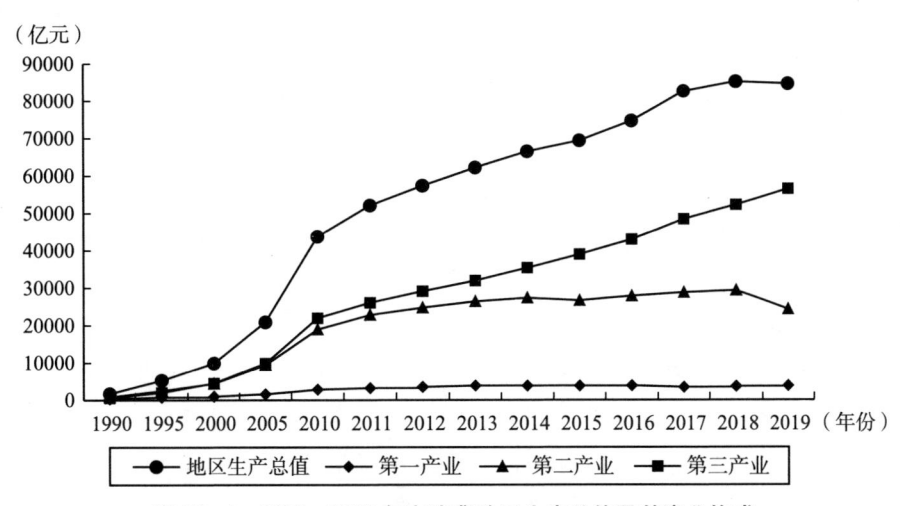

图12-1　1990~2019年京津冀地区生产总值及其产业构成

资料来源：《新中国六十年统计资料汇编》《中国统计年鉴（2011~2019）》《中国统计摘要（2020）》。

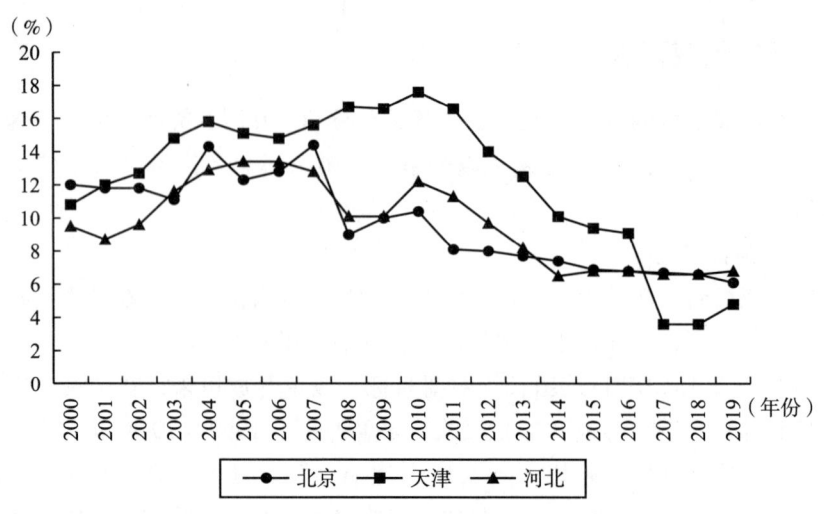

图 12-2　2000~2019 年京津冀各省（直辖市）地区生产总值增速

资料来源：《北京统计年鉴（2019）》《天津统计年鉴（2019）》《河北经济年鉴（2018）》《中国统计摘要（2020）》及河北省 2018 年国民经济和社会发展统计公报。

（2）追求地方财政收入的增加。2006~2019 年，北京、河北一般公共预算收入平稳增加；天津总体呈现上升趋势，但个别年份出现下降。从一般公共预算收入占 GDP 的比重来看，2010~2018 年，北京一般公共预算收入占 GDP 的比重在京津冀三省（直辖市）中最高，河北最低，天津居中。2006~2015 年，北京一般公共预算收入占 GDP 的比重呈上升趋势；2006~2019 年，北京一般公共预算收入占 GDP 的比重略有下降。2006~2019 年，天津一般公共预算收入占 GDP 的比重总体呈现波动变化，2010 年出现大幅降低，2019 年又大幅上升。2006~2019 年，河北省一般公共预算收入占 GDP 的比重总体呈平稳上升态势，个别年份略有下降（见图 12-3）。一般公共预算收入占 GDP 的比重呈上升态势，表明了地方政府追求更多财政收入，通过各种方式增加地方的财政收入。

2. 居民谋利行为

（1）谋求更高的劳动报酬。在京津冀城市群内部，居民为获得更多劳动报酬和经济收入，往往向经济发展水平高的地区集聚。从居民人均可支配收入角度分析，三地居民收入差距巨大，2019 年河北城镇居民人均可支配收入和农村居民人均可支配收入分别相当于北京的 48.4% 和 53.1%、天津的 77.5% 和 62.0%（见图 9-3、图 9-4）。如此巨大的工资差异，必然会促使个人向京津地区寻求就业机会，以求获得更高的劳动报酬。

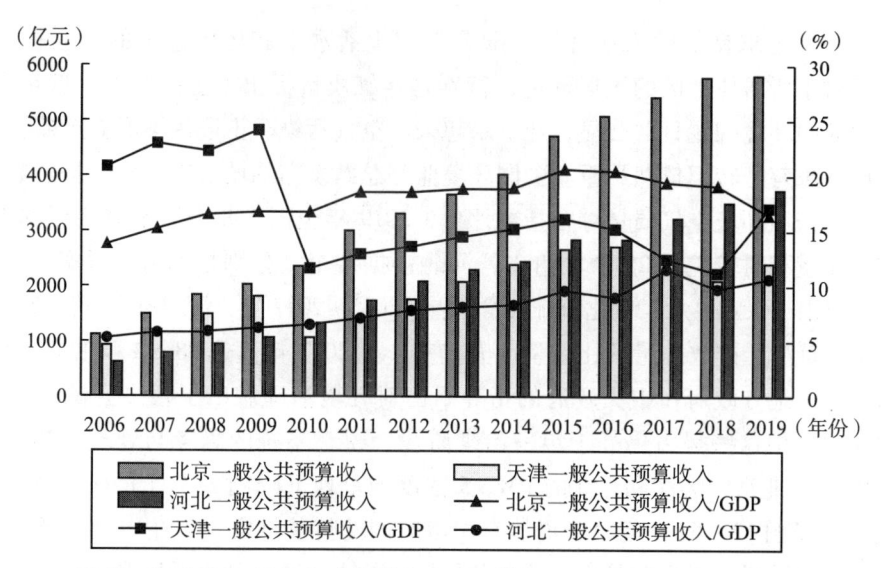

图 12-3　2006~2019 年京津冀各省（直辖市）一般公共预算收入情况

资料来源：《北京统计年鉴（2019）》《天津统计年鉴（2019）》《河北经济年鉴（2018）》《中国统计摘要（2020）》。

基于正常的经济谋利动机，人口向京津两地集聚。从常住人口变动情况看，2000~2019 年，天津常住人口占京津冀总人口比例由 11.1% 上升到 13.9%，提高了 2.8 个百分点；北京常住人口占京津冀总人口比例由 15.1% 上升到 19.0%，提高了 3.9 个百分点；河北则由 73.8% 下降到 67.1%，下降了 6.7 个百分点。因此，居民为谋求更多的劳动报酬而向京津过度集聚，北京和天津仍然是京津冀地区的人口制高点。

（2）获取优质的公共服务。获取优质的公共服务是居民的正当权益和追求。一是对优质教育资源的追求。从教育资源配置和教育质量情况看，京津冀三地依然存在很大差距。从各地的师生比例看，普通中学教师每人负担学生数量较少，而小学教师每人负担学生的数量比例较大，而且河北的教师数量相对较少（见表 9-1）。从高考升学率看，2013~2019 年北京和天津的一本录取率均超过 20%，而河北这七年的平均录取率仅为 13.03%（见表 9-2）。从医疗卫生条件看，2011~2019 年，河北与北京、天津相比，万人拥有卫生技术人员数的差距在缩小；河北与北京相比，万人拥有的医疗机构床位数的差距在缩小，而天津进程缓慢，与北京的差距在拉大（见表 9-3、表 9-4）。此外，京津冀社会保障水平存在明显差距，也是造成京津外来人口快速增长的重要原因。

(3) 追求良好的人居环境。随着人们生活水平和环保意识的不断提高,居民对于所居住地区的人居环境,特别是空气质量提出了更高要求。近年来,京津冀的环境问题日益凸显,地下水超采、空气污染、土壤污染形势严峻,空气质量虽有好转但依然严重。中国环境监测总站发布的城市空气质量报告数据显示,按照环境空气质量综合指数评价,2019 年全国 168 个城市监测样本中,空气质量相对较差的 20 个城市中,河北占据 5 个,分别是邢台、石家庄、邯郸、唐山、保定。从二氧化硫排放量来看,2005~2017 年,河北省二氧化硫的排放量占京津冀排放总量的比重呈上升趋势,且 2017 年高达 88.8%(见图 12-4)。虽然地方政府在中央政府的指导下已对环境治理做出了很多尝试(见表 12-3),但这些努力仍处于单一治理阶段,缺乏系统的思考与处理。2013~2019 年,北京、天津和河北的 PM2.5 浓度均呈现下降趋势,且北京下降相对较快(见图 12-5),但每年仍然有一段时间的持续性雾霾发生。空气质量问题已经严重影响了河北甚至京津冀整体居民的人居环境和生活质量。安树伟等(2016)指出,京津冀地区空气质量呈现"北优中差南劣"的特征,且越靠近河北重工业地区,空气质量越差。京津冀居民对于改善人居环境的强烈需求,对京津冀地区生态环境的协同治理充满期待。

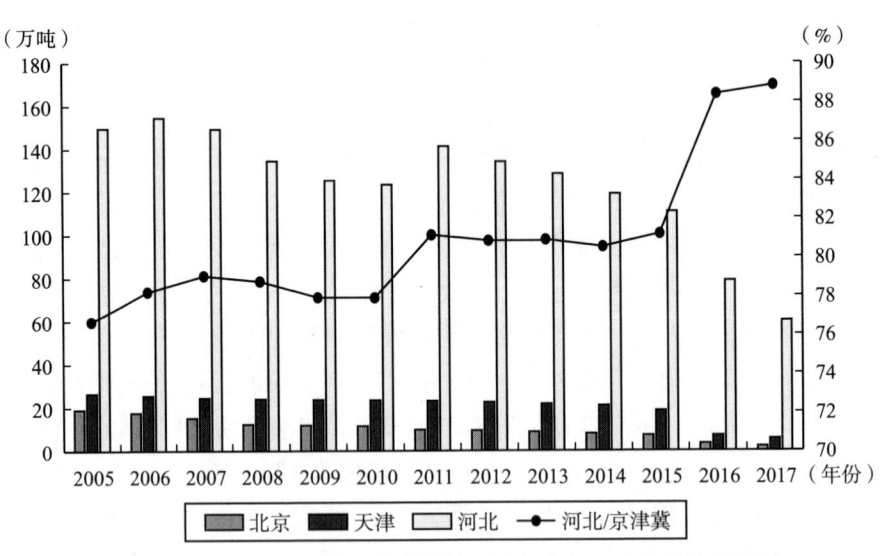

图 12-4 2005~2017 年京津冀各省(直辖市)二氧化硫排放情况

资料来源:根据相关年份《中国统计年鉴》整理。

表 12-3　　　　　　　京津冀地方政府改善环境的措施

地区	政策法规	组织机构
北京	《北京市 2012~2020 大气污染治理措施》《北京市 2013~2017 年清洁空气行动规划》《北京市大气污染防治条例》《北京市污染防治攻坚战 2019 年行动计划》等	成立大气污染综合治理协调处
天津	《天津市清洁空气行动方案》《天津市清洁生产促进条例》《天津市生态环境保护条例》等	成立大气污染防治重点实验室
河北	《河北省环境监测办法》《河北省大气污染防治行动计划实施方案》《河北省环境治理监督检查和责任追究办法》等	成立安全环保执法机构、大气污染治理攻坚行动领导小组

资料来源：本书作者根据公开信息整理。

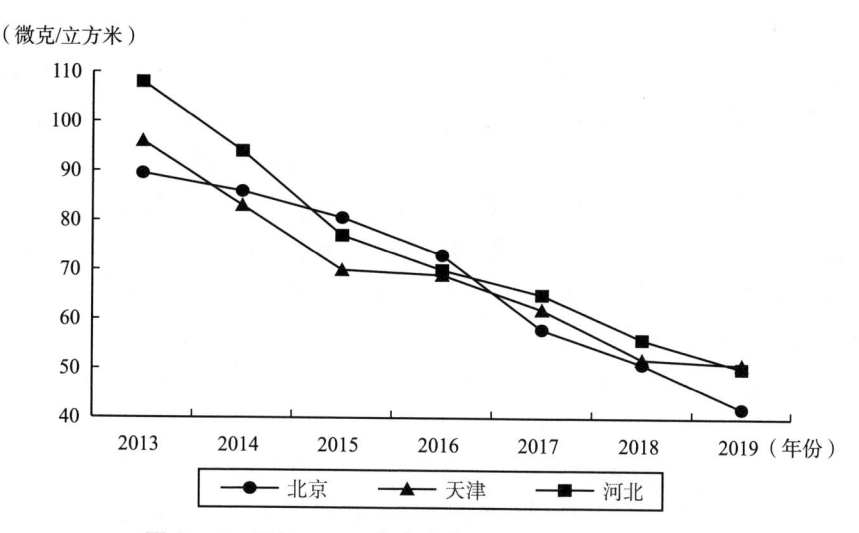

图 12-5　2013~2019 年京津冀地区 PM2.5 平均浓度

注：由于 PM2.5 指标正式进入各省环境状况公报是从 2013 年开始的，2013 年之前的官方数据缺失，故时间范围从 2013 年开始。

资料来源：2016 年数据来自中华人民共和国环境保护部，其他年份数据根据相应年份《北京市环境状况公报》《天津市环境状况公报》《河北省环境状况公报》整理。

3. 企业谋利行为

企业谋利行为是企业从事经济活动的内在需要。企业通过自身的谋利行为，实现企业盈利、生产经营自主权、市场竞争机会、企业收益分配、企业合法财产保护等方面的目标。宏观经济环境、地方性法律法规和行政管制是影响企业谋利行为的外部约束条件；企业制度的优劣性、员工素质和企业家精神是影响企业谋利行为的约束条件。

（1）市场化程度高。根据王小鲁等（2019）《中国分省份市场化指数报告（2018）》，市场化指数由政府与市场的关系、非国有经济的发展、产品市场的发育程度、要素市场的发育程度、市场中介组织发育和维护市场的法制环境五个方面指数组成。较高的市场化程度意味着政府对企业的行政干预较少、要素市场发育健全、法制环境较好等。2008~2016年，在全国31个省（自治区、直辖市）的市场化程度排名中，天津由第8位上升到第4位，北京由第5位下降到第7位，河北则由第16位下降到第20位。总体上，北京和天津的市场化程度要远远大于河北的市场化程度，说明北京和天津具有比河北更适宜企业发展的经济、社会和法律环境。

（2）经营环境好。企业经营环境直接影响企业投资、交易决策和资源配置效率，进而影响企业利润的实现。因此，企业选址往往倾向于选择区域内部经营环境较好、评分较高的城市。根据王小鲁等（2017）的《中国分省企业经营环境指数2017年报告》，企业经营环境指数由政策公开公平公正、行政干预与政治廉洁效率、企业经营的法治环境、企业的税费负担、金融服务和融资成本、人力资源供应、基础设施条件、市场环境和中介服务八方面组成。2010年、2012年、2016年北京企业经营环境总体评分在全国各省（直辖市、自治区）排名中分别位于第5位、第3位和第4位；天津的排名依次为第3位、第1位和第5位；河北的排名依次为第18位、第24位和第18位，在全国仍然处于中下游的水平。总体而言，天津和北京具有更优质的企业经营环境，企业的谋利行为能够得到更好的保障。

（3）企业利润最大化。商务成本是影响企业利润的一个重要影响因素，往往决定了企业的区位选择。商务成本主要指生产要素成本、交易成本，生产要素成本具体包括劳动力成本、生产服务成本、用地成本等，交易成本具体包括交通和通信费、企业负担、政府行政成本等（安树伟、魏后凯，2005）。在宏观经济政策的约束和指导下，京津冀企业以获得利润最大化为首要目标，必须考虑商务成本对其影响。通常而言，随着市场化程度的不断提高，企业将不再局限于商务成本最小化，而是向利润最大化和市场最大化转变。以规模以上工业企业为例，河北省规模以上工业企业的平均利润额远低于北京和天津（见表12-4）。一方面说明了北京规模以上工业企业具有强大的盈利能力，另一方面也说明了北京具有广阔的市场，企业能够承担得起高额的成本。由此，企业会根据自身实际通过多方考量进行区位选择。

表 12-4　2018 年京津冀各省（直辖市）规模以上工业企业利润情况

地区	规模以上工业企业利润总额（亿元）	规模以上工业企业数（家）	平均企业利润额（万元）
北京	1530.0	3197	3177.6
天津	1200.7	4292	2797.5
河北	2211.7	14943	1480.1

资料来源：根据《中国统计年鉴（2019）》整理。

（4）要素集聚的优势。北京是大量的国有企业和大型企业总部集聚地。一批诸如中石油、中石化、国家电网、中国工商银行等超大型国有企业的总部都设在北京。根据北京市商务局统计，2018 年北京共有各类总部企业 3961 家，其中世界 500 强企业总部 52 家，成为名副其实总部之都。总部企业的集聚能够充分发挥经济的外部性，实现规模经济，达到资源共享，降低企业的运营成本。此外，天津滨海新区的开发开放，河北雄安新区的建设使企业能够获得先行先试的机会，充分享受政策优势的好处。

三、博弈与共赢

该部分的分析框架在穆拉维斯克（Moravcsik，2000）的研究基础上，将两层次三阶段博弈模型扩展至京津冀协同发展过程中；并借助齐恩（Michael Zürn，1992）的境况结构分析法，把不同的博弈情况模型化，以此考察区域间相互影响的可能结果；最后，结合王爱民等（2010）关于国内区域跨界冲突－协调模型，对京津冀城市群利益协调进行多层次、多阶段、多维度的分析。

（一）地方政府间的协调博弈

首先，本章认为京津冀协同发展过程实质上是一个"两层次三阶段博弈"模型，其中，两层次博弈一个是京津冀三地自身层面，即各自区域优先选择的形成过程；另一个是京津冀区域层面，地方政府间讨价还价的战略形成过程。进一步来看，这两种层次的博弈通过三个阶段实现：第一阶段是京津冀三地自身优先选择的形成，比如河北对能源资源产业的选择；第二个阶段是三地间的协调，包括生态环境治理和产业协作的推进；第三个阶段是制度选择，即究竟是通过行政的方式还是市场的方式抑或其他方式。

在此博弈框架基础上，借助齐恩（Michael Zürn, 1992）的境况结构分析法，把不同的博弈情况进一步模型化，以此考察区域间相互影响的可能结果。博弈境况通过三个特征来表述：参加的行为主体；他们的行为选择或行为替代；通过其偏好次序反映出来的利益状况。以一个横轴表示博弈境况，其两端分别是无冲突博弈和零和博弈。处于两端的这两种博弈对于分析合作的境况是没有意义的，因为如果不存在任何冲突即利益完全一致，则没有必要进行合作，而实际上每个参与者都是从自身出发去做合乎自己和他人利益的事情。零和是指一方的所得自动成为另一方同等的所失，在这种情况下，合作必然没有结果，如果妥协让步只会招致损失，那么就不会激励通过合作来解决冲突的行为。大体来说，在这两种极端之间存在着四种混合动机博弈，短期内京津冀协同发展主要面临协调博弈，长期而言则必须应对和处理好两难博弈和实力博弈（见图12-6）。

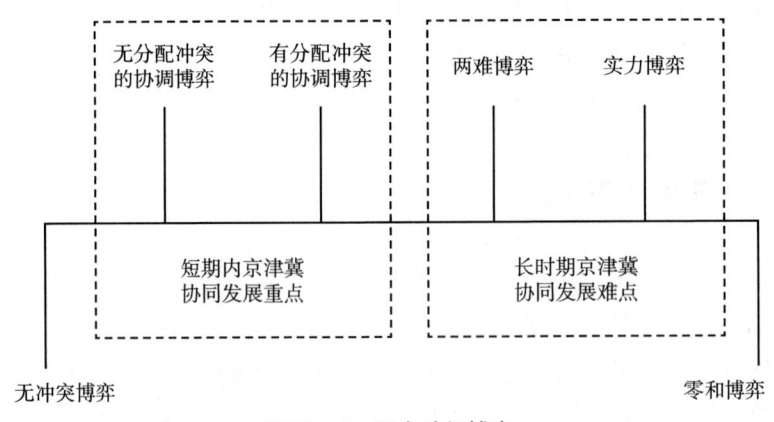

图12-6 混合动机博弈

资料来源：本书作者绘制。

不同的博弈境况与达成共同政策之间存在着明确的关联（Thiel and Elke, 1998），与合作博弈相反，行为主体在两种协调博弈的情况下具有共同的利益。可以认为，无分配冲突的协调博弈表征的是行为主体最少的境况，因为它只涉及沟通问题，而这种问题可以通过作出明确的约定加以避免，交通等基础设施领域大体属于该类博弈。有分配冲突的协调博弈则不那么容易达成一致，如生态环境保护和产业协作领域，尽管存在共同行动的意愿，但是对于依据什么标准和比例来分担成本则通常会出现意见分歧。两难博弈是指各个行为主体都想使自己的利益最大化并且没有共同利益，那么主要的策略首先是不合作态度，如果能够通过合作取得次佳的结果，也会进行合作。在这类博弈中，经常遇到典型的"搭便车"问题。实力博弈是最不容易解决的境况，通常拥有优势地位的一方通过拒绝合作恰恰可以得到他所希望得到的东西（见表 12-5）。

表 12-5　　　　　　　　博弈境况分布与达成一致的关联

博弈境况	主要领域	达成一致的概率值
无分配冲突的协调博弈	交通等基础设施	很高
有分配冲突的协调博弈	环境保护与产业	较高
两难博弈	市场一体化与公共服务	较低
实力博弈	非首都功能疏解	很低

资料来源：根据《中国统计年鉴（2019）》整理。

（二）京津冀利益协作机制构建

当前，京津冀致力于建设以北京为核心的世界级城市群，必须在激发市场力量、强化微观合作的基础上，通过制定有效的城市群利益协调与互动合作框架，并把城市群利益协调机制内化到政府的结构与功能之中，才有可能协调好多个层级和不同部门之间的分工合作。京津冀区域涉及两个直辖市和一个省，以及首都北京辖区内诸中央部委及其下属的企事业单位，没有强有力的组织领导和协调推进机制难以推动区域协同的深入发展。基于京津冀城市群的特殊实际，建构京津冀城市群的治理结构，需要处理好横向地方政府之间、纵向中央政府与地方政府之间以及地方政府与非政府社会主体之间的关系，注重顶层设计，形成"决策-协调-执行-支持"的区域治理体系。

通过借鉴国内外区域合作经验，结合京津冀城市群自身实际情况，构建京津冀城市群利益协调与互动合作机制：由京津冀协同发展领导小组进行战略决策，并在京津冀协同发展领导小组下设决策咨询委员会和各专业领导小组，分别负责交通等基础设施、生态环境、产业协作、市场一体化和公共服务等，具体可由相关部委牵头；京津冀三地主要领导人座谈会也作为京津冀协同发展常设机制，具体负责进行辖区问题协调，并直接和各专业领导小组进行沟通；京津冀城市群 13 个城市相关部门负责具体项目执行（见图 12-7）。需要指出的是，通过设立京津冀协同发展决策咨询委员会，能够促进决策的科学合理；通过吸收环渤海地区作为观察员加入，可以帮助京津冀协同发展提供外部支持；通过吸引相关部委加入，有利于各个部门明确其具体任务及如何努力以有助于总体目标的实现，解决政策实施过程中可能产生的冲突。

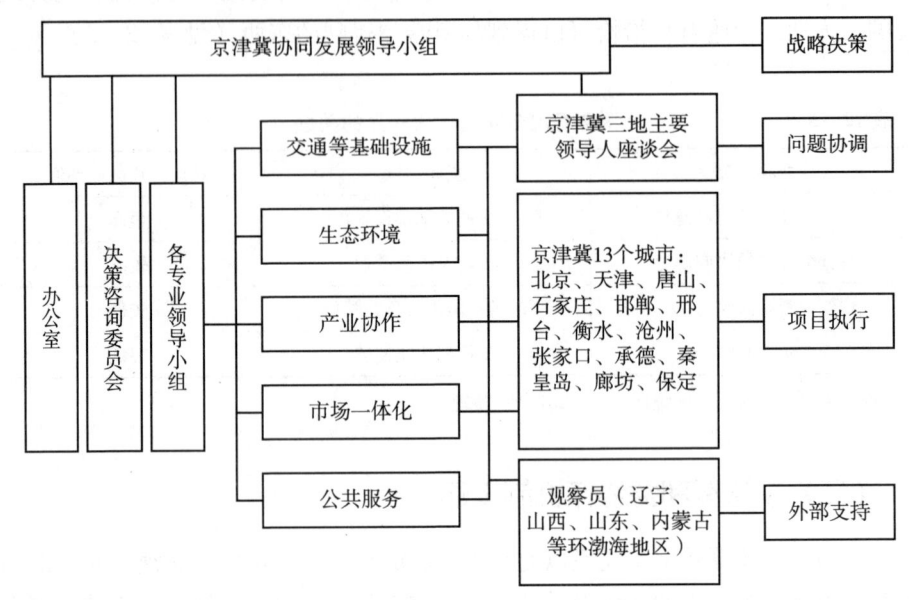

图 12-7　京津冀利益协调与互动合作机制

资料来源：本书作者绘制。

专栏 12-1

长三角地区的区域合作机制

2009年起，长江三角洲地区的合作与发展按照"三级运作、统分结合、务实高效"的区域合作机制推进。三级运作机制由决策层、协调层和执行层组成。

决策层为三省一（直辖）市主要领导座谈会，每年召开一次，审议、决定和决策关系区域发展重大事项，是最高层次的联合协调机制。

协调层是以常务副省（市）长参加的长三角地区合作与发展联席会议（简称"联席会议"），其主要任务是做好主要领导座谈会筹备工作，落实领导座谈会部署，协调推进区域重大合作事项。联席会议一般每年的第三季度召开一次，按照长三角地区主要领导座谈会轮值顺序轮流承办。重要议程是分析区域一体化发展面临的新形势、新问题，总结长三角地区合作与发展，协商确定新一轮合作的方向和重点，协调解决区域发展重大问题。

联席会议下设办公室，设在长三角三省一（直辖）市的发展和改革委员会，具体负责贯彻落实主要领导座谈会和联席会议确定的重大事项和重点目标任务；负责《指导意见》和《长三角规划》的组织实施；协调推进各重点合作专题组和城市经济合作组开展专项合作；提出联席会议商讨的合作项目和研究专题；承担长三角区域合作的日常联络协调工作。联席会议办公室每年召开两次会议。

执行层是在主要党政领导座谈会和联席会议领导的指导下，实行重点合作专题协调推进制度，通过召开办公会议和各专题组会议来运作。执行层包括设在省（直辖市）发展改革委的"联席会议办公室""重点合作专题组"以及"长三角地区城市经济合作组"。各专题组的工作由省（直辖市）业务主管部门牵头负责。重点合作专题组原则上控制在10个左右，并视合作进展情况动态调整。目前设有交通、能源、信息、科技、环保、信用、社保、金融、涉外服务、产业转移、城市经济合作11个（10+1模式）重点合作专题，主要通过地方政府间平等磋商、制度合作、区域内的行业协会开展跨地区行业互动与联合。

资料来源：安树伟、郁鹏等. 沿海三大城市群产业协作 [M]. 北京：经济管理出版社，2019：167.

（三）当前重点领域的协调模式

在上述分析基础上，通过构建一个具有矩阵结构的分析框架，该框架包括问题导向、目标导向、参与主体和制度策略四个维度（列），每一维度又由若干特征要素组成（行），并依据某种特性的强弱按位序排列。城市群利益协调的首要议题是要解决什么样的问题或达到何种目标。从问题来看，根据其显性程度自上而下分为生态环境问题、基础设施问题、产业发展问题、市场一体化问题、制度安排问题和社会文化问题。就目标而言，自下而上从互惠互利到基础设施一体化、市场一体化、公共资源共享、利益分配均等和制度一体化，难度逐渐增大。在目标和问题导向下，利益协调要回答的另一组问题是参与主体的类型以及采取何种适宜制度策略。参与主体按照行政化程度由小到大的顺序排列依次为：一般企业、民间组织、高校或研究机构、协调机构、大型央企以及政府部门。从治理策略来看，可根据正式程度大小自上而下分为行政区划整合、空间规划整合、对话平台搭建、项目合作推动、契约治理和自由市场运作。

上述分析框架中存在多样化的组合，而特定组合就创构了特定的利益协调模式，本书主要围绕京津冀协同发展的重点领域进行分析。在基础设施领域，其目标是推进京津冀基础设施一体化,属于无分配冲突的协调博弈,参与主体主要是政府部门,协调模式相对单一,但要求京津冀三地的空间规划整合,同时落实建设资金来源及相应的分担机制(见图12-8)。

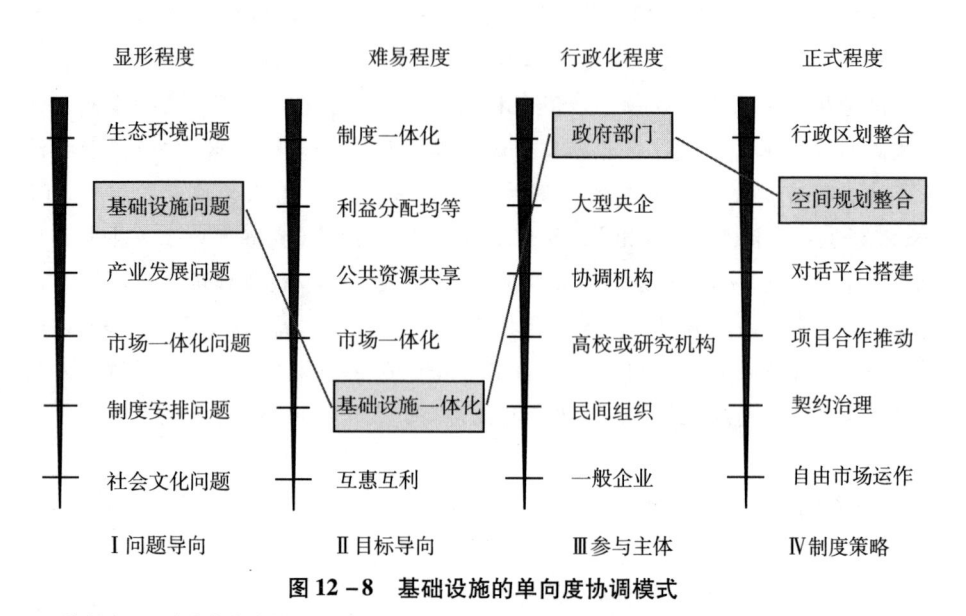

显形程度	难易程度	行政化程度	正式程度
生态环境问题	制度一体化	政府部门	行政区划整合
基础设施问题	利益分配均等	大型央企	空间规划整合
产业发展问题	公共资源共享	协调机构	对话平台搭建
市场一体化问题	市场一体化	高校或研究机构	项目合作推动
制度安排问题	基础设施一体化	民间组织	契约治理
社会文化问题	互惠互利	一般企业	自由市场运作
Ⅰ问题导向	Ⅱ目标导向	Ⅲ参与主体	Ⅳ制度策略

图12-8 基础设施的单向度协调模式

资料来源:本书作者绘制。

在生态环境方面,其目标是通过公共资源共享和利益分配均等渐进达成制度一体化,属于有分配冲突的协调博弈,核心在于推进环境规制的一体化,难点在于如何确定和实施对拟关停企业及其利益相关者的补偿。参与主体涉及政府部门、民间组织和一般企业,具体的协调模式要求三地政府部门对空间规划进行整合,提高京津冀乃至整个环渤海地区的环境规制水平,由中央牵头共同设立生态环境保护基金,由生态环境专业领导小组直接领导,地方政府协同推进执行。与此同时,进一步健全法治、完善市场机制,以法律手段和市场手段促使企业自发满足相应环保规制(见图12-9)。

对于产业协作而言,京津冀面临基础设施、产业发展和市场一体化等诸多问题,具体的目标包括基础设施一体化、市场一体化、公共资源共享和利益分配均等,参与主体包括政府部门、大型央企和一般企业,属于有分配冲突的协调博弈。由于问题和目标的多样性以及参与主体的多元化,京津冀产业协作的制度策略也复杂多样,政府部门不仅要进行空间规划的整合,还要搭建对话平台和推动项目合作,同时完善市场机制,促进自由市场运作(见图12-10)。

具体到产业布局调整的决策,参考陈玲(2017)的分析框架,根据政府、技术专家、市场等不同决策者所拥有的信息优势,将产业布局调整决策划分为四种类型(见表12-6)。

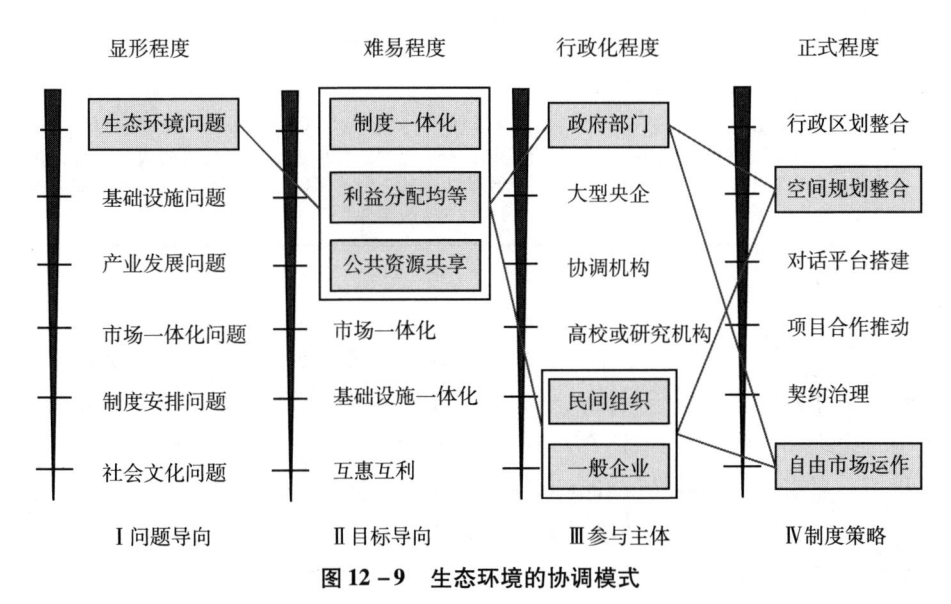

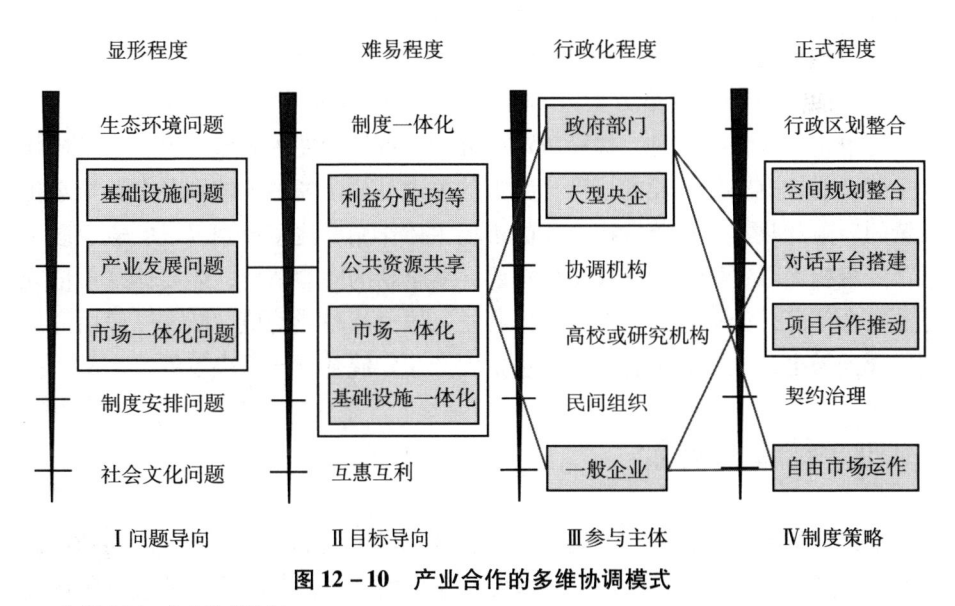

图12-9 生态环境的协调模式

资料来源:本书作者绘制。

图12-10 产业合作的多维协调模式

资料来源:本书作者绘制。

表 12-6　　　　　　　　　产业布局调整决策模式

项目	规制	自由裁量权
问题导向	渐进调适型：政府主导；需要充分、准确、清晰的专门信息；对传统产业政策的修订和调整，如环境规制的强化等	理性设计型：技术专家主导；需要专业知识以及参照性与互补性的信息；根据对未来产业或科技发展的技术预测进行提前布局
程序导向	市场协作型：企业家及市场主体主导；需要体现价值和规范的集合信息；有利于发挥市场主体作用，提升竞争力等相关决策	国家战略型：政府主导；需要体现价值规范的集合信息，以及长远的战略设计，包括央企总部外迁；重大产业发展基础设施决策等

资料来源：本书作者整理。

表 12-6 中，渐进调适型主要针对现有产业政策进行边际上的调整，如政府根据京津冀环境容量和产业技术水平对排放标准的调整。这方面已有的决策机构、组织和行政官员具备较为完备的制度、例行做法或经验，也有相关的信息积累，只需要针对新情况和新问题进行政策调整。由于行政主管部门具有相关的信息优势，此类产业政策一般由政府部门及其行政官员来主导决策，专家和公众的意见作为决策的参考信息。理性设计型主要处理一些既定规则范围之外的、尚无先例的问题，这时候需要运用专家的自由裁量权进行技术判断，通常由政府邀请并组建专家团队，委托专家设计和评估全新的政策方案。尽量搜集所有可能得到的信息，包括技术性信息、综合性信息和参照性信息，以便设计出尽可能高质量的政策方案。与此同时，公开决策过程、允许公众表达意见，这也是收集各类信息、提高政策稳健性和可接受度的有效途径。市场协作型主要针对较少有外部性的情形，决策的关键是让市场主体特别是企业家承担决策的风险和收益，充分发挥企业的市场主体作用，注意政企界限，避免政府对市场承担无限责任。国家战略型主要针对全新的问题情境，需要体现价值规范的集合信息，如加总后的社会整体利益、国家战略或价值判断，一般由高级别领导人做出，包括央企总部外迁和重大产业发展基础设施决策等。

四、结论与启示

本章分析了京津冀协同发展背景下建设世界级城市群在短期内面临的协调博弈，以及在长期必须应对的两难博弈和实力博弈，并针对当前的重点领域提供了多样化的协调模式及相应的协作机制。这些结论表明，京津冀协同发展战略本身既是科学的战略愿景，同时又是达成这一战略愿景的行动纲要；既考虑到了行动的可操作性，又考虑到了战略的渐进性；既有发展理念的突破，又有解决现实问题的建议。理论上的完备要在现实中具体落实，则必须要有相应的政策保障实施。具体而言，首先要通过立法促进中央与京津冀三地关系的法治化，清理阻碍协同发展的地方立法和规章制度，明确中央与地方的财权与事权划分；其次，建立京津冀三地之间产业调整的利益补偿机制，完善京津对河北的横向转移支付制度；再次，切实转变政府职能，通过立法限制政府对市场的干预，提高这一地区的市场化程度。

本章参考文献

[1] 安树伟，魏后凯. 北京工业发展中商务成本判断及其控制 [J]. 中国工业经济，2005 (5)：66-73.

[2] 安树伟，肖金成. 京津冀协同发展：北京的"困境"与河北的"角色" [J]. 广东社会科学，2015 (4)：5-11.

[3] 安树伟，郁鹏等. 沿海三大城市群产业协作 [M]. 北京：经济管理出版社，2019：167.

[4] 陈玲. 产业政策决策如何迎面"深度不确定性" [J]. 探索与争鸣，2017 (2)：70-76.

[5] 宁越敏，施倩，查志强. 长江三角洲都市连绵区形成机制与跨区域规划研究 [J]. 城市规划，1998 (1)：15-19，31.

[6] 施源，邹兵. 体制创新：珠江三角洲区域协调发展的出路 [J]. 城市规划，2004 (5)：31-36.

[7] 王爱民，马学广，陈树荣. 行政边界地带跨政区协调体系构建 [J]. 地理与地理信息科学，2007 (5)：56-61.

[8] 王爱民，徐江，陈树荣. 多维视角下的跨界冲突-协调研究——以珠江三角洲地区为例 [J]. 城市与区域规划研究，2010 (2)：132-145.

[9] 王小鲁，樊纲，马光荣. 中国分省企业经营环境指数2017年报告 [M]. 北京：社会科学文献出版社，2017.

[10] 王小鲁，樊纲，胡李鹏. 中国分省份市场化指数报告 (2018) [M]. 北京：社会科学文献出版社，2019.

[11] 杨德才. 长三角产业发展：从恶性竞争到一体化分工发展 [J]. 中国发展，2009 (1)：84-89.

[12] 张京祥，李建波，芮富宏. 竞争型区域管治：机制、特征与模式——以长江三角洲地区为例 [J]. 长江流域资源与环境，2005 (5)：670-674.

[13] 张可云，蔡之兵. 北京非首都功能的内涵、影响机理及其疏解思路 [J]. 河北学刊，2015 (3)：116-123.

[14] 张可云，蔡之兵. 京津冀协同发展历程、制约因素及未来方向 [J]. 河北学刊，2014 (6)：101-105.

[15] A Moravcsik. Liberalism and international relations theory, Paper No. 92-6. Harvard University Center for International Affairs. 1993.

[16] Dai Xiudian. A new mode of governance? Transnationalisation of European regions and cities in the information age. Telematics and Informatics, 2003, 20 (3): 2-74.

[17] Hall P, K Pain et al. The polycentric metropolis: Learning from megacity regions in Europe. London: Earthscan, 2006.

[18] Iain D, G Benito. Regions, city-regions, identity and institution building: Contemporary experiences of the scalar turn in Italy and England. Journal of Urban Affairs, 2003, 25 (2).

[19] Nunn S, M S Rosentraub. Dimensions of interjurisdictional cooperation. Journal of the American Planning Association, 1997, 63 (2).

[20] Jochem de Vries, Hugo Priemus. Megacorridors in Northwest Europe: Issues for transnational spatial governance [J]. Journal of Transport Geography, 2003, 11 (3).

[21] Zürn Michael. Interessen und institutionen in der internationalen politik. Grundlegung und Anwendung Des Situationsstrukturellen Ansatzes. Opladen: Leske + Budrich, 1992.

[22] Thiel Elke. Die Europaeische Union. Von der Intergration der Maerkte zu gemeinsamen Politiken, Opladen: Leske + Budrich, 1998.

第十三章
京津冀建设世界级城市群的对策

本章参照世界级城市群的基本特征与形成条件，结合京津冀与世界级城市群的差距，科学借鉴其他地区建设世界级城市群的经验，提出以下京津冀建设世界级城市群的对策。

一、强化"四个中心"，提升北京全球资源战略配置能力

北京是全国的政治中心、文化中心、国际交往中心和科技创新中心，北京的一切规划必须坚持"四个中心"的城市战略定位，履行为中央党政军领导机关工作服务，为国家国际交往服务，为科技和教育发展服务，为改善人民群众生活服务的基本职责。落实城市战略定位，必须有所为有所不为，着力提升首都功能，有效疏解非首都功能，做到服务保障能力同城市战略定位相适应、人口资源环境同城市战略定位相协调、城市布局同城市战略定位相一致。要立足北京实际，突出中国特色，按照国际一流标准，坚持以人民为中心的发展思想，提升城市品质，把北京建设成为在政治、科技、文化、社会、生态等方面具有广泛和重要国际影响力的城市，建设成为人民幸福安康的美好家园。

（一）确保全国政治中心的安全稳定高效运行

政治中心建设要为中央党政军领导机关提供优质服务，全力维护首都政治安全，保障国家政务活动安全、高效、有序运行。严格实施高度管控，治理安全隐患，以更大范围的空间布局支撑国家政务活动。优化中央政务环境，以高水平服务保障中央党政军领导机关工作和重大国事外交活动举办。完善国家行政和军事管理功能。有序推动核心区内市级党政机关和市属行政事业单位疏解，并带动其他非首都功能疏解。结合功能重组与传统平房区保护更新，完善

工作生活配套设施，提高中央党政军领导机关服务保障水平。推动被占用文物的腾退和功能疏解，结合历史经典建筑及园林绿地腾退、修缮和综合整治，为国事外交活动提供更多具有优美环境和文化品位的场所。

（二）推进北京建设成为中华文化软实力窗口

北京是见证历史沧桑变迁的千年古都，也是不断展现国家发展新面貌的现代化城市，更是东西方文明相遇和交融的国际化大都市。北京的历史文化遗产是中华文明源远流长的伟大见证，是北京建设世界文化名城的根基，要精心保护好这张金名片，凸显北京历史文化的整体价值。传承城市历史文脉，深入挖掘保护内涵，构建全覆盖、更完善的保护体系。依托历史文化名城保护，构建绿水青山、"两轴十片多点"的城市景观格局，加强对城市空间立体性、平面协调性、风貌整体性、文化延续性等方面的规划和管控，为市民提供丰富宜人、充满活力的城市公共空间。以培育和弘扬社会主义核心价值观为统领，以历史文化名城保护为根基，建设国际一流的高品质文化设施，构建现代公共文化服务体系，推进首都文明建设，发展文化创意产业，深化文化体制机制改革，形成涵盖各区、辐射京津冀、服务全国、面向世界的文化中心发展格局。不断提升文化软实力和国际影响力，推动北京向世界文化名城、世界文脉标志的目标迈进。深入开展国际文化交流合作，发挥首都的示范带头作用，讲好中国故事，传播好中华文化，不断扩大文化竞争力、传播力和影响力。

（三）促进北京国际交往功能提升与布局优化

国际交往中心建设要着眼承担重大外交外事活动的重要舞台，服务国家开放大局，持续优化为国际交往服务的软硬件环境，不断拓展对外开放的广度和深度，发挥向世界展示我国改革开放和现代化建设成就的首要窗口作用，努力打造国际交往活跃、国际化服务完善、国际影响力凸显的重大国际活动聚集之都。优化9类国际交往功能的空间布局，规划建设好重大外交外事活动区、国际会议会展区、国际体育文化交流区、国际交通枢纽、外国驻华使馆区、国际商务金融功能区、国际科技文化交流区、国际旅游区、国际组织集聚区等。

（四）强化北京科技创新战略高地建设

加快中关村国家自主创新示范区一区多园"腾笼换鸟"、提质增效步伐，重点提升原始创新和技术服务能力，在基础研究、原始创新和国家急需的领域取得突破，构建产业集聚、功能集成的创新产业发展空间，发挥京津冀协同创新共同体建设的主力军作用，打造具有全球影响力的国家创新战略高地。提升北京科技创新"三城一区"创新驱动承载能力。中关村科学城重点开展原始创新，集聚产学研创新主体和高端要素，加快构建国家知识创新和战略性新兴技术策源地；怀柔科学城重点拓展与中国科学院合作，依托大科学装置集群、前沿交叉研究平台和怀柔科教产业园搭建大型科技服务平台，打造基础研究和科技服务的新高地；未来科学城重点支持中央企业集成核心研发创新资源，深入推进军民融合、央地融合发展，促进央企重大科技成果转移转化，加快建成引领我国应用技术研发和产业升级的创新平台；北京经济技术开发区重点发展集成电路、生物医药、新能源汽车、高端汽车、新型显示、智能装备、产业互联网等主导产业集群，持续转化三大科学城成果，建设成为高端制造中心和产业发展引领区。吸引符合北京功能定位的国际高端创新机构、跨国公司研发中心、国际科技组织在京落户，鼓励国际知名科研机构在京组建研发中心，努力使北京成为国际科技组织总部聚集中心。

二、以生态补偿为中心，实现环境高质量发展

牢固树立"绿水青山就是金山银山"理念，加强北京与河北生态环境保护规划、政策、工作互通，建立排放标准衔接、监测数据共享、协同监督管理、联合科技攻关的合作机制，健全京津冀区域横向生态补偿制度，完善京津冀环境执法联动工作机制，建设天蓝、地绿、水清的美丽北京，推动京津冀的环境高质量发展。

（一）建立健全京津冀区域横向生态补偿制度

开展水库水源保护跨省（直辖市）流域生态补偿试点，建立流域性水资源补偿机制，探索建立水权交易制度。加大生态保护与环境治理力度，建立环保投资的利润保障机制，按照"谁受益、谁购买，谁污染、谁付费"的原则，吸引社会资本投入生态环境保护，推行环境污染第三方治理。制定京津冀区域统一的环境准入标准，制定并及时更新区域产业负面清单。引导公众依法参与环境保护，健全举报制度，鼓励公众举报生态环境问题，加大受理督办落实力度。构建全民参与的社会行动体系，积极开展环境保护宣传教育，普及大气污染防治科学知识，倡导绿色健康文明的生活方式。

（二）推进河北产业有"退"有"进"，实现绿色转型

河北产业结构偏重，从 2016 年起，河北钢铁工业增加值被装备工业增加值首次超越后，截至 2018 年底，钢铁工业增加值一直位于河北七大主要行业工业增加值第二位，2018 年钢铁工业增加值占全省规模以上工业增加值的 19.99%，仅次于装备制造业，在河北工业体系中占据重要地位；2018 年河北炼钢产能达 25697 万吨，占全国炼钢产能的 24.5%，位居全国首位，是第二位江苏的 2.5 倍。[①] 钢铁产能过剩既是结构调整的痛点，又是环境治理的难点。对此，在化解河北钢铁行业产能过剩的同时，要把保护环境作为产业结构调整的"利剑"，严格执行环保、能耗等相关法律法规和标准，坚决取缔、搬迁或改造不符合国家环保标准的"三高"企业和违法的"小散乱污"企业。将环境成本纳入企业生产成本，倒逼传统产业向环境友好型产业转型；通过"以奖代补"和税费减免等手段激励传统制造业绿色转型升级，转变以高污染为代价的发展模式。

三、全方位支持河北雄安新区建设

根据《北京城市总体规划（2016 年—2035 年）》，北京要有所为有所不为，以资源环境承载能力为硬约束，切实减重、减负、减量发展，实施人口规模、建设规模双控，倒逼发展方式转变、产业结构转型升级、城市功能优化调整。在减量发展的大框架下，北京以"四个中心"带动京津冀世界级城市群建设，河北雄安新区无疑是重要抓手。因此，北京要科学配置资源要素，在强化"四个中心"建设的同时，全方位支持河北雄安新区建设。全面落实北京与河北签署的《关于共同推进河北雄安新区规划战略合作协议》的相关内容，依托北京教育、医疗、科技创新等核心资源优势，通过支持北京市属国有企业与河北雄安新区在科技创新领域开展合作，鼓励在京企业有序向河北雄安新区转移发展。通过加速北京与河北雄安新区之间交通基础设施规划建设等方式，加快推进那些"有共识、看得准、能见效"的具体项目落地。同时，加强政策沟通，率先推进北京与河北雄安新区的人才互认共享、社会保障互联互通，取得经验后逐步向京津冀其他区域推广。

---

① 2018 年中国河北钢铁工业行业发展概况及行业发展优劣势分析. 中国产业信息网. https://www.chyxx.com/industry/201908/777295.html.

四、破解有形障碍和无形障碍，畅通京津与河北的要素流通渠道

（一）推进北京交通发展模式转变

破解北京同心圆似的功能自组织结构，引导形成面向区域的开放格局。依托多层次的铁路、轨道系统建设，增进区域城镇发展轴线效能，相应提升北京重点新城面向区域的功能地位和服务能级。北京对外的区域轴线突出体现为向东、向南、东南向，宜重点加强区域性职能在通州新城、大兴新城、亦庄新城、北京大兴国际机场地区的布局。同时依托S6线建设，便捷通州新城、大兴新城、亦庄新城与首都机场、北京大兴国际机场间的轨道联系，推动三大新城功能向国际化、多元化、综合性方向发展。强化枢纽与城市功能组织的耦合布局，规划构筑CBD、中关村、金融街、丰台站－丽泽、大红门－南苑、通州副中心（通州站）六大面向区域功能辐射枢纽，形成通州新城、大兴新城、亦庄新城三大区域联系轴线上的功能集聚枢纽，促成区域联动的北京形成多中心空间结构，引导都市区空间有层次拓展。

（二）促进河北与京津交通一体化

提升京津冀区域一体化运输服务水平，促进各种运输方式之间的衔接与合作，建设区域协同联动监管体系，提升智能化服务和管理水平，推动安全绿色可持续的交通发展。按照网络化布局、智能化管理、一体化服务思路，构建以轨道交通为骨干的多节点、网格状、全覆盖的交通网络，建立统一开放的区域运输市场，用高效畅通的交通网将京津冀联系在一起，形成合力，共谋发展。完善便捷通畅的公路交通网，打通国家高速公路的"断头路"，全面消除跨区域国省干线瓶颈路段，加快建设现代化的津冀港口群，打造国际一流的航空枢纽，大力发展公交优先的城市交通，提升交通智能化管理水平，提升区域一体化运输服务水平，发展安全绿色可持续的交通。高速铁路建设对于带动沿线城市的发展及其空间结构的演变具有重要作用。对于中心城市来说，高速铁路建设可以增强其聚集力和辐射能力。在京津冀地区，北京作为我国的铁路枢纽，是我国高速铁路网络的核心节点，而北京周边的中小城市高铁站点在国家总体网络中的等级都不高。应充分发挥高速铁路建设带来的辐射效应，延伸其经济腹地，使辐射传导路径更通畅（王玺，2010）。

（三）不断深化体制机制改革

深入推进简政放权、放管结合，优化服务改革，提高服务效率。推动相关行政许可跨区域互认，做好转移企业工商登记协调衔接。着力打破市场藩篱，加快建立区域统一的要素市场体系，促进资金、人才、技术、产权高效流动。争取国家在跨省市投资、产业转移、园区共建等环节的支持政策，配合研究制定产值分计、税收分享、就业服务、社会保障以及高新技术企业、产品、专业技术人才和劳动资质互认等方面的政策措施，消除各种显性和隐性壁垒，促进产业顺畅转移承接。鼓励通过委托管理、投资组合等多种形式合作共建产业园区，实现资源整合、联动发展。加大对产业园区技术创新体系建设、知识产权运用以及自主知识产权产业化的支持力度，提高集成创新和再创新能力。鼓励北京地区高校、科研机构、企业与津冀两省（直辖市）产业园区开展多种形式的产学研合作，推动有条件的企业在承接地建立研发机构和中试基地。加快推动与科技成果转移转化相关的技术转移利益分享、科技园区共建、人才流动等方面的合作机制，完善科技资源共享机制。

（四）加大资金和土地等要素支持力度

积极推动京津冀协同发展基金、京津冀协同创新科技成果转化创业投资基金、京津冀协同发展产业投资基金等各类基金，支持重点承接平台基础设施及配套服务设施建设。鼓励三省（直辖市）各类产业园区和企业联合组建市场化的产业转移承接引导基金。充分利用三省（直辖市）现有对工业、科技等领域的资金支持政策，优先支持符合条件的产业升级转移项目。加强京津冀PPP工作推广交流，助推产业升级转移领域PPP项目落地。鼓励和引导金融机构对符合条件的产业转移项目提供信贷支持，在风险可控的前提下为京津冀地区企业并购、重组提供支持。支持符合条件的企业发行企业债券、中期票据、短期融资券、企业集合债券和上市融资。

落实非首都功能疏解腾退空间管理和使用相关政策。对搬迁单位合理的新增建设用地需求，严格执行用地定额标准，承接地优先安排用地计划指标，并列入当地年度重点项目；对企业因搬迁被收回原国有土地使用权的，符合国家产业政策和土地供应政策的，按土地使用标准在承接地安排同类用途土地，依法采取招标、拍卖、挂牌方式出让的，经批准可采取协议出让方式。对列入京津冀协同发展产业升级转移规划的建设项目，在国家下达的用地计划指标中优先安排，不足部分报自然资源部在下一年度计划中统筹安排。探索工业用地弹性出让和年租制度。

（五）规范交通运输市场，提高运输一体化水平

制定统一的京津冀交通运输管理规章和公平的市场准入规则，鼓励运输企业积极参与市场竞争。以统一规范的法律为保障，加快建设统一、开放、竞争、有序的运输市场。积极发展多式联运，促进服务质量和运输效率的提高；全面放开客货运代理市场，积极与国际管理接轨，提高效率和服务质量（樊杰，2008）。研究标准厢式货车使用ETC，开展汽车电子标识试点工作。建立京津冀交通一卡通清分结算管理体系，区域内全面实现交通一卡通互联互通，鼓励市场化运营（北京市交通委员会、北京市发展和改革委员会，2016）。对京津冀省际毗邻地区主要通道客运班线进行公交化改造，实现京津冀区域二级以上客运站联网购票和交通"一卡通"互联互通，为三地百姓出行提供更多便利，为区域经济社会发展提供更有力的支撑。

五、打造京津冀区域创新共同体，构建京津冀新型产业分工格局

（一）打造以北京为主体的京津冀区域创新共同体

区域创新共同体是指在一定区域范围内，围绕创新任务，构建科技园区、大学与科研机构、实验室、研发企业等创新网络，通过主体间的关联与耦合，将集群内外的主体资源统一到创新共同体中，实现创新目标的高度一致性、创新要素的高度流动性、创新主体的高度协同性，达到创新资源配置的最大化、创新成果的产业化、创新效率的最大化（李国平，2017）。以北京为主体的京津冀科技创新共同体，重点在于发挥中关村国家自主创新示范区的辐射带动作用，通过共建园区、设立跨行政区的重大创新合作专项等形式来实现。要聚焦中关村科学城，突破怀柔科学城，搞活未来科学城，加强原始创新和重大技术创新，发挥对全球新技术、新经济、新业态的引领作用；以创新型产业集群和"中国制造2025"创新引领示范区为平台，促进科技创新成果转化。建立健全科技创新成果转化引导和激励机制，辐射带动京津冀产业梯度转移和转型升级。

（二）构建京津冀城市群新型产业分工格局

以北京、天津为中心，强化部门内分工和产业链分工，突出产品专业化和功能专业化，形成错位竞争、链式发展的整体优势，更充分地发挥北京、天津对周边区域的辐射带动作用。河北则应依托土地面积广大、要素成本低的优势，在重点对接地区和交通轴线上布局若干承接产业转移平台，通过利益共享机制，推动产业由京津向河北的顺利转移。核心城市北京、天津着重发展公司总部、研发、设计、培训以及营销、批发零售、商标广告管理、技术服务等环节；大城市郊区和其他大中城市侧重发展高新技术产业和先进制造业；周边其他城市和小城镇则专门发展一般制造业和零部件生产（见图13-1）。在这种新型区域分工格局下，北京的经营管理职能将不断加强，周边中小城市的生产制造功能也会逐步强化。

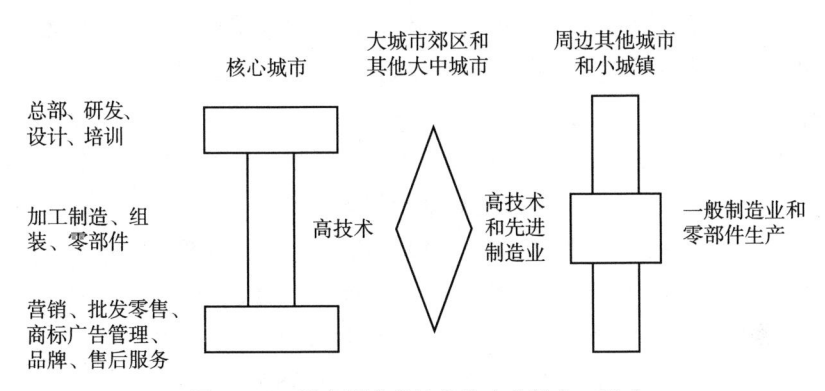

图13-1 城市群产业协作的产业链分工模式

资料来源：修改自：魏后凯. 大都市区新型产业分工与冲突管理 [J]. 中国工业经济，2007（2）：28-34.

六、以河北与京津交界地区为重点，促进北京及周边地区融合发展

河北与北京交界地带，北京一侧涉及大兴、房山、门头沟、昌平、延庆、怀柔、密云、平谷、顺义、通州，共10个区。河北一侧涉及的县（市、区）包括涿州、涞水、涿鹿、怀来、赤城、丰宁、滦平、兴隆、三河、大厂、香河、广阳、安次、固安等；河北与天津交界地带，天津一侧涉及宁河、宝坻、蓟州、武清、西青、静海，共6个区，河北一侧涉及的县（市、区）包

括兴隆、三河、香河、广阳、安次、霸州、文安、大城、青县、黄骅、丰南、丰润、玉田、遵化等。河北与京津交界的24个县（市、区）根据自身发展情况可大致分为三种类型，不同类型地区相应采取不同的协同发展模式（见表13-1）。

表13-1　河北与京津交界地带协同发展模式的特征

协同发展模式	典型地区	经济发展水平	重点解决问题
合作共建重大项目工程	北京大兴国际机场及其临空经济区	中等	利益分配
承接京津功能疏解和产业转移	三河市、大厂县、香河县等	相对较高	利益共享
共同保护生态环境	保定、张家口、承德与京交界地区	低，贫困问题突出	利益补偿

资料来源：常瑞祥，安树伟.河北与京、津交界地带的协同发展[J].城市，2015(3)：14-20.

要加强跨界发展协作和共同管控，建设国际化程度高、空间品质优、创新活力强、文化魅力彰显、公共服务均等、社会和谐包容、城市设计精良的首善之区。推动京津冀中部核心功能区联动一体发展，重点抓好非首都功能疏解和承接工作，推动京津保地区率先联动发展，增强辐射带动能力。推进京津双城功能一体、服务联动，引导京津走廊地带的新城和重点功能区协同发展；以节点城市为支撑，形成若干职住平衡的高端功能中心、区域服务中心、专业化中心；支持建设若干定位明确、特色鲜明、规模适度、专业化发展的"微中心"，建设现代化新型首都圈。依托北京大兴国际机场，推进北京大兴区，河北廊坊市区、固安与天津武清区的同城化发展。在城际铁路建设、临空产业差异化发展、城镇建设上进行有效的衔接，形成一体化的发展新格局。河北应加大对廊坊与通州、大兴同城化的支持，促使同城化的顺利开展。通过同城化，北京南部、东部将与廊坊形成系统、配套的空间格局。河北应支持廊坊、保定在全面放开外地人落户的同时，通过PPP模式，提升廊坊、保定等距离京津较近地区的教育、医疗等公共服务水平，为吸纳人口、产业向廊坊、保定转移打下基础。

七、完善产业承接环境，提升河北对京津的有效承接能力

《京津冀协同发展规划纲要》指出，要加快完善市场机制，充分发挥市场在资源配置中的决定性作用，有序推动北京非首都功能疏解，促进生产要素在

更大范围内有序流动和优化配置。切实转变政府职能，更好地发挥统筹协调、规划引导和政策保障作用。就生产要素的流动规律而言，劳动力的流动方向必定是由欠发达地区向发达地区转移的，即在市场机制的作用下，必然会出现河北优秀人才外流、低水平人口比重上升的情况，从而进一步加剧河北的落后；资本的流动方向必定是由低回报率领域向高回报率领域转移的，即在市场机制的作用下河北的资本必定会向京津两地流入，资本的流失会加速河北的落后；由此，河北各市由于自身的行政等级、发展水平、市场规模、专业化程度、公共服务水平等发展水平较差，使之很难在纯粹市场机制下谋求更大的发展，资源向京津转移成为必然趋势。处理好政府与市场之间的关系恰恰是助推京津冀产业协作的必由之路。缩小河北与京津两地的社会经济发展差距，必须使市场在资源配置中起决定性作用的同时，发挥中央政府的作用和三地政府的作用，因而必须完善对京津冀三地的顶层设计。因此，要促进市场在资源配置中起决定性作用和更好发挥政府作用并重，积极优化营商环境，坚决破除一切不合时宜的思想观念和体制机制弊端，激发和保护企业家精神，创造促进发展的良好环境，提升河北对京津的有效承接能力。

（一）完善基础设施配套

发挥交通基础设施对产业转移承接的先导作用，加快建设与产业转移承接平台密切关联的铁路和公路项目，打通"毛细血管"和"梗阻"路段，提升平台的交通可达性。加快承接地实现公交"一卡通"互联互通，推进标准厢式货车使用 ETC 系统，打造高效便捷的商品物流配送体系。加快承接平台土地一级开发配套建设，高标准配置水电气热等设施和标准化厂房，推进环保处理设施和产业平台循环化改造，加强工业固体废物和危险废物集中处理设施。支持在条件成熟的地区设立与经济发展水平相适应的海关特殊监管区域或保税监管场所。充分尊重市场规律和企业选择，不断降低通关成本、提高通关效率，最大程度提升贸易便利化水平。支持区域"大通关"建设和口岸建设，深化区域通关改革。推进京津冀航线一体化，简化过境程序，实现京津冀空港通关一体化，提升口岸通关效率。

（二）营造良好营商环境

河北地处东部沿海，环绕北京、天津两大直辖市，但长期以来其发展速度、规模和质量却不尽人意，其主要原因在于市场化的营商环境不高。河北各市的基层政府行政效率较低，对企业的扶持力度不大。在这样的大环境下，导致企业的迁入意愿不强,即便由于成本的因素需要离开北京,也不一定向河北转移。因此,优化营商环境是当务之急。深入贯彻实施《河北省优化营商环境条例》,进一步加大简政放权力度、深化行政审批流程再造、推行市场综合监管、创新服务方式等,以更大的放、更好的管、更优的服务,持续推进"放管服"改革,创造良好的政务环境,激发市场活力,优化市场环境。发挥中国国际服务贸易交易会、投资北京洽谈会、中国北京国际科技产业博览会、北京·香港经济合作研讨洽谈会、中国·天津投资贸易洽谈会暨PECC国际贸易投资博览会、中国·廊坊国际经济贸易洽谈会等招商平台的作用,加大对承接平台的宣传推介力度,提升吸引力和人气。发挥跨区域产业联盟、创新联盟、企业联盟、行业协会、商会的桥梁和纽带作用,引导企业落户承接平台,加强优质品牌和服务输出。支持承接地加强知识产权保护,完善法治环境,保障投资者权益。支持各类中介机构在承接地建立分支机构,高水平地提供金融、物流、法律、广告、设计、管理咨询等服务。

加强招商引资方面的协调。河北有些地方为了追求短期的经济发展,一味地嫌"小"爱"大",只关心企业规模,而不关心是否与当地产业龙头的配套适应;只见"优惠政策"而不见"产业集群"以及相关基础设施配套。京津冀产业协作应尽量避免出现京津两地转移出来的产业被河北各市不顾自身的比较优势争相引进,反而会降低产业协作的效率。河北借鉴珠三角和长三角经验,构筑自身营商环境提升的倒逼机制,以提升自身的亲商、迎商的市场化环境。

(三)提升公共服务水平

加强转出地与承接地在教育、医疗领域合作共建和资源共享,推动在京优质教育医疗资源以办分校(分院)、联合办学(办医)等多种形式向承接地转移,共同提升承接地公共服务水平,增强对转移企业和员工的吸引力。搭建区域性公共服务信息平台,推进京津冀三地人才资质互认,强化就业服务一体化。支持承接地发展职业教育培训,建立公共实训基地。支持职业院校面向产业转移,新增和调整相关专业,定向培养中高级技工和熟练工人,满足转移企业用工需求。完善社会保险转移接续信息系统和业务流程,做好跨地区流动就业人员养老保险、医疗保险和失业保险关系转移和权益保障。建立健全跨区域双向转诊和检验结果互认制度,推广异地就医直接结算模式,通过合作共建、技术支持、对口支援、远程医疗等措施开展跨区域医疗合作。鼓励在京企业或社会组织在津冀地区建设养老机构或养老社区,研究跨地区购买养老服务等政策。

(四) 强化人力资源支撑

全面贯彻落实《京津冀人才一体化发展规划（2017—2030年）》，大力推进人才一体化发展，打造京津冀协同发展新引擎。加快建设北京国家级人力资源服务产业园，通过政策引导、政府购买等方式，带动人力资源服务产业及其他生产性服务业和人口向周边地区扩展，并进一步促进京津冀三地人才协同发展。继续办好"京津冀人才一体化发展论坛"，加强人才开发和就业服务，完善社会保障制度，为承接产业转移提供必要的人力资源和智力支持。完善就业和社会服务保障。健全就业服务体系，培育和完善统一开放、竞争有序的人力资源市场。创新高层次人才引进、使用、激励和服务保障机制，积极为高层次人才搭建创新创业平台。推动人才合理流动，实行来去自由的政策，吸引高层次人才根据本人意愿在产业承接地区落户。

八、未雨绸缪，及早应对北京非首都功能疏解对居民生活的影响

安树伟等于2017年暑假对北京非首都功能疏解对居民生活的影响进行了问卷调查，问卷调查结果表明，一是超过80%的居民了解北京非首都功能疏解。被调查者均了解非首都功能疏解，比较了解和非常了解占被调查者的82.66%，说明政府关于该政策的宣传与执行已经渗透到人们的日常生活中。二是有一半以上的居民认为北京非首都功能疏解对生活产生了影响。对居民生活的影响包括居民生活便利性、居住环境、外出就餐、出行、工作五方面，从这五方面看均有一半甚至一半以上的被调查者认为非首都功能疏解对他们的生活有影响。其中，71.64%的被调查者认为对他们生活便利性造成影响。三是超过2/3的居民对北京非首都功能疏解政策表示支持。抽样调查结果表明，68.62%的被调查者对该政策表示支持，仅有8.20%的人表示反对。说明尽管疏解给居民生活带来了不便，但多数居民对该项政策还是持支持态度（安树伟等，2018）。

(一) 北京疏解非首都功能对居民生活产生的影响需要引起高度重视

根据调查问卷的分析，以下问题需要引起高度重视（安树伟等，2018）。第一，非首都功能疏解对北京居民生活的影响具有异质性。突出表现为年

龄在 18～45 岁、没有北京户口、在京居住时间在 15 年以内、月收入为 2000 元及以下或 8000 元以上、居住地离市中心较远的居民更认为疏解对其生活有影响。

第二，非首都功能疏解对北京居民生活影响的异质性决定了居民对于该项政策的态度。虽然仅有 8.2% 的被调查者对该政策表示反对，持反对态度的居民多是疏解对其生活产生影响的居民，突出表现为男性、个体工商户和没有北京户口的居民。这一结论需要引起政府有关部门的高度重视。

第三，性别、年龄、职业、是否有北京户口、月收入和居住地点，与疏解对居民生活影响程度存在显著相关关系。对男性居民生活的影响程度大于女性；年龄对影响程度有显著负向影响，即年龄越大影响越小；对非离退休人员生活的影响程度大于离退休人员；对没有北京户口的居民的影响程度大于有北京户口的居民；对 2000 元以下的居民生活影响程度大；居住地点对影响程度有显著正向影响，即距离市中心越远影响越大。

疏解北京非首都功能政策已经实施了多年，特别是 2017 年"11·18"大兴火灾以后，北京非首都功能疏解力度空前加大。针对此问题的调查问卷是 2017 年暑假进行的，鉴于政策的滞后性以及 2017 年以来北京非首都功能疏解力度的加大，我们有理由认为北京非首都功能疏解对普通居民（尤其是男性、个体工商户和没有北京户口的居民）的就业和生活必将产生越来越显著的影响。

（二）降低北京非首都功能疏解对居民生活影响的应对策略

北京非首都功能疏解是一项复杂的系统工程，根据问卷调查数据分析结果，提出如下对策建议。

第一，要以不影响居民生活的便利性为前提疏解北京非首都功能。目前疏解的一些产业会影响居民的基本生活，如部分菜市场和批发市场的拆除或搬迁，会造成居民生活不便或使得居民生活成本上升。因此，对疏解腾退空间进行改造提升、业态转型和功能修补，加快疏解后续设施的建立，补足为本地居民服务的菜市场、社区便民服务点等设施，尽量减小疏解对居民生活造成的不利影响。

第二，鉴于居住地离市中心较远的居民更认为疏解对其生活有影响的结论，应结合《北京城市总体规划（2016 年—2035 年）》的实施，五环以外的顺义、大兴、亦庄、昌平、房山 5 个新城，要以产城融合为重点，在发展高新技术和战略性新兴产业的同时，适度发展一些劳动密集型产业，以保证普通劳动者的就业需求。

第三，对于由于疏解带来的工作岗位减少所产生的社会问题必须给予高度重视，而绝不能为了疏解而疏解。习近平总书记在党的十九大报告中指出，就业是最大的民生。要未雨绸缪，注重解决结构性就业矛盾，实施积极就业政策，广泛开展职业技能培训，实现更高质量和更充分的就业（安树伟等，2018）。

九、促进京津冀协同发展政策手段由行政手段向法律手段和经济手段转变

政府对区域经济活动进行调控的手段通常分为经济手段、行政手段和法律手段。经济手段不仅包括利用价格、税收、利率等杠杆间接调节地区关系，而且也包括直接制定财政、投资、金融等方面的区域差别政策和倾斜政策。行政手段主要以政府的行政命令、行政文件、行政会议等方式出现，如中央政府通过行政指令动员发达地区对欠发达地区实施"对口帮扶"、实行人口迁移计划、制止地方保护主义和重复建设；通过召开各地区行政领导会议，解决地区间一系列不协调问题；通过政府所属机构的迁移、政府采购等活动来引导要素资源合理流动或均衡配置。法律手段就是通过立法形式对区域经济活动实施强制调控，如颁布地区开发法、地区（国土）整治法、工业布局法等。在经济调控中，运用调控政策手段和工具必须从一定的客观依据出发，对调控政策手段和工具的选择应尽可能符合功效性、效率性、可操作性、社会可行性、公众参与度，并且手段的使用要考虑到社会成本的承担以及实施效果的大小。区域政策的三种手段在使用上差别较大（见表13-2）。

表13-2　　　　　　　　区域政策手段实施效果比较

效果	法律手段	经济手段	行政手段
时效性	弱	较强	强
稳定性	强	较弱	弱
公众参与程度	高	较高	低
短期成本	高	较高	低
长期成本	低	较低	高
实施效果	好	较好	差

资料来源：安树伟，刘晓蓉. 区域政策手段比较及我国区域政策手段完善方向[J]. 江淮论坛，2010（3）：36-40，52.

为了促进京津冀协同发展，中央及各部委、各地政府部门都出台了大量的规划、意见和建议，但更多的是以政府为主导的行政手段，经济手段和法律手段近乎为零。法律手段和经济手段具有责权明确、稳定性的特点，能有效减少交易成本。随着我国市场经济的不断发展和市场经济体制的不断完善，京津冀区域协同发展的政策调控手段需要由以行政手段为主，尽快转变到以经济手段和法律手段为主，以保证政策手段的稳定性和持续性。

科学界定政府作用边界，提高北京及周边地区的市场化程度（张晋晋、安树伟，2017）。市场化发育程度决定了地区的经济发展水平，因此，要提高北京的经济辐射带动力，就要加快北京及周边地区的市场化建设。减少政府对企业的干预，控制政府规模，发挥市场对资源配置的决定性作用。培育多元化的竞争主体，鼓励和加快非国有经济的发展。充分发挥价格机制的作用，提高价格由市场决定的程度和减少商品市场上的地方保护。加速要素市场的发育，促进金融市场化、人力资本市场化和技术成果市场化。培育市场中介组织发育，改善维护市场的法治环境，加大知识产权保护力度。

本章参考文献

[1] 安树伟,李瑞鹏,李瑶.北京非首都功能疏解对居民生活的影响——基于问卷调查的分析[J].河北经贸大学学报,2018(6):70-78,101.

[2] 安树伟,刘晓蓉.区域政策手段比较及我国区域政策手段完善方向[J].江淮论坛,2010(3):36-40,52.

[3] 北京市交通委员会,北京市发展和改革委员会.北京市"十三五"时期交通发展建设规划[Z].2016.

[4] 北京市人民政府.北京城市总体规划(2016年—2035年)[Z].2017.

[5] 常瑞祥,安树伟.河北与京、津交界地带的协同发展[J].城市,2015(3):14-20.

[6] 樊杰.京津冀都市圈区域综合规划研究[M].北京:科学出版社,2008:421.

[7] 李国平.京津冀协同发展的"六大对策"[J].当代北京研究,2017(2):2-9.

[8] 王玺.北京与上海经济辐射力差异的原因分析[J].北京市经济管理干部学院学报,2010(9):9-12.

[9] 魏后凯.大都市区新型产业分工与冲突管理[J].中国工业经济,2007(2):28-34.

[10] 张晋晋,安树伟.北京城市辐射带动力的测度与提升研究[J].领导之友,2017(3):64-71.